도시를
바꾸는
새

The Bird-Friendly City

도시를
바꾸는
새

티모시 비틀리
Timothy Beatley

김숲 옮김

새의 선물을 도시에 들이는 법

원더박스

야생 조류 유리창 충돌 조사를 3년 넘게 시민들과 함께하고 있습니다. 우리나라에서만 연간 800만 마리에 이르는 새들이 유리창 때문에 죽음을 맞이한다는 통계는 사실 선뜻 동의하기 어려울지도 모릅니다. 하지만 도심지 아파트 방음벽 아래에만 가 보아도 줄지어 쓰러진 새들을 쉬이 마주할 수 있습니다. 우리나라에 720만 채가 넘는 건물이 있다는 사실을 상기하면 그 해결 방안은 요원해 보입니다. 지난 3년이 넘는 시간 동안 제 머리를 맴돌던 화두는 건축에 대한 우리의 생각이 바뀌어야 한다는 점이었습니다. 대학의 건축학 교과 과정에서부터 다른 생물과 공존할 수 있는 건물 설계에 관해 가르치면 어떨까요? 건축 방향과 재료 선택에 결정적 영향을 끼치는 건축가부터 생각의 지평을 달리하면 우리 사회가 좀 더 빨리 야생 생물에게 친절해질 수 있을 것입니다.

우리가 살고 있는 도시의 모습을 생각해 봅니다. 건물과 도로는 생태축을 단절시켜 동물들의 이동이 어려워졌고, 수많은 유리 구조물은 새들을 위협합니다. 수(水)생태계의 핏줄이나 다름없는 도시 속 수많은 지천은 공간 효율성을 이유로 그 위를 덮어 가려 버렸지요. 그나마 남아 있는 가로수마저도 매년 몸통만 남기고 모든 가지를 쳐 냅니다. 이런 몰지각한 행태는 도심에서 살아가는 새들의 어려운 형편을 단적으로 보여 주는 사례라 하겠습니다.

오랜 기간 다치거나 궁지에 몰린 야생동물을 구조하고 치료해 왔습니다. 동물들이 더 많이 살 것 같은 시골보다는 도심지에서 더 많은 사고가 일어납니다. 우리와 그리 멀지 않은 곳에서 어린 동물들이 고립되고, 족제비를 비롯한 작은 포유동물이 쥐를 잡기 위해 설치한 끈끈이에 달라붙고, 새들은 건물 유리창이나 방음벽에 들이박아 날개가 부러지곤 합니다. 도시에서도 수많은 생명들이 숨죽이고 살아가고 있던 것입니다.

저자 티모시 비틀리는 지속 가능한 도시를 연구하는 건축가입니다. 그는 소비로만 뭉쳐진 도시들이 어떻게 생태 발자국을 줄일 수 있는지 꾸준히 고민해 오고 있습니다. '녹색 도시주의(Green Urbanism)'라는 용어를 만들어 낸 저자는 지속 가능한 도시를 만들기 위해서는 생태적 한계 안에서 살기 위해 노력하고 자연과 유사한 방식으로 기능하도록 도시를 설계해야 한다고 주장합니다. 또한 '자원 생산→소비→폐기'라는 일방적 선형 흐름이 아닌 '자원 생산→소비→재사용'의 과정을 거치는 자원의 순환 체계를 구축하고 지역의 자급자족을 위해 노력하며 지속 가능한 생활 양식을 추구하고 이웃과 유기적인 공동체 생활을 영위할 것을 강조합니다. 이 모든 것들의 종착점은 호모 사피엔스라는 한 종만을 위한 도시가 아닌 다른 생명체와 함께 살아가는 새로운 모습의 도시입니다. 저자는 우리가 도시를 확장하고 건물을 지을 때 공존을 위해 설계하고 운영한다면 얼마든지 다른 생명체들과 어우러져 살 수 있음을 보여 줍니다.

이 책에서는 그 대표적 사례로서 '새를 위한 도시'를 제시하며, 새 친화적인 도시를 어떻게 구성하고 운영해야 하는지 다양한 사례를 들어 설명하고 있습니다. 야생 생물을 몰아내고 세운 도시가 인간만의 공간이라는 생각을 버리고, 도시 그 자체를 독특한 생태계로 바라보고 관리한다면 새를 비롯한 다양한 야생 생물이 적극적으로 이용하는 새로운 서식지가 될 수 있다는 고무적인 경험들을 보여 줍니다.

최근 몇몇 특정 지역의 새소리를 복원하여 현재 환경과 비교한 연구가 발표된 바 있습니다. 많은 지역에서 소리가 사라지고 단순하게 변했습니다. 다양하고 복잡한 소리를 내는 휘파람새나 지빠귀 같은 종의 개체수 감소는 소리풍경(soundscape)이 단순해진다는 것을 의미합니다. 이처럼 단순해진 소리풍경만을 경험한 인류 세대는 다양한 자연의 소리를 접하지 못하고 자라기에 자연과의 유대감이 떨어지고, 결국 자연에 대한 몰이해도 증가와 함께 지구적 환경 위기에 대한 감수성도 줄어들 것입니다.

도시에서 다른 생명체를 위해 자리를 내줘야 한다는 저자의 주장이 단지 여유가 있어 그런 것만은 아닐 겁니다. 저자는 다양한 사례를 통해 새를 위한 도시가 인간에게도 살기 좋은 도시임을 보여 줍니다. 새에게 안전한 유리창을 설치하면 건물의 에너지 소비를 절감할 수 있고, 이는 기후 위기를 막는 데에도 도움이 됩니다. 새를 위해 조성한 공원과 옥상 정원은 사람들의 정신 건강에 이롭고요. 이처럼 새는 도시를 바라보는 우리의 시선을 점검하도록 하며 나아가 도시를 아름답게 변모시키고 삶을 윤택하게 만들어 줍니다. 매년 감나무에 까치밥을 남겨 두던 옛사람들의 지혜가 간절히 요구되는 지금 이 시대에, 우리 곁에서 정겹게 지저귀는 까치와 참새가 우리의 정신적 삶을 더욱 풍요롭게 해 줄 수 있다는 놀라운 이야기들을 들어 보시죠.

국립생태원 김영준 동물관리연구실장

특별한 전시회에 간 적이 있다. 생을 달리한 동물의 사진과 사체가 진열된 전시회였다. 그중 유리창에 부딪혀 조용히 눈을 감고 바닥에 누워 있던 붉은머리오목눈이 사체가 오래도록 잊히지 않는다. 붉은머리오목눈이는 뱁새라는 이름으로 더 친숙한, 무리 지어 재잘재잘 떠들며 갈대 줄기에 숨은 벌레를 잡아먹는, 오목한 눈이 무척 귀여운 새다. 차가운 바닥에 누운 붉은머리오목눈이 옆에 '하루 2만 마리 새들의 죽음을 줄일 수 있습니다'라는 글귀가 적힌 팸플릿이 놓여 있었다. 밭 그물, 끈끈이, 농약, 교통사고 등 새의 목숨을 위협하는 요소는 셀 수 없이 많지만 유리창 충돌로만 하루에 2만 마리가 사라진다는 사실은 마음 한편에 짐처럼 가라앉았다.

탐조를 시작한 지 얼마 안 됐을 때의 일이다. 조류 도감을 뒤적이다 흰비오리를 실제로 보고 싶었다. 판다처럼 얼굴에 난 검은 얼룩 무늬와 뒤로 쓸어 넘긴 듯한 머리 깃이 인상적인 흰비오리의 사진을 보고 한눈에 반해 버렸다. 그러던 어느 해 겨울, 강릉 경포호에서 흰비오리를 만났다. 바닷가 근처의 호수라 그런지 바람이 매섭게 불던 날이었다. 경포호를 한 바퀴 돌고 숙소로 돌아가려는 그 순간, 저 멀리 하얀 몸에 검은색 무늬가 있는 흰비오리가 보였다. 쿵쿵 뛰는 심장을 진정시키며 쌍안경을 집어 들었다. 그때의 기억 때문일까. 채프먼 초등학교 앞마당에서 칼새를 보며 환호하던 사람들 마음을 십분 이해할 수 있었다. 그날의 나 역시 쌍안경을 통해 흰비오리를 보면서 연신 '와, 진짜 도감이랑 똑같이 생겼어'라는 말을 여러 차례 반복할 수밖에 없었다.

해마다 같은 장소에서 새를 관찰하다 보면 자연스레 새의 안부를 걱정하게 된다. 특히 먼 거리를 날아 이동하는 철새에는 더욱 마음이 쓰인다. '올해도 별 탈 없이 안전하게 갔을까'하는 걱정으로 마음을 졸이게 된다. 그럼에도 매년 비슷한 시기에 돌아오는 철새를 보면 안도감과 함께 티모시 비틀리가 말한 대로 경이를 느낀다. 봄을 알리는 제비부터 여름이 코앞이라 알려 주는 꾀꼬리와 파랑새, 가을이 왔음을 전하는 솔새, 겨울에 찾아오는 기러기까지, 모두 매년 정해진 장소로 돌아오는 경이로운 존재다.

매일 필요한 최소한의 자연을 만나기 위해 꽤 여러 해 전 버드피더를 만들어 걸어 두었다. 그 덕에 아침마다 버드피더를 찾아오는 참새 소리로 하루를 연다. 번식기가 지나고 나면 새로 태어난 새끼 참새를 어미 참새가 데리고 다니며 세상에 대해 하나씩 가르쳐 주는 모습도 볼 수 있다. 새끼 참새가 모이대를 이리저리 돌아다니다 서투른 움직임에 미끄러지거나 새로운 것을 부리로 이리저리 두드리는 모습을 보면 나도 모르게 참새의 삶 속에 빠져들게 된다.

티모시 비틀리의 말처럼 새는 우리의 삶을 풍요롭게 한다. 하지만 도시에는 이 놀라운 존재의 삶을 위협하는 요소가 곳곳에 있다. 건물 전면을 덮은 커다란 유리부터 우리가 매일 버리는 플라스틱 쓰레기까지, 우리가 모르는 사이 너무나도 많은 새가 희생된다. 티모시 비틀리는 '우리

가 사는 도시에서 이 경이로운 생명체와 어떻게 잘 살아갈 수 있을까?'
라는 질문에 전 세계의 다양한 도시에서 벌이는 노력을 소개하며 멋진
아이디어를 들려준다. 이 매력적이고 경이로운 생명체를 우리의 도시
로 초대할 시간이다!

새와 함께 사는 도시 만들기

우리는 새와 교감하면서 인상 깊은 자연의 모습을 볼 수 있다. 새를 바라보는 것만으로도 마음이 치유되고 즐거워진다. 새가 날아가는 모습, 두 다리로 통통 뛰어가는 모습, 깃을 다듬는 모습을 보면 놀랍기도, 기쁘기도 하다. 특히 새는 도시에 사는 사람들에게 완전히 새로운 세계를 보여 준다.

나는 숲지빠귀(*Hylocichla mustelina*) 노랫소리를 들으면 마음이 평온해지면서 순식간에 마당에 텐트를 치고 캠핑을 하던 어린 시절로 돌아간다. 연구에 따르면 새소리를 듣고 이런 기분을 느끼는 건 나뿐만이 아니라고 한다. 새소리는 음악 치료에도 사용한다. 실제로 영국의 한 소아과에서는 수술 직전에 스트레스를 많이 받은 어린이 환자에게 새소리를 들려주기도 한다.

이 책을 쓰면서 많은 사람이 그렇듯 내가 늘 새와 함께해 왔다는 사실을 깨달았다. 나는 도시 중심부의 나무로 둘러싸인 집에서 어린 시절을 보냈다. 집에서는 늘 새소리를 들을 수 있었고 마당에는 부모님이 설치한 버드피더(bird feeder)*도 있었다. 특히 어머니는 새를 정말로 좋아했다. 내가 새를 좋아하고 다양한 새를 알게 된 데에는 어머니의 영향이 컸다.

● 주로 마당에 설치하는 새 모이통.

이따금 새를 만났던 장소가 떠오른다. 태어나서 처음으로 산책했다는 노스캐롤라이나의 해변부터 플로리다의 멕시코 연안에 이르기까지, 내 삶은 항상 새로 가득했다. 파도 위를 스치듯 미끄러지던 갈색사다새(*Pelecanus occidentalis*) 여러 마리가 장난치듯 날아가는 모습도 선명하게 기억난다.

열두 살쯤에 아버지와 알래스카로 여행을 간 적이 있다. 우리는 알래스카 남동부부터 캐나다 브리티시컬럼비아주까지 늘어서 있는 섬 사이사이를 배를 타고 이동했다. 이때 흰머리수리(*Haliaeetus leucocephalus*)를 처음 보고 설렜던 순간을 잊을 수 없다. 1970년대 초반만 하더라도 흰머리수리의 상황은 좋지 못했다. 여행하는 동안 나는 흰머리수리가 눈에 띌 때마다 기록했고, 몇 주 만에 어마어마한 숫자를 기록할 수 있었다. 아버지와 나는 낯선 곳에서 만났던 위풍당당한 흰머리수리를 잊지 못한다.

우리 가족 중에도 하늘을 날 수 있는 사람이 있었다. 아버지는 유나이티드 항공사 기장으로 웨스트코스트 혹은 하와이까지 비행했다. 그 모습이 자랑스러워서 나도 어렸을 때부터 비행기 조종사를 꿈꿨다. 열일곱 살에 조종사 자격증을 따고 단발 엔진 경비행기 체로키140을 조종하며 비행하는 법을 배웠다. 나는 동력 장치가 달린 비행기를 타기 전, 글라이더로 첫 비행을 했다. 세일플레인® 민간 자격증을 딴 뒤에는 글라이더에 다른 사람을 태우기도 했다.

세일플레인을 타면 새가 된 것 같았다. 특히 피드몬트의 하늘을 함께 날았던 터키콘도르(*Cathartes aura*)와는 특별한 관계를 맺은 느낌이었다.

● 상승 기류를 이용하여 장시간 비행할 수 있는 고성능 글라이더.

터키콘도르가 비스듬히 미끄러지듯 날면서 끝없이 원을 그리며 활공하는 모습을 보면 감탄하지 않을 수 없다. 나는 세일플레인을 타기 전부터 터키콘도르와 사랑에 빠졌지만, 글라이더를 타는 사람이라면 그 새를 사랑할 수밖에 없을 것이다. 터키콘도르를 뒤따라 비행하면 손쉽게 상승 기류에 오를 수 있기 때문이다. 터키콘도르는 물리 법칙 따위는 조금도 신경 쓰지 않는 듯 항상 완벽하고 아름답게 활공했다.

성인이 되고 나서도 새와의 인연은 이어졌다. 네덜란드 레이던에 살았을 때는 갓 태어난 새끼를 데리고 다니던 고니 가족과 내가 좋아하는 새 중 하나인 물닭을 포함해 도시 안 운하에 서식하는 다양한 새를 관찰하면서 행복한 시간을 보냈다. 새가 없었다면, 아름답고 역사적인 그 도시에서의 경험이 별 볼 일 없었을지도 모른다. 그로부터 10년 후 이사한 호주에서는 이국적인 새들이 우리의 일상을 가득 채웠다. 나와 우리 가족은 시드니 쿠지 해변의 아파트 발코니에서 큰유황앵무(*Cacatua galerita*)를 만날 수 있었다. 큰유황앵무는 새로 온 입주자가 먹이를 줄 의향이 있는지 확인하는 듯했다. 우리는 큰유황앵무를 포함해 호주의 다양한 동물과 즐거운 시간을 보냈다. 이후 호주 서부에 있는 프리맨틀로 한 번 더 이사했고, 그곳에서는 멋진 큰까마귀 소리와 플루트 음색 같은 까치의 세레나데를 들을 수 있었다. 까치는 친구이자 동거인이 된 것 같았다.

나는 세계 곳곳을 돌아다니며 도시에서 지속 가능한 삶을 연구하는 도시 연구가다. 새는 언제 어디서나 내 눈을 사로잡았다. 그중 자메이카 킹스턴에서 마주한 자메이카의 국조 붉은부리긴꼬리벌새(*Trochilus polytmus*)와 긴꼬리벌새(*Aglaiocercus kingii*)의 눈부신 모습이 선연하다.

오랫동안 나는 사람이 만든 건축물이 어떻게 새를 위험에 빠뜨리는

버지니아에서 촬영한 회색흉내지빠귀(*Dumetella carolinensis*)

지 연구했다. 30년 이상 학생을 가르쳤던 버지니아 대학교의 건축대학 건물 유리벽에 새가 부딪친 모습을 숱하게 보았고, 다친 딱도요를 버지니아 야생동물센터(Wildlife Center of Virginia)에 데려간 적도 있다. 수년 간 새의 유리창 충돌을 막기 위한 논의를 진행하기도 했다. 한때 유리창에 맹금류 스티커를 붙이는 방법을 시행했지만, 곧 효과가 없다는 사실이 밝혀졌다. 당시 나는 새에게 안전한 유리창을 만드는 데 아무것도 하지 못한다는 죄책감이 들었고, 그때의 가책을 덜기 위한 아주 작은 노력의 일환으로 이 책을 썼다. 학교에서 진행한 여러 연구는 우리가 살아가는 공간이 얼마나 새에게 위험한지를 잘 보여 준다. 우리는 현실에 안주하거나 무관심한 태도에서 벗어나야 한다.

　이 책을 쓰기 위해 자료를 조사하면서 도시에 새로운 바람이 불기를 기대했다. 도시계획가와 디자이너가 도시를 설계할 때, 단순히 건물의 단점을 보완하는 정도가 아니라 적극적으로 새를 위한 도시를 디자인하고 만들어 나가길 바란다. 그렇다면 도시가 새를 위한 보금자리로 거듭나기 위해 어떤 일을 할 수 있을까? 이 책이 이 질문의 답을 찾는 데 영감을 불어넣어 주기를 바란다.

새에게 안전한 건물을 만들기 위한 규칙을 제정한 샌프란시스코와 이 선례를 따르는 뉴욕과 시카고 같은 도시가 늘고 있다는 소식은 희망적이다. 무늬를 넣은 유리를 사용해 새의 유리창 충돌을 줄인 밀워키 벅스의 새로운 홈구장은 스포츠 시설도 충분히 새를 위할 수 있다는 사실을 보여 준다. 새를 보호하려면 도시를 어떻게 디자인하고 계획해야 하는지에 대한 답을 얻기 위해 가야 할 길은 아직 멀지만, 도시가 새에게 얼마나 위험한지 알려지면서 새에게 안전한 도시를 만들려는 움직임이 곳곳에서 일고 있다. 많은 새가 종 감소, 서식지 파괴, 기후 변화로 힘든 시간을 보내고 있다. 새를 사랑하는 사람이 새를 보호하기 위해 도시 안팎에서 할 수 있는 일은 많다. 특히 도시는 긍정적인 변화의 구심점이 될 수 있다.

본격적인 이야기를 시작하기에 앞서 훌륭한 본보기가 될 수 있는 이야기를 들려준 많은 영웅에게 감사를 표하고 싶다. 샌프란시스코, 뉴욕, 오리건주 포틀랜드, 애리조나주 피닉스, 펜실베이니아주 피츠버그 등 주요 도시의 오듀본협회°에서 새를 위해 물심양면으로 헌신하고 있는 회

● 미국의 조류학자 존 오듀본의 이름을 딴 비영리 단체로 조류의 안위와 서식지를 보호하는 데 앞장서고 있다.

원들이 이 책을 쓰는 데 특히 많은 도움을 주었다. 몇몇 이야기는 짧은 영상으로 제작했다. 글 말미에 있는 QR코드를 통해 접속할 수 있다.

이 책은 도시 계획 전문가이자 도시 설계가로서 내 생각을 담고 있다. 도시는 좋은 곳이고, 새들에게 더 좋은 곳이 될 수 있다. 우리에겐 새가 필요하다. 매일 새소리를 듣고 새의 모습을 보는 것만으로도 우리의 삶은 달라질 수 있다.

인간을 포함해 모든 생명체가 살기 좋은 지구를 만들기 위해서 우리는 도시를 자연의 공간으로 만들어야 한다. 생태적인 도시 혹은 자연 친화 도시를 만들기 위해 새는 꼭 필요하다. 새는 자연과 우리를 연결하고, 우리가 도시를 설계하고 디자인할 때 자연을 핵심에 두도록 한다. 이 책은 도시를 자연의 공간으로 만들기 위해 노력하는 사람들에게 현실적인 가이드라인을 제시하고, 새를 좀 더 배려하는 도시가 될 수 있는 창의적인 아이디어를 제공할 것이다. 새와 함께 살아가는 도시는 다양한 생명체와 공존하는 생태적인 도시이며, 나아가 도시의 윤리적 의무를 다하는 새로운 모델이라 굳게 믿는다.

바이오필릭 시티(Biophilic Cities) 홈페이지
https://www.biophiliccities.org/bcfilms

─ 차 례 ─

일러두기

1 새의 이름을 옮길 때 국립생물자원관에서 발간한 「2020 국가생물종 목록」을 따랐
   다. 이 목록에 없는 새는 널리 쓰이는 이름과 원서의 영문명을 참고하여 옮긴이가
   임의로 이름을 붙이고 학명을 함께 적었다.

2 단행본 도서는 『 』, 개별 작품, 논문, 장 제목, 기사 제목 등은 「 」, 신문 등 간행물은
   《 》, 음악, 미술, 영화 등의 저작물은 〈 〉로 표기했다. 국내에서 출간하지 않은 작
   품은 제목을 번역하여 옮기고 원서 제목을 함께 적었다.

1장

새가 있으면
뭐가 좋은데?

아직 봄이 만개하지 않은 맑고 밝은 4월의 어느 날,
귓가에 들려오는 마도요 소리는
새를 사랑하는 사람에게 최고의 경험이다.

에드워드 그레이, 『새의 매력(The Charm of Birds)』[1]

새는 우리에게 다양한 혜택과 이득을 주는 정말 놀라운 존재다. 전 세계 생태계의 핵심적인 연결고리 노릇부터 공원 벤치 옆을 통통 뛰어다니면서 사람들을 즐겁게 해 주는 역할까지, 셀 수 없이 다양한 일을 하는 새를 위해 우리는 환경을 보호해야 한다. 게다가 새가 개인의 정서적인 안정에도, 지역뿐만 아니라 전 세계의 경제에도, 환경에도 중요한 영향을 끼친다는 흥미로운 연구가 발표됐다. 어떤 이들은 새가 지닌 가치 때문에라도 새의 목숨을 위험하게 하는 문제를 해결해야 한다고 말한다.

새와 사람 사이

인류가 새의 매력에 빠진 역사는 오래됐다. 새가 주변에 있을 때 우리가 큰 기쁨을 느낀다는 사실은 부정할 수 없다. 많은 사람이 새가 인간의 삶에서 중요한 역할을 한다고 말한다. 또 새를 통해 자연과 생명을 사랑하는 마음을 느낀다. 이처럼 살아 숨 쉬는 모든 것을 사랑하는 마음을 '바이오필리아(biophilia)'라고 한다.

우리는 도시에서 새소리를 듣고 싶어 한다. 새소리가 들리는 도시는 더 즐겁고 생기가 넘치며, 이런 도시에서 우리는 더 의미 있는 삶을 살 수 있다. 특히 북부흉내지빠귀(*Mimus polyglottos*)와 홍관조(*Paroaria coronata*)의 울음소리를 듣거나 미국까마귀(*Corvus brachyrhynchos*)의 호기심 가득한 모습을 본다면 이런 마음을 더 잘 느낄 수 있다. 나는 종종 먹잇감을 찾기 위해 하늘을 활공하는 터키콘도르가 그 순간을 완전히 즐기고 있을지도 모른다고 생각한다. 터키콘도르의 멋진 비행은 땅 위의 우리에게도 즐거움을 선사한다.

에드워드 그레이는 1927년 출간한 『새의 매력』에 우리가 새에 빠질 수밖에 없는 다양한 이유를 유려하게 담아냈다. 그는 이 책의 10장 「즐거운 비행과 기쁜 노랫소리」에서 봄날의 마도요 모습을 이야기하며 그 새가 지저귀는 소리를 '평화, 휴식, 치유, 기쁨, 그리고 과거에서부터 현재, 미래에 이르기까지 가장 확실한 행복'이라 표현했다.

새가 비행하는 모습을 보거나 노래하는 소리를 들으면 순수한 기쁨이 샘솟는다. 새도 그 기쁨을 누리는 듯하다. 이에 대해 그레이는 이렇게 썼다.

"당연히 새가 하늘을 나는 데는 실용적인 목적이 있습니다. 새는 먹이를 구하고, 포식자를 피하고, 살기 적당한 기후를 찾기 위해서 비행하지요. 하지만 그게 다가 아닙니다. 새는 하늘을 날면서 행복한 기분을 표현하기도 합니다. 새는 노래와 비행으로 인간에게 자연 속 즐거움과 행복을 느끼게 합니다. 이 점에서 새는 자연의 다른 어떤 생명체보다 탁월한 존재입니다."

레이첼 카슨은 『침묵의 봄』에서 "경외감을 느끼는 경험이 중요하며, 특히 아이들이 성장할 때 이런 감정을 느껴 볼 필요가 있다."라고 말한다. 레이첼 카슨은 펜실베이니아 자연 속에서 어린 시절을 보내며 새를 포함한 여러 동물을 관찰했고, 이때 품은 생명을 향한 사랑을 평생 동안 지녔다. 그는 1956년 《우먼스 홈 컴패니언(Woman's Home Companion)》에 기고한 글에서 다음과 같이 이야기한다.

> 아이들에게 세례를 베푸는 천사에게 한마디 전할 수 있다면, 쉽게 부서지지 않을, 평생 간직할 수 있는 호기심을 아이들에게 선물해 달라고 부탁할 것 같다. 호기심은 나이가 들어 가면서 느끼는 권태와 환멸을 물리쳐 주고, 인위적인 것에 대한 집착에서 벗어나도록 하며, 아이 안의 힘이 꺾이지 않도록 도와준다.[2]

웨스트버지니아주 포토맥밸리 오듀본협회에서 관리하는 13만 제곱미터 넓이의 탐조 센터인 쿨 스프링 자연보호구역(Cool Spring Nature Preserve)에서 나는 새를 사랑하는 낸시 키르슈바움과 대화를 나눴다. 그는 열두 살이 되던 해에 탐조에 눈을 떴다고 말했다.

"저는 동물을 좋아하는 아이였어요. 마당에서 사자를 볼 수는 없었지만 새는 볼 수 있었죠. 그 이후로 지금까지 꾸준히 새를 관찰하고 있어요.”

소리 전문가에게 세상은 독특한 소리로 가득한 곳이다. 새의 세계에 들어서면 더욱 다채로운 소리를 마주할 수 있다. 딱다구리와 꺅도요가 무언가를 두드리는 소리, 붉은발도요가 부르는 요들송, 쏙독새가 쏙쏙 하고 우는 소리 등 말이다. 새소리의 미묘한 차이를 연구해 온 영국의 소리 전문가 줄리안 트레저는 이렇게 설명했다.

“수백, 수천 년 동안 관찰한 결과, 새는 안전하다고 느낄 때 소리를 낸다는 사실을 알아냈어요. 만약 새가 소리를 내지 않는다면 그때는 정말로 문제가 생긴 거죠.”[3]

나에게 새소리는 희망과 행복의 묘약이다. 나의 가장 오래된 기억에도 새소리가 남아 있다. 플루트 연주 같은 숲지빠귀의 울음소리는 나를 어린 시절을 보낸 버지니아로 데려다준다.

얼마 전 《뉴욕타임스(The New York Times)》에 실린 호스피스 전문의의 글에 내가 하고 싶은 말이 잘 드러나 있다. 영국 건강보험공단(NHS) 소속 의사 레이첼 클라크는 생의 마지막을 앞둔 환자에게 가장 위안이 되는 건 자연이었다고 말했다. 클라크는 유방암 말기 환자인 다이앤 핀치가 죽음 앞에서 어떻게 마음을 다잡았는지를 이야기한다.

정원에서 지저귀는 찌르레기 소리를 들을 때면 왠지 마음이 차분해졌어요. 모든 것이 영영 사라져 버릴 거라는 두려움이 가라앉는 것 같았죠.

'그래, 찌르레기는 또 있을 거야. 노랫소리도 거의 비슷하겠지. 다 괜찮을 거야.'

저와 같은 진단을 받은 사람은 이전에도 있었을 거예요. 그리고 앞으로도 있겠죠. 그게 자연스러운 거잖아요? 자연스러운 흐름이죠. 암도 자연의 일부예요. 함께 살다가 함께 죽는 법을 배워야 해요.[4]

클라크는 병실 창문을 열어 두는 환자 이야기도 들려주었다. 그 환자는 바람을 느끼고 찌르레기 소리도 들을 수 있게 창문을 열어 두고 싶어 했다. 클라크는 자연이 얼마나 중요한지, 특히 삶의 끝자락에 서 있는 환자에게 얼마나 큰 가치인지 강조했다.

"이 연구를 통해 말하고 싶었던 건 질병은 죽음과 가까워지 는

버드피더를 찾아온 붉은가슴벌새(*Archilochus colubris*).

게 아니라 단지 삶의 일부분일 뿐이라는 것이었어요. 살아 있는 순간은 모든 곳에서 느낄 수 있어요. 자연은 살아 있는 순간으로 가득하기 때문이죠."

새는 삶을 생기 있게 만들어 준다. 새가 지닌 에너지, 생기, 그리고 활력 넘치는 움직임은 생생한 생명력을 느끼게 한다.

일상 속에서 새의 모습을 보고 새의 노랫소리를 듣는 건 매우 낭만적인 일이다. 언젠가 뉴욕에 원앙이 나타난 적이 있다. 수많은 뉴욕 시민과 관광객, 그리고 여러 언론사가 원앙의 모습을 보러 센트럴파크로 달려갔다. 갑작스럽게 나타난 그 새는 모두의 이목을 집중시켰고, 우리는 사람들이 새에게 얼마나 매력을 느끼는지 깨달을 수 있었다. 원앙이 어디서 나타났는지는 아무도 모르지만, 모두들 그 아름다운 모습에 매료되었다.[5] 얼마 전에는 중국 베이징에 꼬까울새가 나타나 사람들이 구름처럼 몰려들기도 했다.[6]

새는 다양한 방식으로 우리를 고양시킨다. 그들은 우리와 생활 공간을 공유하는 흔한 이웃이지만 믿기지 않을 만큼 아름답고, 이국적이며, 영적이다. 새의 독특한 외양은 우리의 눈길을 사로잡고, 귀여운 몸짓과 노랫소리는 즐거움을 준다. 새와 마주하는 순간 우리는 바쁜 마음을 내려놓고 지금 이곳에 온전히 있게 된다. 홍관조의 찬란한 색깔, 파랑어치(Cyanocitta cristata)의 날카로운 소리, 미국 까마귀의 비밀을 꿰뚫는 듯한 눈빛은 우리에게 엄청난 에너지와 순수한 행복을 선사한다.

새들이 공중 보건에 큰 도움이 된다는 사실도 흥미롭다. 탐조 활동을 즐기는 사람이 아니더라도 일상생활 속에서 새의 움직임을 보거나 노랫소리를 듣는 것만으로도 행복을 경험한 순간은 셀 수 없을 것이다. 도시에 사는 새들이 사람들의 정신 건강에 주는 이점은 어마어마하게 커서 측정이 불가능할 정도다.

새의 경제적 가치

새는 엄청나게 가치 있고, 그 가치는 경제학자의 언어로도 해석할 수 있다. 새는 경제적으로도 가치가 있다는 뜻이다. 새의 울음소리를 듣고 행동을 관찰하는 데는 돈을 지불할 필요가 없지만, 이를 통해 우리는 큰 혜택을 얻는다. 나무가 우거진 곳의 집이 나무가 없고 새소리가 들리지 않는 집보다 가격이 더 비싸다는 사실은 이를 잘 나타낸다.

『새가 중요한 이유: 조류의 생태적 기능과 가치(Why Birds Matter: Avian Ecological Function and Ecosystem Service)』는 단순히 새를 관찰하고 새소리를 들을 때의 즐거움을 넘어 새가 우리에게 어떤 의미가 있는지 다방면으로 소개한다.[7] 새들은 꽃가루를 수분하고 씨앗을 퍼트리며 양분을 순환시키는 등 생태적으로 중요한 일을 한다. 칼새와 제비는 어마어마한 양의 모기를 잡아먹을 뿐만 아니라 작물을 해치는 벌레의 수를 조절해 농업에도 상당한 도움이 된다. 쿨스프링 자연보호구역에 서식하는 굴뚝칼새(*Chaetura pelagica*)는 하루에 곤충 6000마리를 잡아먹는다고 한다.

독수리는 쓰레기 관리와 환경 미화에 탁월한 재능이 있다. 그렇지만 우리는 새의 생태적 기능을 등한시하는 경향이 있다. 남아시아, 특히 인도에서 수의사들이 가축에게 소염진통제로 사용한 디클로페낙으로 인해 독수리의 개체 수가 급격히 줄었는데*, 이 시기에 광견병으로 사망하는 사람이 늘었다. 먹이 경쟁을 하던 독수리가 줄자 들개의 수가 늘었고, 이로 인해 광견병 발병률이 높아진 것이다.[8]

여러 지역사회와 도시에서 에코 투어의 규모가 커지면서 엄청난 수입으로 세수를 확보하고 고용 문제도 해결하고 있다. 코넬 대학교 조류연구소는 탐조 활동이 경제적으로 발전 가능성이 높은 분야라 전망했다.[9]

전 세계 많은 사람들이 새 관찰을 즐긴다. 2016년에 진행한 「야생동물과 연관된 취미 조사(2016 National Survey of Fishing, Hunting, and Wildlife-Associated Recreation)」에 따르면 미국인 중 약 4500만 명이 취미로 새를 관찰한다고 답했다. 미국인들은 연간 쌍안경이나 망원경 같은 탐조 용품으로 18억 달러를, 먹이로는 40억 달러를 소비한다. 이외에도 탐조로 돈을 쓰는 방법은 무궁무진하다.

● 디클로페낙 성분이 남아 있는 가축의 사체를 먹은 독수리는 신장 기능 이상으로 죽음을 맞이한다.

자연의 세계로 이끄는 사절단

미국 탐조협회(American Birding Association)의 제프리 고든은 『새가 중요한 이유』 서문에서 새가 지닌 가치를 잊어서는 안 된다고 말한다.

"새가 우리에게 얼마나 도움이 되는지는 둘째 치고, 새는 그 자체로 고유한 가치를 지니고 있습니다. 감각적이고 사회적 존재인 새는 어떻게 보면 정말 위험할 수 있는 도시 환경에 잘 적응했습니다."

새가 수백만 년 전 지구에 살았던 공룡으로부터 진화한 생물이라는 사실은 그들을 더욱 특별한 존재로 생각하게 한다. 우리 인간에게 새를 멸종시키거나 위험에 빠뜨릴 자유는 없다.

나는 에코페미니스트인 발 플럼우드가 오랫동안 고수해 온 자연을 윤리적인 측면에서 바라보는 이론을 좋아한다. 우리와 함께 지구를 사용하는 다른 모든 생명체는 단지 인간이 만든 무대의 엑스트라가 아니라 독창적이고 주체적인 존재라는 관점이다. 발 플럼우드는 자연을 우리와 동떨어진 별개의 존재라고 구분 짓는 생각에서 벗어나 자연이 어떤 일을 하는지 살피고 그 안에 담긴 지혜와 정보를 들여다봐야 한다고 말한다.[10]

새는 자연을 색다르게 바라볼 수 있게 한다. 새는 제한적인 감각으로 이루어진 우리 인간의 세계와 그 너머에 있는 자연을 이어주는 사절단이다. 우리는 자연 속 생명 공동체의 일부다. 새는 우리를 자연의 세계로 이끌며 힘차게 손짓하고 있다. 미국 환경 운동가인 알도 레오폴드는 우리 스스로를 돌아보기 위해서는 생명 공동체의 일원이 돼야 한다고 주장한다. 그에 따르면 새소리에 대한 생각을 바꾼다면 우리의 행동은 완전히 달라질 수 있다. 단순한 울음소리가 아니라 새의 '목소리'로 본다면 말이다.

˅

살아 숨 쉬는 시

새는 살아 숨 쉬는 시다. 영국의 낭만주의 시인 퍼시 비시 셸리의 「종달새에게」부터 존 키츠의 「나이팅게일에 부치는 노래」까지, 새는 다양한 문학 작품에 등장한다. 현대 작가 메리 올리버 역시 홍관조의 아름다운 행동이 주는 깊은 울림을 시에 담아냈을 정도로 새는 문학의 주요 소재다.

주변의 새에 관심을 갖고 보호한다면 인간 중심의 좁은 시야에서 벗어나 우리가 소홀했던 세계에 눈뜰 수 있을 것이다.

이제 우리는 경제적, 생태적, 그리고 윤리적인 면에서 새를 보호할 수 있는 방법을 고민해야 한다. 제프리 고든이 말한 대로 우리는 화살 통에 화살을 가능한 많이 갖고 있어야 한다.

도시는 원래 새들의 것

역사적으로 도시는 무역을 하거나 물건을 수송하기에 적합한 강변, 해안가에서 탄생했다. 그렇기에 도시는 철새가 이동하는 통로나 서식지로서도 중요하다. 펜실베이니아 서부 오듀본협회 이사짐 보너는 이런 말을 했다.

"새들이 도시에 오는 이유는 도시가 탄생하기 전에도 왔기 때문이에요. 우리가 빌딩을 건설하고 도시를 만들었다고 해서 새들이 다른 곳으로 가진 않는다는 말이죠."

그렇기에 도시는 미래에도 새에게 중요할 것이다. 많은 도시에서 새를 위한 공간을 만들기 위해 적극적으로 움직이고 있다. 철새는 샌프란시스코, 시카고, 뉴욕, 토론토, 온타리오를 비롯한 여러 도시를 거쳐 이동한다. 그렇기 때문에 우리는 매년 수억 마리 철새의 목숨을 앗아 가는 도시의 유리창과 건물을, 그리고 길을 잃게 만들고 심한 경우 죽음에 이르게 하는 빛 공해를 해결해야 한다. 나무를 심거나 건물 옥상에 새들이 좋아하는 식물을 심는 방법으로 도시는 새들의 중요한 서식지로 거듭날 수 있다. 또한 북아메리카에서만 매년 40억 마리의 새를 사냥하는 도시의 길고양이와 집고양이를 막을 방법도 고민해야 한다.

도시가 얼마나 다양한 새들의 집인지 우리는 자주 잊어버린다. 뉴욕 같은 도시는 다양한 새들의 집이자 어떤 새에게는 없어서는 안 될 중요한 서식지다. 뉴욕 오듀본협회의 수장 엘빈은 물가에 서

새가 활공하는 모습을 보면 우리도 하늘을 나는 것 같은 느낌이 든다.

식하는 새를 연구하고 관찰하는 단체를 이야기한 적이 있다. 하버 헤론 프로젝트(The Harbor Herons project)는 자메이카만에서부터 베라자노-내로스다리에 이르기까지, 뉴욕항 근처에 서식하는 다리가 긴 물새를 추적 관찰하는 활동이다. 번잡한 이곳은 해오라기, 중대 백로, 뿔가마우지(Phalacrocorax auritus), 그리고 재갈매기의 보금자리다. 놀랍게도 미국에 서식하는 해오라기의 80퍼센트가 뉴욕에 있다. 로어맨해튼에서 작은 웹캠으로 관찰하고 있는 거버너스섬에는 제비갈매기와 50쌍 이상의 검은머리물떼새, 그리고 도요과의 여러 새들이 서식하고 있다. 뉴욕을 포함해 많은 해안 도시가 바다와 깊은 관계를 맺고 있다는 사실을 깨닫는다면, 우리와 같은 해안을 사용하는 물새를 새로운 시선으로 바라볼 수 있을 것 같다.

엘빈은 새를 보호하는 일을 '섬세한 춤'이라 말한다. 복잡한 도시에서 새를 보호하는 일은 쉽게 뒷전으로 밀려나기 때문이다. 엘빈은 라구아디아 공항 근처 라이커스 아일랜드 교도소 옥상에 둥지를 튼 갈매기와, 해변에서 해수욕을 즐기는 뉴요커로부터 몇 미터 떨어지지 않은 곳을 거니는 피리물떼새(*Charadrius melodus*) 이야기를 들려주었다.

그날 늦게 우리는 깨달았다. 뉴욕 같은 거대도시에서 새가 살아갈 만한 공간을 확보할 방법만 찾아낸다면 도시에서 새의 삶이 측정할 수 없을 만큼 많이 좋아질 것이라는 사실을.

또 엘빈의 이야기에 따르면, 뉴요커들은 뉴욕에 얼마나 다양한 새가 살고 있는지 들었을 때 "어머, 정말요? 몰랐어요!"라는 전형적인 반응을 보인다고 한다.

"일단 새가 우리 주변에 살고 있다는 사실을 인지하면 매직아이 그림을 보는 것처럼 계속 눈에 들어오게 되죠."

이런 발견은 도시에 대한 인식을, 어쩌면 바쁜 도시에서 새의 위상을 달라지게 할 것이다. 이어서 들은 뉴욕에서 새들이 얼마나 많은 관심과 존중을 받는지에 대한 엘빈의 이야기는 무척 감명 깊었다.

최근 몇십 년간 도시의 불빛과 건물이 도시에 서식하는 새나 도시를 지나 이동하는 수백만 마리의 철새에게 위험하다는 사실이 밝혀졌고, 많은 도시에서 육지와 물에 서식하는 새를 보호하기 위해 다양한 프로그램이 개발됐다.

시카고와 토론토에서는 철새가 가장 많이 이동하는 시기에 길을 잃거나 죽는 새의 수를 줄이기 위해 불 끄기 캠페인을 진행하고 있다. 그뿐만 아니라 유리창 충돌을 줄이기 위해 건축 가이드라인도 만들었다. 샌프란시스코와 오리건주 포틀랜드에서는 새를 위한 건물 외벽 가이드라인을 제정했으며 많은 도시에서 이를 참고하고 있다. 더 나아가 주 정부와 국가 차원에서 새를 위한 건축 관련 법안을 제정하는 등 상황은 희망적인 방향으로 변하고 있다.

새를 위해 두 팔을 걷어붙인 단체도 많다. 토론토의 '치명적인 빛 인식 프로그램(FLAP, Fatal Light Awareness Program)'은 도시에서 일어나는 유리창 충돌을 날마다 모니터링하고, 사람들에게 우리가 살고 있는 도시가 새에게 얼마나 위험한지 알리는 시민행동이다. 애리조나주 피닉스 시민들은 굴올빼미(*Athene cunicularia*)에게 적합한 서식지를 만들어 주기 위해 힘쓰고 있다. 영국의 한 건설 회사는 새로 짓는 집에 칼새 인공 둥지를 설치했다. 뉴멕시코 주민들은 멸종 위기에 처한 주니퍼박새(*Baeolophus ridgwayi*)를 보호하기 위해 다양한 활동을 하고 있다.

이 책은 다양한 도시의 희망찬 이야기로 가득하다. 우리가 살고 있는 도시에 서식하는 새를 보호하고, 보전하기 위해 힘쓰고 있는 여러 단체와 도시 대표, 수많은 사람의 이야기를 담았다. 새를 위한 도시, 새와 함께하는 세상을 위한 그들의 노력을 하나씩 만나 보자.

2장

도시가
위험하다고?

나는 새에게 기도합니다.
새를 보면 두려운 것이 아니라
사랑하는 무언가가 떠오르기 때문입니다.
기도가 끝날 때쯤 새는 내게 경청하는 방법을 알려 줍니다.

테리 템페스트 윌리엄스, 『은신처(Refuge)』[1]

2012년은 레이첼 카슨의『침묵의 봄』이 출간된 지 50주년이 되던 해였다. 버지니아 대학교 건축대학에서 우리는 레이첼 카슨을 기리는 전시회를 준비했다. 전시회를 열기 위해서는 많은 책과 연구 자료가 필요했기 때문에 지금은 레이첼 카슨 랜드마크 얼라이언스(Rachel Carson Landmark Alliance)로 이름이 바뀐 레이첼 카슨 위원회에 연락을 취했다. 위원회는 카슨이『침묵의 봄』을 집필하는 5년 동안 머물렀던 메릴랜드 교외의 집을 갖고 있었다.

카슨이 머물렀다는 그 집에 들어서자 뒷마당이 보이는 아름답고 커다란 창문이 눈에 들어왔다. 그는 이 방 저 방 옮겨 다녔지만, 주로 거실에서 글을 썼다고 한다. 정원에는 아직도 버드피더가 남아 있어 다양한 새들이 날아들었다. 정원을 찾아온 새를 관찰하면서 영감을 얻는 동시에 걱정스러워하는 카슨의 모습이 보이는 듯했다.

『침묵의 봄』덕분에 새를 포함해 많은 동물이 얼마나 위험한 상황에 처해 있는지 알려졌지만, 책이 출판된 지 수십 년이 흐른 지금도 형편이 나아지지 않은 경우가 많다. 《사이언스(Science)》에 발표된 북아메리카에 서식하는 새들이 처한 상황을 연구한 논문은 정말 충격적이다.[2] 해마다 북아메리카의 조류 개체 수를 조사한 코넬 대학교 조류연구소 연구진은 1970년 이후로 대략 30억 마리, 전체 개체 수의 30퍼센트가 줄었다고 발표했다.[3] 연구진 중 한 명인 케네스 로젠버그는 이 연구 결과를 두고 '믿기 힘들 정도'라고 표현했고, 새를 사랑하는 사람들은 머리를 한 대 얻어 맞은 것 같은 충격을 받았다.

새가 처한 상황을 이해하기 위해서는 철새의 입장이 돼 보는 것이 가장 좋은 방법이다. 월동지에서 번식지까지 이동하는 철새는 수천 킬로미터를 날아가야 한다. 하늘 위에서 땅을 내려다보면 잠시 쉴 만한 장소는 거의 보이지 않고, 도로나 건물 혹은 피해야 할 송전선만 눈에 띈다. 게다가 지난해 체력을 보충하기 위해 머물렀던 해안 습지나 교외의 숲이 이제는 없을 수도 있다.

새들의 서식지 보호에 힘쓰는 국제기구인 버드라이프 인터내셔널(BirdLife International)이 최근 발표한 「전 세계 조류 현황(State of the World's Birds)」 보고서에 따르면 전 세계 새 1만여 종 중 개체 수가 감소한 종이 40퍼센트에 달한다.[4] 새들이 다방면으로 위험한 상황에 처해 있다는 사실을 단적으로 보여 주는 매우 충격적인 결과다. 자동차 수가 늘면서 도시의 규모는 점점 커지고 탄소 배출과 에너지 소비가 증가한다. 그리고 그 결과로 지구의 온도는 계속해서 상승한다. 열대 지역과 아한대 지역의 삼림 벌채로 새의 서식지가 파괴되고, 기후 변화는 가속되고 있다. 이처럼 숲을 농경지로 바꾸는 토지 용도 변경 사례가 늘고 도시 사람들의 소비 패턴이 복잡해지면서 새뿐만 아니라 우리 인간의 생존도 위협받고 있다.

좋은 소식은 이와 반대의 경우도 가능하다는 것이다. 새와 새의 서식지를 지키는 활동은 탄소 배출 저감, 기후 변화 완화 등 다양한 방면에 긍정적인 변화를 일으킨다. 살충제, 투명한 유리창, 도시의 불빛, 길고양이와 집고양이 등 도시에 서식하거나 도시를 통과하는 새를 향한 위험은 곳곳에 도사리고 있다. 문제를 해결하기 위해 어떤 일이 새를 위험하게 하는지, 그리고 그 규모가 얼마나 되는지를 이해해야 한다. 이 책은 새들을 위험에 빠뜨리는 문제를 소개하고, 이런 문제를 줄이기 위해 도시계획가나 디자이너뿐만 아니라 모든 사람이 실제로 할 수 있는 일을 찾아 나가는 과정을 담았다. 문제를 하나씩 살펴보고 그 해결책을 알아 보자.

살충제와 빛 공해

『침묵의 봄』의 충격적인 내용 덕분에 DDT°사용은 줄었지만 다른 화학 물질을 사용한 살충제가 많이 개발됐다. 우리는 살충제가 새에게 직간접적 영향을 끼친다는 사실을 이제 막 밝혀냈다. 전 세계 곤충의 개체 수가 살충제 때문에 감소하고 있으며, 이는 노랑관상모솔

● 1940년대부터 널리 사용된 살충제이자 농약.『침묵의 봄』을 통해 위험성이 알려진 뒤 대부분의 국가에서 사용을 금지하고 있다. 현재에는 일부 국가에서 말라리아와 티푸스의 대비책으로만 제한적으로 사용하고 있다.

버지니아 대학교 건축대학 유리창에 부딪혀
목숨을 잃은 노랑관상모솔새.

FLAP 자원봉사자가 새를 구조하는 모습.

새(*Regulus satrapa*)같이 곤충을 주식으로 삼는 새에게 중요한 문제다.

1989년부터 2016년 사이에 독일의 63개 자연보호구역에 서식하는 곤충의 수를 조사한 결과, 바이오매스[•]가 76퍼센트 줄었다고 한다.[5] 연구진은 곤충의 수가 감소하면 먹이 사슬과 수많은 생태계에 도미노처럼 영향이 미친다고 경고했다. 오랜 기간 진행된 푸에르토리코의 엘 윤케 국유림(El Yunque National Froest)에 서식하는 절지동물 연구 결과도 좋지 못했다. 1970년 이후로 절지동물의 수는 60분의 1로 줄었고, 이는 아놀도마뱀 같은 절지동물이 아닌 다른 동물에게도 치명적인 영향을 끼쳤다는 내용이었다.[6] 정확한 원인은 불분명하지만 독일 연구진은 농경지가 늘면서 살충제의 사용도 증가했기 때문이라 추측한다.

2019년 프란시스코 산체스-바요와 크리스 A. G. 와이커시는 《바이올로지컬 컨저베이션(Biological Conservation)》에 '몇십 년 안에 전 세계 곤충의 40퍼센트가 멸종할 것'이라는 연구 결과를 내놓으며 우려를 표했다. 이들 연구진은 곤충이 사라지는 네 가지 주요 원인으로 농경지 확장이나 도시화로 인한 서식지 감소, 합성 살충제와 비료로 오염된 물, 외국에서 들어온 생태 교란종과 병원체 같은 생물학적 요인, 그리고 기후 변화를 꼽았다. 특히 농사짓는 방법을 집중적으로 언급했다.

서식지 환경의 변화와 오염이 곤충 개체 감소의 주요 원인이

• 특정 시점과 공간에 존재하는 특정 생물체의 양을 중량 또는 에너지량으로 나타낸 것.

다. 특히 지난 60년 동안 전 세계적으로 농업의 규모가 커지면서 합성 살충제를 무자비하게 사용했고, 그 결과 곤충의 수가 줄었다. 이러한 요소(농산물 대량 생산을 위한 살충제 사용량의 증가)가 전 세계 모든 나라에서 통용된다는 점을 감안하면, 열대 지방이나 개발도상국의 상황도 크게 다르지 않을 것이다. 우리가 내릴 수 있는 결론은 명확하다. 식량 생산 방법을 바꾸지 않는다면 몇십 년 안에 곤충 전체가 멸종될 것이다.[7]

두 연구자에 따르면 모든 종류의 곤충의 개체 수가 줄고 있고, 그중 날아다니는 곤충의 개체 감소는 새에게 특히 나쁜 소식이다. 지구에 사는 새를 지키기 위해서는 농작물을 생산하고 소비하는 시스템을 가장 먼저 개혁해야 한다.

1990년대 초에 사용한 새로운 합성 살충제도 곤충의 수가 감소하는 데 큰 영향을 끼쳤다. 특히 네오닉스라고도 불리는 네오니코티노이드가 대표적이다. 《플로스 원(PLoS ONE)》에 실린 독성 농도에 관한 연구에 따르면 네오닉스는 곤충에게 더 치명적이고, 자연에 더 오래 남는 방향으로 변했다고 한다.[8] 문제는 오늘날 사용하는 씨앗 대부분이 네오닉스로 코팅되어 있어 토양과 수질을 심각하게 오염시킨다는 것이다. 시판 중인 옥수수 씨앗의 80퍼센트는 필요하지도 않은데도 네오닉스로 코팅돼 있다. 식품안전센터의 조사에 따르면 농부들은 코팅되지 않은 씨앗을 살 선택권조차 없다고 한다.[9] 네오닉스는 집 근처 화원에서 판매하는 잔디밭을 관리하는 제품에서도 쉽게 찾아볼 수 있다. 하지만 네오닉스가 어떤 영향을 끼치는지 아는 사람은 거의 없다.

또한 도시의 빛 공해와 수많은 야외 조명으로 인해 날아다니는 곤충의 수는 점점 더 줄고 있다. 아발론 C. S. 오웬은 150여 개의 연구를 종합적으로 검토한 결과 빛이 곤충 수 감소에 큰 영향을 끼친다는 사실을 알아냈다.[10] 빛은 곤충이 번식하고 먹이를 사냥하는 모든 활동을 정상적으로 할 수 없게 만든다. 독일의 한 연구에 따르면 자동차 헤드라이트로 인해 여름에만 곤충이 1000억 마리 정도 죽는다.

토착 식물 보호에 힘쓰는 델라웨어 대학교 생태학자 더글러스 탈라미는 인터뷰에서 야외 조명을 줄여 나가는 일이 매우 중요하다고 강조했다.

"야외 조명을 하루 종일 켜 놓으면 어른 새의 먹이인 나방과 새끼 새의 먹이인 애벌레가 사라질 거예요."

야외 조명 때문에 별을 더 이상 볼 수 없다는 문제에는 많은 사람이 공감하지만, 새들의 밥상이 사라진다는 사실은 거의 알려져 있지 않다. 그는 이어서 이야기했다.

"별을 볼 수 없다는 사실도 문제지만, 새가 사라진다는 건 완전히 다른 차원의 문제입니다."

걸림돌이 산적한 도시 환경

도로를 달리는 자동차는 도시에 서식하는 다양한 야생동물에게 엄청난 영향을 끼친다. 새는 날 수 있기 때문에 교통사고를 당하지 않을 것 같지만, 최근 몇 년 동안 플로리다주에서 천천히 낮게 날아다니는 수많은 캐나다두루미가 차에 치여 목숨을 잃거나 다쳤다. 올빼미 같은 맹금류도 화물 트럭이나 자동차와 자주 충돌한다.

　교통사고로 목숨을 잃는 새는 생각보다 많다. 나 역시 자동차가 상대적으로 속도를 못 내는 좁은 도로에서 낮게 비행하는 새와 부딪칠 뻔한 적이 있다. 그 순간 고속도로에서 본 끔찍한 장면이 떠올랐고, 새와 자동차가 충돌하는 교통사고가 정말 심각한 일이며 도시 설계에 치명적인 문제가 있다는 사실을 깨달았다. 미국에서 교통사고로 목숨을 잃는 새의 수는 매년 최소 8900만에서 최대 3억 4000만 마리 정도로 추정된다.[11] 다양한 야생동물이 안전하게 이동할 수 있는 도로를 디자인하려는 긍정적인 움직임이 일어나고 있지만, 새를 위한 도로는 여전히 먼 이야기다.

　캐나다기러기처럼 철새였던 새가 텃새로 변한 경우에는 도시에서 함께 사는 게 성가신 일로 여겨지기도 한다. 비행기와 새의 충돌을 걱정하는 공항에서는 근처에 새가 있으면 민감하게 반응한다. 활주로나 비행경로에서 새가 멀리 떨어져 있어 부딪힐 것 같지 않은데도 말이다.

　부정적인 이미지 때문에 나뭇가지에 모여 겨울을 나는 터키콘도르를 쫓아내는 지역도 있다. 대포 소리를 이용하거나 심지어 터키콘도르 시체를 거꾸로 걸어 놓는 야만적인 방법도 사용하는데, 효과는 미미하다. 하지만 터키콘도르가 모여 앉아 있다고 해서 별다른 피해가 발생하는 것도 아니고, 7장에서 더 살펴보겠지만 어떤 곳에서는 터키콘도르를 긍정적으로 받아들이고, 심지어 터키콘도르를 기념하며 축제를 열기도 한다. 이러한 사실은 우리에게 다른 해결책이 있음을 시사한다.

또 하나 걱정스러운 점은 외래종 식물이 급속도로 퍼져 나간다는 사실이다. 도시 안의 공공지와 개인 거주지를 막론하고 외래종 나무와 화초를 심는 경우가 많은데, 이 식물들은 공격적으로 서식지를 넓힐 뿐만 아니라 곤충이 살아갈 공간도 별로 제공하지 않고 열매도 충분히 맺지 않는다. 이렇게 되면 새가 번식하고 자라는 데 필요하고 철새가 이동하는 중에 버틸 힘이 되어 줄 먹이가 부족해지게 된다.

도시를 찾아온 기후 변화

새를 위협하는 요인들 가운데 가장 심각한 문제는 기후 변화다. 지구의 평균 기온은 산업혁명 이후로 1도 이상 상승했다. 2019년 여름, 북아메리카와 유럽의 최고 기온 기록이 바뀌었다. 덕분에 2015~2019년은 공식적으로 관측 역사상 가장 더운 5년이 됐다. 이상 고온 현상은 새를 포함해 모든 야생동물에게 부정적인 영향을 끼친다.

2014년 미국 오듀본협회는 기후 변화가 북아메리카에 서식하는 새들에게 어떤 영향을 끼칠지 연구한 결과를 발표했다.[12] 2080년까지 새들의 서식지가 어떻게 변할지 시뮬레이션했고, 그 결과는 충격적이었다. 북아메리카에 서식하는 새 588종 가운데 314종의 서식지가 반 이상 사라질 것이라는 내용이었다. 다른 지역으로 이동해 살아남을 수도 있겠지만, 126종은 서식지를 영영 잃게 된다. 현재 온실가스 저감을 위해 노력하고 있지만, 이걸로는 부족하다. 이대로라면 북아메리카에 서식하는 새의 반 이상은 변화된 기후로 위험해질 것이다.

단적인 예로 내가 사랑하는 새 중 하나인 숲지빠귀는 기후 변화로 사라질지도 모른다. 연구에 따르면 2080년에는 숲지빠귀가 여름을 나는 서식지의 82퍼센트가 파괴되어 캐나다의 아한대 숲이 새로운 서식지가 될 거라고 한다. 우리 가족이 살던 집과 주변 풍경이 어우러지게 해 주던 숲지빠귀의 플루트 연주하는 듯한 노랫소리도 듣기 어려워질 것이다. 또한 2080년까지 굴올빼미 번식지의 77퍼센트가, 북아메리카에서 겨울을 나는 새의 서식지 67퍼센트가 파괴될 것이라는 내용도 담겨 있다.

2080년이면 먼 미래의 일인 것 같지만 기후 변화로 서식지가 변하는 일은 이미 일어나고 있으며 몇십 년 안에 더 심각해질 것이다. 이에 적응하는 새도 많겠지만 그러지 못하는 새도 많을 것이다.

다른 모형실험 결과도 비슷하다. 아한대 숲에 서식하는 새의 수 역시 기후 변화로 인해 심각하게 줄 것이라고 한다. 아한대조류계획(Boreal Songbird Initiative)의 제프 웰스는 일생의 많은 부분을 한 지역에서 보내는 수십억 마리의 새에게 기후 변화가 어떤 영향을 끼치는지 설명하는 데 쏟았다. 웰스는 아한대 숲을 '북아메리카 새들의 유치원'이라고 부르는데, 북반구 고위도에 넓게 퍼져 있는 이 원시림에서 매년 30억 마리의 새가 둥지를 틀기 때문이다. 이렇게 많은 새가 서식하는 아한대 숲은 생태적으로 매우 중요하다. 그는 아한대 숲이 수십억 마리의 새를 '수출'한다고 이야기한다.

"새로 부화한 어린 새들은 캐나다 남부, 미국, 멕시코, 카리브해, 중앙아메리카와 남아메리카를 거쳐 월동지로 이동합니다."

웰스는 온실가스 배출을 감축하기 위해 어떠한 노력도 하지 않을 경우 아한대 숲에서 벌어질 일도 시뮬레이션했다. 특히 아한대 숲에 사는 새 53종이 받을 영향에 집중했다. 그는 생태적으로 중요한 아한대 숲이 믿기지 않을 만큼 북쪽으로 이동하면서 면적의 25퍼센트 가량이 축소될 것이라는 결론을 내렸다. 그에 따르면 2040년에는 남은 서식지에서 조류 21종의 개체 수가 감소하고 2100년에는 더 많은 새가 사라질 것이다.[13]

미국 오듀본협회는 기후 변화로 일어날 영향에 대한 충격적인 연구를 발표한 지 5년 후인 2019년, 지구 평균 기온이 3도 상승했을 때 일어날 일을 발표했다. 「온도에 따른 생존(Survival by Degrees)」[14] 이라는 연구는 북아메리카에 서식하는 새 604종에 집중했다. 결론은 웰스의 연구와 비슷했지만 알아낸 사실은 더 충격적이었다. 오듀본협회는 연구를 통해 기후 변화로 인해 북아메리카에 서식하는 새의 3분의 2인 380종이 위험해질 것으로 예측했다.

언론은 매년 볼 수 있던 새가 여름이 되어도 찾아오지 않을 거라는 충격적인 결과에 초점을 맞추며 오듀본협회의 엄청난 연구 결과를 쉬운 언어로 풀어 보도했다. 조지아주의 갈색흉내지빠귀(*Toxostoma rufum*), 미네소타주의 검은부리아비(*Gavia immer*), 뉴저지주의 황금방울새(*Spinus tristis*)는 여름이 되어도 더 이상 돌아오지 않을 것이라고.

다행히도 현재 아한대 숲은 생태적으로 거의 온전히 보존돼 있지만, 벌목과 채굴, 그리고 유전 개발이 계속해서 이 지역을 위협하고 있기 때문에 미래에는 지금 같지 않을지도 모른다. 보호만 잘 이뤄진다면 방대한 자연인 아한대 숲은 기후 변화에도 거의 영향을 받지 않는 '기후 피난처'로 남아 있을 것이다. 다만 숲 지대가 북쪽으로 이동함에 따라 새를 포함한 생명체들이 새로운 서식지를 이용할 수 있도록 돕는 이동 통로가 필요해질 것이다. 웰스는 2018년의 보고서에서 이렇게 말했다.

캐나다는 기후 변화로부터 아한대 숲을 보호해야 할 특별한 의무가 있다. 아한대 숲은 지구에 남아 있는 가장 큰 원시림이자 아메리카 대륙을 가로지르는 수십억 마리의 철새가 새끼를 기르는 곳이기도 하다. 새들이 숲에서 번성하도록 하면 광활한 지역의 생물 다양성을 보호하는 데 도움이 될 것이다.[15]

아한대 숲과 관련한 희망적인 소식도 있다. 캐나다 정부는 2020년까지 아한대 숲의 최소 17퍼센트, 머지않아 더 넓은 지역을 보호하기로 약속했다. 웰스는 아한대 숲의 더 많은 지역을 보호구역으로 선정하려는 캐나다 원주민 퍼스트 네이션(First Nations)의 노력에 용기를 얻었다고 한다. 또 삼림관리협의회(FSC, Forest Stewardship Council)의 인증 제도와 같은 새들의 서식지 보호를 위한 긍정적인 움직임도 일고 있다. 하지만 아직 갈 길은 멀기만 하다. 무엇보다 탄소 배출을 줄이기 위한 강력한 노력이 절실하다.

기온이 계속 상승하면 새는 다방면으로 영향을 받는다. 새에게 온도는 중요한 문제인데 이미 모하비 사막 같은 곳에 서식하는 종의 수가 급격히 줄었다는 연구 결과도 있다. 에릭 리델과 캘리포니아 대학 연구진은 20세기 초 조류 조사 자료를 검토한 결과 지난 100년

해변이 줄어든 플로리다주 마이애미 근처 해안가 모습.

간 조류 종의 43퍼센트가 '집단적으로 괴멸'했으며, 이것이 기온 상승에 따른 결과일 가능성이 높다는 의견을 내놓았다.[16] 전 세계적으로 점점 더 기온이 상승하고 건조해지면 새는 더 힘들어질 것이다. 기온이 상승하면서 물을 더 많이 마시기 위해 새들은 시원한 곳을 찾아 헤매고 부족한 수분을 채우기 위해 더 많은 곤충과 씨앗을 먹어야 할 것이다.[17] 폭염, 가뭄, 산불이 더 자주 발생하면서 희생되는 새도 많아질 것이다.

기후 변화는 해안 서식지에도 영향을 끼친다. 해수면 상승은 해안가에 둥지를 짓는 새에게 큰 문제가 되고 있다. 대륙빙이 녹으면서 해수면이 꾸준히, 그리고 점점 더 빠르게 상승하고 있다. 조나단 L. 밤버와 연구진이 2019년 발표한 연구에서는 2100년에 해수면이 2미터 정도 상승할 것으로 예측하고 있다.[18] 이는 해안가에 사는 새들에게 직접적으로든 간접적으로든 안 좋은 영향을 끼칠 것이다. 연구진은 해수면이 상승하면서 검은머리물떼새와 미국 동부 해안가 토박이인 염습지참새(Ammospiza caudacuta) 같은 새들이 육지로 밀고 들어오는 물에 제대로 적응하지 못해서, 둥지를 짓고 번식하고 새끼가 자라서 독립할 때까지 키울 공간이 부족해지고 있다는 사실을 알아냈다.

해안 서식지는 이미 변하고 있다. 도로와 주택 등 해안가의 다양한 건축물과 파도가 닿는 해변 사이의 공간은 점점 더 줄어들고 있다. 사람들은 해수면 상승에 대비하기 위해 방파제를 설치했고, 이로 인해 해안가의 모습이 변하면서 새를 위한 공간이 점점 사라지고 있다. 노스캐롤라이나 해변 근방에서는 지하수에 바닷물이 흘러들면서 울창했던 해안가 숲의 나무가 차례로 시들어 소위 '유령의 숲'으로 변하고 있다. 이대로라면 언젠가는 염생 습지로 변할 것이다.

기후 변화를 포함해 환경 문제를 해결하는 데 개인의 힘은 턱없이 부족해 보인다. 그래서 무력해지기도 한다. 하지만 새를 위한 작은 행동은 변화를 만드는 유의미한 움직임이 될 수 있다. 도시계획가, 디자이너, 건축가, 그리고 시민 개개인이 새를 위해 할 수 있는 일은 무궁무진하다.

3장

고양이와 새가
평화롭게 지낼 수 있을까?

멕시코양진이가 나뭇가지 사이를 재빠르게 움직이더니
몇 발자국 떨어진 버드피더에 내려앉아 부리에 씨앗을 잔뜩 물었다.
경계심을 내던진 새들에게서 작은 심장의 팔딱임,
배고픔에서 오는 초조한 움직임, 그리고 기쁨이 또렷하게 느껴졌다.
아들은 몇 발짝 앞으로 걸어가 자리에 앉으면서도
새에서 눈을 떼지 못했다.

쿄 맥클리어, 『새의 아름다운 생애(Birds Art Life Death)』[1]

새는 정원과 버드피더를 비롯해 어디에서나 흔히 볼 수 있다. 활기차고 근심 걱정이 없어 보이는 새를 가만히 바라보고 있으면 웃음이 피어오른다. 하지만 새들은 매 순간 위험과 마주하고 있으며, 그 때문에 끊임없이 주변을 경계한다. 도마뱀처럼 작은 새는 특히 길고양이와 집고양이의 사냥에 많이 희생된다. 집고양이의 내면에는 보호자를 사랑하는 마음 만큼이나 사냥 본능도 자리 잡고 있다. 고양이의 사냥 본능이 새에게 위협적이라는 사실은 별로 알려져 있지 않은 데다 과소평가되기도 한다. 위치 추적 장치와 소형 카메라를 고양이에게 달아 관찰한 결과 고양이의 행동반경이 굉장히 넓다는 사실이 밝혀졌다. 이는 새가 어디에서든 위험에 처할 수 있다는 말과 같다. 브라질과 뉴질랜드 등지에 서식하는 새들은 포식자가 없었기에 땅에서 생활하는 방향으로 진화했다. 이런 곳에서 목줄을 채우지 않은 반려동물은 새에게 특히 위험하다.

보호자들은 함께 사는 고양이가 집 밖에서 무슨 일을 하고 다니는지 거의 알지 못한다. 뉴질랜드에서 진행된 '캣 트래커(Cat Tracker)'

라는 연구는 집고양이가 얼마나 멀리까지 이동하는지에 대해 놀라운 결과를 보여 주었다.[2] 캣 트래커는 웰링턴 빅토리아 대학교에서 진행한 시민 참여 과학 프로젝트로, 고양이 209마리에게 GPS를 달아 움직임을 추적했다. 그리고 고양이의 행동반경을 지도에 날마다 기록하고 주 단위로 정리했다. 지도에 표시한 활동 범위의 크기는 다양했지만 대부분 꽤나 광범위한 모습이었다. 어떤 고양이는 놀랍게도 행동반경이 214만 제곱미터에 이르러 슈퍼캣이라는 별명을 얻었다! 행동반경의 평균값은 3만 2800제곱미터였지만 고양이마다 편차가 커서 연구진은 중앙값인 1만 3000제곱미터를 평균치로 봐야 한다고 결론지었다. 이 연구를 통해 고양이가 특별한 일 없이도 상당한 거리를 이동한다는 사실을 알 수 있다.

스콧 R. 로스와 연구진은 미국에 서식하는 고양이의 사냥 활동 규모를 체계적으로 조사한 내용을 2013년 《네이처 커뮤니케이션 (Nature Communications)》에 게재했다. 이 연구에 따르면 매년 고양이 때문에 죽는 새의 수는 걱정스러울 정도다. 연구진은 해마다 북아메리카 대륙에서만 13억에서 40억 마리의 새가 고양이에게 죽임을 당한다고 추정했다.(도마뱀과 작은 포유류는 더 많이 사냥당하는데, 그 수는 한 해에 220억 마리에 달한다.)[3]

"길고양이의 포식 활동으로 죽는 새의 규모는 예상했던 것보다 훨씬 더 큽니다. 다른 인공물로 인해 죽는 숫자를 넘어설 수도 있어요."

연구진은 주인이 있는 집고양이와 그렇지 않은 길고양이로 데이터를 분류했다. 그리고 집고양이보다 길고양이가 새에게 훨씬 더 큰 영향을 끼친다는 사실을 발견했다. 많은 도시에서 TNR(Trap-Neuter-Return)*을 활용해 길고양이 군집을 모니터링하고 관리한다. 하지만 연구진은 TNR의 효과에 의문을 품는다. 더군다나 TNR은 종종 고양이 애호가들과의 감정적인 논쟁을 낳는다. 도시의 길고양이 군집은 사람들이 생각하는 것보다 훨씬 많다. 연구진은 워싱턴 D.C.에만 길고양이 군집이 300개 이상이라고 언급했다.

새와 고양이를 모두 사랑하는 사람들은 고양이를 실내에서만 기르거나 고양이 전용 테라스인 '캐티오(Catio)' 활용을 권한다. 고양이가 새의 눈에 잘 띄도록 무지개 넥카라를 씌워 주는 방법도 있다. 뉴질랜드에서는 울타리를 쳐서 고양이가 없는 구역을 만드는 방법이 효과를 거두었다. 하지만 이 방법들은 여전히 논쟁의 여지가 있고, 새를 향한 사랑과 고양이를 향한 사랑을 비교하는 것처럼 보인다. 따라서 이를 해결할 수 있는 쉽고 간단한 해결책을 찾기란 쉽지 않아 보인다.

캐티오가 뭐야?

캐티오는 고양이가 건물 밖으로 나갈 수 있도록 하면서도 새 사냥

● 길고양이의 개체 수를 적절하게 유지하기 위해 길고양이를 포획하여 중성화 수술 후 원래 살던 장소에 풀어 주는 활동.

은 못 하게 하는 고양이 전용 테라스다. 또 캐티오는 자동차나 다른 위험한 요소로부터 고양이를 지켜 준다. 오리건 길고양이 연합(FCCO, Feral Cat Coalition of Oregon)의 캐런 크라우스는 오리건주 포틀랜드의 닭장 투어를 보고 아이디어를 얻어 캐티오 투어를 만들었다고 한다. 앙숙이었던 포틀랜드 오듀본협회와 FCCO에 캐티오를 홍보하는 일은 이제 중요한 공동 프로젝트가 됐다. 새를 사랑하는 사람과 고양이를 사랑하는 사람 사이의 연합은 일반적이지는 않지만 놀랄 일도 아니라고 크라우스는 말한다. 어느 설문조사에 따르면 새와 고양이를 사랑하는 사람 모두 동물을 보호하고 존중할 수 있는 기발한 방법을 찾으려는 경향을 보인다.

포틀랜드 오듀본협회와 FCCO는 매년 캐티오 투어를 열어 다양한 디자인의 캐티오를 선보이고 캐티오 만드는 방법을 소개한다. 캐티오 투어가 인기를 얻으면서 2018년에는 열 개의 캐티오가 전시됐으며 1300명이 참가했고 대기자가 200명이나 됐다. '타지 미야오(Taj Meow)'라는 크고 멋진 캐티오는 재미를 더했다.

나도 투어에 참가해 다양한 캐티오를 살펴보았고 제작자들과 이야기를 나누고 투어 현장을 영상에 담았다. 사람들이 캐티오 주변에 옹기종기 모여 제작자에게 질문을 쏟아 내는 모습은 인상적이었다. 참가자들은 자신만의 캐티오를 만들 아이디어와 가이드라인을 얻고자 열성적으로 이야기를 나눴다.

캐티오 투어는 체계적이었다. 캐티오 투어라는 글자가 적힌 티셔츠를 입고 집 앞 테이블에 앉아 있는 자원봉사자에게 체크인을 하면 파란 팔찌를 주는데, 참가자들은 이 팔찌를 차고 돌아다니며

포틀랜드 오듀본협회와 오리건 길고양이 연합의 협업으로 진행되는 캐티오 투어 풍경.

캐티오 안 고양이의
모습.

자유롭게 캐티오를 살펴볼 수 있다. 제작자에게 캐티오 디자인에 관한 설명을 듣고 질문도 할 수 있다. 참가자들은 캐티오 안에서 편안하게 명상을 하는 듯한 고양이를 보며 고양이가 캐티오를 만족스러워한다는 사실을 두 눈으로 확인할 수 있었다.

전시된 캐티오의 디자인과 가격은 굉장히 다양했다. 대부분 집을 확장한 형태인데, 모두 튜브나 통로를 통해 고양이가 건물 밖으로 나갈 수 있도록 했다. 참가자들은 캐티오를 만드는 비용도 궁금해했다. 수천 달러나 되는 고가의 캐티오도 있었지만, 대부분은 놀랍게도 몇백 달러로 만들 수 있었다.

포틀랜드의 움직임은 다른 도시에 영감을 주었다. 캐티오 투어가 시애틀, 새너제이, 오스틴, 그리고 플로리다주 게인즈빌에서도 열리고 있다는 사실을 전하며 크라우스는 이야기했다.

"문제를 지적하기보다 사람들에게 실천할 수 있는 방안을 제시해야 합니다. 사람들의 참여로 야외를 돌아다니는 고양이의 수가 줄어들기를 바랍니다."

게다가 캐티오는 고양이에게도, 새를 포함한 야생동물에게도 모두 이롭다.

고양이, 코요테 그리고 새

집고양이의 이동 데이터를 수집한 뉴질랜드의 캣 트래커 연구진은 고양이의 사냥 활동을 더 깊이 있게 이해하기 위해 고양이 보호자를 대상으로 설문조사를 진행했다. 2600명 이상의 보호자가 설문에 응했다. 설문에는 고양이가 새나 몸집이 작은 포유류, 도마뱀 등을 얼마나 자주 사냥해 오는지를 묻는 항목이 있었다. 보호자들은 자신들의 고양이가 매달 평균 다섯 마리 정도의 동물을 물어 온다고 답했다. 어떤 동물을 사냥해 오느냐는 질문에는(중복 응답 가능) 보호자의 76퍼센트가 설치류라고 답했고, 조류는 72퍼센트의 응답을 얻어 근소한 차이로 2위를 차지했다.

가장 눈에 띄는 질문은 '당신은 고양이의 사냥 활동이 문제라고 생각하시나요?'였다. 보호자들은 고양이가 사냥을 한다는 것을 인지하면서도 5퍼센트만이 '네, 사냥하는 것은 심각한 문제입니다.'라고 답했다. 응답자 중 4분의 1은 자신의 고양이가 사냥을 하지 않는다고 대답했고, 56퍼센트는 '사냥하는 것이 문제가 아니거나 사소한 문제'라고 답했다. 이 설문 결과는 거대한 환경 문제를 해결하기 위해 고양이 보호자들에게 변화가 필요하다는 인식을 끌어내기까지 아직 갈 길이 멀다는 사실을 보여 준다.

도시에 서식하는 야생동물을 연구한 결과가 더 많이 발표되면서 고양이의 새 사냥 활동이 다른 동물, 특히 코요테로부터 어떤 영향을 받는지 명확한 상관관계가 밝혀졌다. 오하이오 주립 대학교(OSU)의 스탠리 게르트와 연구진은 도시에 코요테가 많을수록 길고양이 활동 범위가 좁아지고, 이에 따라 고양이가 새에 끼치는 영향도 줄어든다는 연구를 발표했다.[4] 게르트는 무선 송수신기를 통해 길고양이가 코요테의 서식지를 피해 사람이 사는 도심 지역을 중심으로 서식한다는 사실을 밝혀냈다. 그는 《OSU 신문(OSU press)》에서 다음과 같이 이야기했다.

"고양이는 기본적으로 영역 동물입니다. 도시 공간 역시 영역을 나누어 이용합니다. 길고양이들은 도시의 자연 영역, 다시 말해 도심 속 숲에는 들어가지 않습니다. 코요테가 서식하기 때문이지요. 도시의 숲 지역은 코요테가 고양이를 해치지 않도록 경계가 되어 줍니다. 동시에 코요테가 고양이의 사냥 활동으로부터 숲을 지키고 있다는 뜻이기도 합니다."

이를 통해 코요테가 도시에 서식하는 새를 보호하는 생태적인 역할을 하는지도 모른다는 흥미로운 결론을 내릴 수 있다. 이로써 우리가 단지 코요테를 받아들이는 정도가 아니라 코요테를 적극적으로 환영하고 코요테의 서식지를 보전해야 할 또 다른 훌륭한 이유가 생겼다. 그렇다고 모든 문제가 해결되는 건 아니다. 코요테가 두려워 도시의 숲 지역에는 얼씬하지 않더라도 길고양이가 새를 사냥할 기회는 매우 많다. 새는 도시의 숲뿐만 아니라 앞마당, 뒷마당, 그리고 교외를 포함해 도시 전반에 걸쳐 서식하기 때문이다.

넥카라를 달아 줘

고양이의 외출을 방해하고 싶지는 않지만 고양이를 그냥 내보내기엔 양심의 가책을 느끼는 보호자가 할 수 있는 일은 없을까? 오랫동안 사람들은 고양이 목에 방울을 달아 주었다. 하지만 작은 방울이든 커다란 방울이든 별 효과는 없다. 고양이 목에 달린 방울은 보호자의 걱정과 죄책감만 덜어 줄 뿐이다. 이는 새나 다른 야생동물이 방울 소리를 들을 수 있을 거라는 잘못된 상상에서 비롯된 것이고, 뛰어난 사냥꾼인 고양이는 목에 달린 방울에서 소리가 나지 않게 사냥을 할 수 있다.

자유롭게 풀어 키우는 집고양이에게 밝은색 넥카라를 다는 건 고양이의 사냥 활동을 조절할 수 있는 아주 간단한 방법이다. 버몬트에 있는 버즈비세이프(Birdsbesafe)는 평범한 고양이 목걸이 위에 달 수 있는 알록달록한 넥카라를 판매한다. 넥카라는 새와 도마뱀에게 고양이의 존재를 알리는 효과적인 방법이다. 2015년 웨스턴 오스트레일리아주 퍼스에서 진행된 넥카라에 대한 연구에 따르면

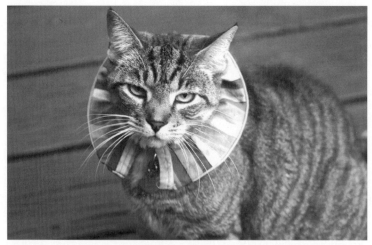

알록달록한 넥카라는 고양이의 사냥 본능으로 희생되는 새를 살릴 수 있다.

넥카라를 착용한 고양이가 새나 도마뱀을 집으로 사냥해 온 빈도는 넥카라를 착용하지 않은 고양이의 절반이라고 한다.[5] 연구진에 따르면 고양이가 사냥해 온 동물을 보호자가 발견하는 비율이 23퍼센트밖에 되지 않는다고 하니 정확한 수치는 아닐 것이다. 또 이 연구를 통해 보호자들이 넥카라를 어떻게 생각하는지도 엿볼 수 있는데, 77퍼센트의 보호자가 넥카라를 계속 사용할 것이라고 응답했다.

다른 방법도 있다. 꽤 오랫동안 사용된 캣빕(CatBib)은 고양이의 사냥 활동을 더 효과적으로 방해할 수 있다. 포틀랜드의 캣 굿즈(Cat Goods)에서 판매하고 있는 캣빕은 넥카라가 길게 늘어진 모양의 밝은색 턱받이다. 캣 굿즈 홈페이지에서는 캣빕을 이렇게 설명하고 있다.

> 캣빕은 고양이가 새를 사냥하는 순간을 미세하게 방해합니다. 캣빕은 고양이의 다른 행동은 전혀 방해하지 않고 새를 사냥하는 행동만 방해합니다. 캣빕을 착용해도 고양이는 달리고 나무에 오르고 음식을 먹고 잠을 자며 발톱을 정리하고 몸단장도 할 수 있습니다.[6]

캣빕이 넥카라보다 효과가 좋다는 연구도 있다. 머독 대학교에서 진행한 연구에 따르면 캣빕을 착용한 후 고양이가 새를 사냥하는 비율이 81퍼센트 줄었다고 한다.[7] 캣 굿즈는 캣빕을 판매하기 시작한 이후로 180만 마리의 새를 살렸다고 말한다. 하지만 캣빕이 모든 고양이 애호가에게 환영받은 건 아니었다. 캣빕의 큼직한 크기 때문에 고양이가 불편해 보이고, 고양이의 자연스러운 행동을 방해할 것 같다는 느낌 때문이었다. 하지만 연구에 따르면 고양이는 캣빕에 생각보다 빨리 적응한다고 한다.

캣빕과 넥카라는 고양이가 불편해하지 않으면서 자연스럽게 고양이의 사냥 활동을 방해할 방법이 있다는 사실을 보여 준다. 이런 방법과 효용을 널리 알릴 필요가 있다. 그러다 보면 언젠가 길고양이에게도 넥카라를 다는 날이 올 수도 있을 것이다.

TNR이 답일까?

버려지는 고양이는 야외 활동을 하는 고양이에게 캣빕이나 넥카라를 달아 줘야 한다고 말하는 것과는 차원이 다른 문제다. 미국 항구 도시의 길고양이 군집은 수백 개에 이르고, 이 고양이들은 대부분 주민들에게 먹이를 받아먹으며 생활한다. 하지만 늘어나는 길고양이는 감정을 자극하는 문제가 되었고 많은 도시에서 이 문제를 해결하기 위해 TNR을 선택한다. 이전에는 길고양이를 포획해 입양을 보내거나 안락사하는 방법을 통해 개체 수를 줄였다. 그 대신 고양이를 잡아 중성화 수술을 마치고 돌려보내는 TNR은 길고양이 군집을 서서히 줄이는 것을 목표로 한다. 새를 사랑하는 사람들은 고양이를 다시 풀어 주는 것으로는 문제를 해결하지 못한다고 말한다. 반면 고양이를 사랑하는 사람들은 TNR이 길고양이 군집의 규모를 줄이고 새를 포함해 여러 동물을 사냥하는 문제도 해결할 수 있는 최선의 방법이라고 생각한다.

도시에 길고양이 군집이 많다는 데에는 의심할 여지가 없다. 필라델피아에는 최소 6만 마리, 시카고에는 20만 마리 정도의 길고양이가 서식할 것으로 추정한다. 필라델피아의 동물 보호 및 조절 단체(Animal Care and Control Team)는 길고양이를 포획할 포획망을 빌려 주고 무료로 중성화 수술도 해 준다. 이는 TNR 프로그램을 운영하는 전형적인 방식이다.

하지만 TNR이 길고양이 군집을 줄이는 데 얼마나 효과적인가에 대해서는 논쟁의 여지가 있다. TNR이 길고양이 군집을 눈에 띄게 축소시키며, 서서히 개체 수를 줄여 군집을 없앤다는 연구 결과도 있다.[8] 수십 년이 걸리겠지만 말이다. 최근 뉴욕에서 진행한 연구에서는 TNR 프로그램 시행 1년 후, 중성화 수술을 한 길고양이 비율이 50퍼센트에 달했지만 '개체 수 변화를 관찰하기에는 불충분하다'는 결론을 내렸다.[9] TNR이 효과를 보기에는 훨씬 더 긴 시간이 필요하다.

극단적인 행동을 취하는 나라도 있다. 호주에서 논의 중인 방법 가운데 하나는 고양이를 야외로 나오지 못하도록 하는 것이다. 큰 규모에서는 적용하기 어렵겠지만 몇몇 지역과 주택 단지에서 이미 시행하고 있다.[10] 길고양이의 삶은 충분히 힘들고 고달프다며 TNR에 반대하는 사람들도 있다. 하지만 TNR을 실행하지 않는다면 동물 보호소에 버려진 고양이가 넘쳐나거나, 이전처럼 어마어마한 수의 고양이를 안락사하는 말도 안 되는 방법을 선택할 수밖에 없다. 호주에서는 야생 고양이가 토종 동물을 사냥하는 것을 막기 위해 공격적인 포획 프로그램을 시행하거나 독극물을 넣은 소시지를 하늘에서 뿌리는 방법을 선택했다. 미국에서 실제로 실행하기에는 어려운 매우 극단적인 방법이다.

뉴질랜드에서는 외래종이 토착종 동물에 끼치는 영향을 통제하기 위한 대대적인 보호 활동에 착수했다. 야생동물학자인 찰스 도허티는 유럽인이 뉴질랜드로 넘어올 때 함께 배를 타고 온 외래종을 '군대와 함께 들어온 유입종'이라 부른다.

"쥐 3종, 족제비와 담비 3종, 주머니쥐, 고양이, 개, 염소, 돼지 등 끝도 없이 나열할 수 있어요."

이 동물들은 현재 뉴질랜드 생태계에 큰 피해를 주고 있다. 제임스 쿡●이 뉴질랜드에 도착한 지 250여 년이 지난 지금, 쿡과 함께 상륙한 포식자로 인해 뉴질랜드 토종 새의 개체 수가 급감했다.

이 문제를 해결하기 위해 뉴질랜드에서는 수도 웰링턴에 야생 생물 보호구역인 질란디아(Zealandia)를 조성했고, 다행히 토착종 새의 개체 수는 다시 늘고 있다. 웰링턴 시내 끝자락에 위치한 질란디아는 포식자가 들어올 수 없도록 울타리를 두른 2.5제곱킬로미터 넓이의 보호구역이다. 약 9킬로미터에 걸쳐 세워진 울타리는 족제비와 고양이 같은 포식자를 효과적으로 막아 냈다. 그 결과 토종 새들이 다시 번성했고, 이 보호구역은 도시 전체의 생물학적 요충지가 되었다. 매년 9만 명의 방문객이 찾아오는 질란디아는 교육적

●　18세기에 활동한 영국의 탐험가.

인 목적도 달성하고 있다. 이 프로젝트를 시작한 첫해, 카카(Nestor meridionalis)를 비롯해 다양한 토종 앵무새가 돌아왔다는 소식을 듣고 근방 주민들이 몰려오기도 했다. 웰링턴의 환경 파트너십 리더인 팀 파크는 이렇게 말했다.

"질란디아 조성 프로젝트는 대단히 성공적입니다. 프로젝트의 후광이 도시 전체로 뻗어 나갔거든요."

질란디아에서 개체 수를 회복한 사례로 안장무늬새(Philesturnus)를 들 수 있다. 파크는 몇 해 전 안장무늬새가 100년 만에 이 도시에 둥지를 튼 이야기를 들려주었다. 찰스 도허티는 카카의 개체 수가 늘어난 덕분에 웰링턴 곳곳에서 큰 목청이 매력적인 카카를 볼 수 있게 되었다며 기뻐했다.

"여러분은 이 새를 사랑하게 될 거예요. 정원에 찾아온 카카를 발견하는 순간 카카의 매력에 빠지게 되죠."

앞에서 언급했듯 반려 고양이와 개가 새에 끼치는 영향은 이곳 웰링턴에서도 걱정거리다. 특히 목줄 없이 풀어놓은 개는 어린 키위새(Apteryx)를 물어 죽일 수도 있다. 그렇기에 시 당국은 보호자들에게 반려동물이 새에 영향을 끼칠 수 있다는 사실을 전달하는 데 초점을 맞췄다. 특히 가족의 사랑을 한 몸에 받는 고양이 보호자에게 말이다. 시에서는 모든 고양이에게 마이크로칩을 심는 규칙을 새로이 제정했다. 질란디아처럼 포식자가 없는 공간을 늘리는 방법은 뉴질랜드 곳곳에서 시행 중이다.

웰링턴은 여기에 안주하지 않고 포식자가 없는 도시를 만들기 위해 더 큰 목표와 계획을 세우고 있다. 토착종인 키위새를 웰링턴으로 다시 돌아오게 하는 캐피탈 키위(Capital Kiwi) 프로젝트가 그 사례다. 키위새는 뉴질랜드의 상징적인 동물이고 나라 곳곳에 키위새가 군집을 이루어 서식하는 지역도 있지만, 웰링턴에서는 거의 멸종했다. 시에서는 공원과 정원 그리고 집 주변에 서식하는 외래종 포유류를 포획하는 것을 주안점으로 삼았다. 파크는 지역사회를 중심으로 이 활동을 전개했고, 덫을 6500개 이상 놓았다. 주민들도 덫을 놓고 모니터링하는 데 동참했다. 캐피탈 키위 프로젝트에 관심을 갖는 사람이 점점 늘고 있고, 함께 행동하는 이들의 규모가 커지고 있다. 웰링턴에서 고양이를 둘러싼 논쟁은 아직 진행 중이지만, 현재 노력을 기울이고 있는 이 활동으로 반려동물을 제외한 외래종 동물이 토종 새에 끼치는 영향을 막는 데는 효과를 거두고 있는 것 같다.

새를 구조하는 사람들

고양이의 사냥 활동을 포함해 도시 전반에서 벌어지는 다양한 사고로 다친 새를 치료하고 회복시키기 위해서는 어마어마한 도움이 필요하지만 적절한 시스템이 갖춰져 있는 도시나 이를 실천하는 단체는 거의 없다. 그렇지만 아주 멋지고 인상적인 사례도 몇 가지 있다.

2012년 리타 맥마혼이 설립한 뉴욕시의 유일한 야생 조류 구조 센터인 야생조류기금(Wild Bird Fund)이 대표적이다. 야생조류기금의 목표는 뉴욕에서 발견되는 다치거나 병에 걸린 새, 또는 부모를 잃은 새를 진료하고 치료하며 재활하도록 돕는 것이다. 또한 '야생을 걷다(Walk on the Wild Side)'라는 도시 탐조 프로그램을 기획하고, 뉴욕의 공립학교와 협력하여 다양한 교육적인 기능도 수행하고 있다. 학생들은 새를 치료하는 병원을 견학할 수도 있고, 학교에 방문한 직원으로부터 새 이야기를 들을 수도 있다. 이외에도 2~5학년 학생을 대상으로 8개월 동안 진행되는, 주니어 조류학자를 길러내는 버드 아카데미(Bird Academy)를 포함해 다양한 프로그램을 진행 중이다.[11]

20여 명의 직원과 200여 명의 자원봉사자로 이루어진 야생조류기금은 매년 4000마리 이상의 새를 치료하여 야생으로 돌려보낸다. 야생조류기금이 운영하는 병원에서는 수백 마리 새를 돌보고 있는 모습을 항상 볼 수 있다.

뉴욕의 야생조류기금 외에 토론토 야생동물센터(Toronto Wildlife Centre)와 워싱턴의 도시야생동물(City Wildlife) 등 다른 몇몇 도시에서도 야생 조류 구조 센터를 찾아볼 수 있다.

이런 야생 조류 구조 센터가 새를 보호하는 데 유의미한지는 알 수 없다. 수많은 새를 치료하기는 하지만, 전 세계적으로 보면 미미한 숫자일지도 모른다. 그렇지만 이들의 활동이 교육적으로 중요한 의미가 있다는 사실은 부정할 수 없다. 리타 맥마혼은 이런 말을 했다.

"새를 데려온 사람에게 우리가 하는 일은 매우 중요합니다. 사람들은 한 마리의 새를 위해 쏟는 우리의 노력을 보고 새를 대하는 태도를 바꿀지도 몰라요."

새를 구조하고 치료하는 행동은 당연히 새에게 매우 중요하다. 그리고 야생조류기금 같은 구조 센터에 투자하는 건 무고하게 다치거나 목숨을 잃은 새를 포함해 야생동물을 위해 우리가 할 수 있는 최선의 방법이다. 새를 구조하는 시설이 더 많이 생기고 시설의 규모가 커진다면 더 많은 새를 보호할 수 있을 것이다.

포틀랜드에서 열린 캐티오 투어
https://youtu.be/TMlvtZnYrcw

4장

집으로 돌아온 칼새

철새는 하늘의 나그네이자 하늘의 흐름을 저어 가는 항해사…
수많은 생명체가 숨 쉬는 바다 위를 꿈결 속에서 이동한다.

안네 스티븐슨, 『칼새(Swifts)』[1]

나는 알고 싶다.
어떻게 하면 철새만큼 의연해질 수 있을지,
어떻게 하면 철새처럼 불굴의 용기를 가질 수 있을지.

쿄 맥클리어, 『새의 아름다운 생애』

새들은 정말 놀라운 일을 해낸다. 수천 킬로미터를 날아 이동하는 일같이 말이다. 야생동물 생태학자인 캐롤라인 반 헤머트에 따르면 철새는 이주 시기가 되면 이동하고 싶은 강렬한 충동을 느끼는데 이를 이망증(Zugunruhe)이라고 부른다.

> 이망증은 매우 강렬합니다. 이동하고 싶어 하는 이 마음은 쉽게 사그라지지 않습니다. 이주를 앞둔 도요과 새는 장기를 위축시킵니다. 울새는 새장에 갇혀 밖이 보이지 않는데도 북쪽으로 계속 날아오르면서 유리창에 부딪히기도 합니다. 독일어인 'Zugunruhe'는 이동을 갈망한다는 뜻을 담고 있습니다. 날개를 퍼덕이고 잠이 없어지며 일상적인 활동을 중단하는 모습모두 먼 거리를 이동하기 위한 준비 단계입니다.[2]

나는 매년 봄이 되면 마법처럼 먼 길을 거슬러 우리 동네로 돌아오는 붉은가슴벌새를 기다린다. 숲지빠귀의 플루트를 연주하는 듯한 울음소리도 매번 기다려진다. 철새가 돌아오는 날은 축하하고 기념할 만한 날이다.

새의 세계에는 이런 마법 같은 일이 가득하다. 북극에서 남극까지 날아가는 북극제비갈매기(*Sterna paradisaea*)는 가장 멀리 이동하는 철새다. 최근에는 철새의 이동 경로를 기록하기 위해 작은 위치추적기를 이용한다. 영국 노섬벌랜드 해안 판 군도에서 번식한 북극제비갈매기의 이동 경로를 추적한 연구도 있다. 남반구에 여름이 찾아오면 북반구에 살던 북극제비갈매기는 남극으로 이동하는데, 아프리카 서쪽 해안과 남아메리카의 동쪽 해안을 따라 바람을 타고 이동하는 듯하다. 한 북극제비갈매기는 9만 6000킬로미터를 이동해 가장 먼 거리를 이동한 새로 기록되었다.[3]

반 헤머트는 알래스카에서 뉴질랜드까지 8일 동안 약 1만 1300킬로미터를 비행한 큰뒷부리도요에 관해 이야기해 주었다. 한 번도 쉬지 않고 비행한, 최장 연속 비행 기록이라고 한다.•

"무대에서 내려오면 마술 능력이 사라지는 마술사와 달리 새들의 본능, 인내심과 전력을 다하는 모습은 우리를 끝도 없이 놀라게 해요. 인공위성으로 추적해 컴퓨터로 이동 경로를 볼 수 있는 오늘날, 철새의 긴 여정은 이 평범한 생명체가 얼마나 놀라운 일을 해내는지 보여 줍니다."

철새의 놀라운 재능에 언제나 경탄하지만, 어떻게 그렇게 긴 거

• 2020년 9월, 다른 큰뒷부리도요가 1만 2200킬로미터를 11일 동안 쉬지 않고 비행하여 새로운 기록을 세웠다.

리를 이동할 수 있는지는 아직도 베일에 싸여 있다. 지구의 자기장을 느껴서 길을 찾는다는 사실 정도만 알려져 있다가, 최근에서야 망막에 있는 단백질이 자기장을 감지하는 데 도움을 준다는 사실이 밝혀졌다.[4]

사실 새들이 혹독한 환경을 살아내는 것만으로도 굉장히 경이로운 일이다. 조그마한 노랑관상모솔새는 극한 상황에서 살아남을 만큼 똑똑하다. 미니애폴리스에 사는 탐조가 발 커닝햄은 노랑관상모솔새를 '작지만 강한 새'라고 묘사했다. 노랑관상모솔새는 한겨울 기온이 영하 1도일 때 작은 곤충을 먹어 체온을 40도 이상으로 끌어올릴 수 있다. 또 긴 겨울밤을 보내기 위해 옹기종기 모여 앉아 체온을 나누고, 열이 빠져나가지 못하게 끊임없이 몸을 떨고 깃털을 부풀린다고 한다.[5]

철새가 쉴 곳은 어디에

먼 거리를 이동하는 철새에게 영양을 보충하고 쉴 곳은 꼭 필요하다. 칼새의 사례는 철새를 위한 쉼터를 만드는 각국의 도시가 마주하는 기회와 어려움을 잘 보여 준다. 캐나다 남부에서 미국 남부에 걸쳐 서식하는 굴뚝칼새는 번식을 한 뒤 겨울을 나기 위해 페루, 에콰도르, 칠레, 브라질 등 아마존 북부 지역으로 이동한다. 복스칼새(Chaetura vauxi)는 알래스카 유콘강 남쪽에서 번식하고 캘리포니아에서 지내다가 겨울이 되면 중앙아메리카로 이동한다. 유럽, 아시아, 그리고 아프리카에 서식하는 칼새는 곤충이 많은 곳을 찾아 북극권에서부터 사하라사막까지 이동한다.

놀랍게도 모든 칼새는 사람이 만든 구조물, 특히 굴뚝 속에서 살아가는 데 적응했다. 칼새는 이동하는 중간중간, 또는 이동을 마친 뒤 둥지를 짓고 새끼를 기를 때 인공 구조물인 굴뚝을 이용한다. 하지만 최근 건물 디자인이 변하면서 칼새의 서식지가 줄고 있다.

칼새보전협회(Swift Conservation) 창립자 에드워드 메이어는 새로운 칼새 인공 둥지 사진을 보여 주었다. 칼새와 박쥐 둘 다 사용할 수 있는 기발한 구조였다. 그 인공 둥지는 위로 갈수록 점점 더 넓어지는, 눈에 잘 띄지 않는 회색빛 기둥 모양이다. 눈에 띄지 않게 만든 이유는 휴대폰 기지국과 CCTV 기둥으로 가득한 도시의 풍경 속으로 잘 녹아들 수 있을 뿐만 아니라 설치할 때 건축 허가를 받기 쉽기 때문이라고 한다. 적어도 역사적인 건물이 많은 런던의 오래된 동네에서는 말이다.

메이어가 제안하고 하비-사비(habi-sabi)에서 만든 이 인공 둥지는 '칼새와 박쥐 기둥(Swift and Bat Columns)'이라는 이름으로 런던 곳곳에 설치됐다. 메이어는 지역 의회 의원들이 인공 둥지 설치에 더 많은 관심을 갖기 바란다고 했다. 그가 고안한 인공 둥지 가격은 6000파운드 정도로 저렴하진 않다. 하지만 그는 더 많은 인공 둥지가 필요하다고 이야기했다.

이어서 메이어는 인공 둥지를 설치하는 데 반발이 많다는 이야기를 들려주었다. 반대하는 다양한 이유 중 하나는 야생동물과 같은 장소에 있는 걸 사람들이 두려워하기 때문이라고 한다.

그렇지만 칼새에게는 더 많은 보금자리가 필요하다. 자연에도, 사람이 만든 건축물에도 칼새가 둥지를 틀 수 있는 공간이 사라지고 있기 때문이다. 영국의 토착종인 검은등칼새(*Apus apus*)는 개체수가 급감하고 있다. 메이어는 지난 20년 동안 검은등칼새의 수가 50퍼센트 이상 줄었다는 사실을 알려 주었다.

그는 2002년 비정부기구인 칼새보전협회를 설립했다. 처음에는 '런던 칼새(London Swifts)'라는 이름으로 시작했지만, 더 넓은 지역을 포괄하기 위해 이름을 바꿨다. 그가 처음부터 칼새 전문가였던 것은 아니다. 테이트 갤러리에서 오랫동안 보안 책임자로 지내다 은퇴한 메이어에게 칼새보전협회를 운영한다는 건 전혀 예상치 못한 일이었다. 그 시작은 칼새가 둥지를 가장 많이 짓는 시기에 지붕 교체 공사 프로젝트를 시행한 지역 의회의 경솔함에 불만을 담은 편지를 지역 신문 편집자에게 보낸 것이었다.

이제 메이어는 칼새가 없는 삶을 상상할 수 없을 만큼 열정적인 칼새 옹호자가 되었고, 그가 설립한 칼새보전협회는 칼새를 위한 건축 디자인 정보를 공유하는 공간이 됐다. 협회 홈페이지는 런던을 포함해 다양한 지역에서 진행하는 프로젝트와 활동을 소개하는 카탈로그 역할을 하고 있다.

가장 큰 문제는 칼새의 서식지가 줄고 있다는 사실이다. 제2차 세계대전 이후 새로 짓거나 개조한 건물에는 벽난로 대신 히터를 설치했고, 칼새가 둥지를 틀 만한 굴뚝이나 처마 같은 구조물이 전혀 없다. 메이어는 어린 시절을 보낸 런던의 고든 스퀘어를 예로 들었다. 독일군의 폭격으로 수많은 건물이 무너진 뒤 칼새를 전혀 배려하지 않은 건물로 도시를 재건한 이야기였다.

"사람들은 대부분 칼새가 굴뚝에 살고 있는지조차 모릅니다. 만약 알게 되더라도 그 공간을 내어 주길 꺼려합니다. 우리에겐 해롭지 않은 것을 포용하는 마음이 부족합니다."

칼새는 그저 무해한 존재에 그치지 않는다. 이대로 가면 우리는 칼새의 생기 넘치는 모습과 익살스러운 재잘거림, 믿기 힘들 정도로 놀라운 비행술을 보고 즐길 기회를 잃고 말 것이다.

메이어는 건물뿐만 아니라 우리 주변의 정원과 녹지도 중요하다고 이야기했다. 그는 의도하진 않았지만 칼새에게 위협이 된 또 다른 사례를 들려주었다. 주차 문제를 해결하기 위해 런던 의회에서 거주자 우선 주차 제도를 실행하자 사람들은 정원을 임대 주차장으로 만들기 시작했다. 그 결과 눈에 띌 만큼 많은 녹지가 사라졌고 이로 인해 칼새의 먹이인 곤충도 함께 사라졌다고 한다. 메이어는 녹지를 다른 용도로 사용하면서 곤충의 수가 급감하여 아프리카로 이동하는 검은등칼새가 위험에 처했다는 연구 결과를 걱정스러운 어조로 말해 주었다. 다행히 검은등칼새가 처한 환경에 눈 뜨는 사람들이 늘고 있고, 이를 걱정하는 사람도 많아지고 있다.

메이어는 검은등칼새의 놀라운 능력에 관해서도 이야기해 주었다. 검은등칼새는 태어난 후 3년 동안 거의 땅에 내려오지 않는다고 한다. 나는 어떻게 그럴 수 있는지, 특히 밤에 어떻게 자는지 궁금했다. 그에 따르면 검은등칼새는 비행기의 자동 운항 모드와 같은 상태에 들 수 있어서 나는 동안 잠을 잘 수 있다고 한다.

이어서 나는 메이어에게 칼새 보전을 위해 가장 먼저 해야 할 일이 무엇인지 물었다. 그는 사람들의 인식을 변화시키는 게 가장 중요하며, 이를 위해 대중을 상대로 350회 이상 발표와 강연을 진행했다고 말했다. 지역마다 칼새 보전 단체를 만드는 것도 주요 활동 중 하나다. 현재 영국에는 60여 개의 단체가 칼새를 위해 다양한 보전 및 변호 활동을 하고 있다.

메이어와의 대화에서 희망적인 부분을 찾자면 우리가 칼새를 도울 방법을 알고 있다는 사실이다. 바로 인공 둥지를 설치하는 것이다. 메이어는 매년 2만 개 이상의 인공 둥지를 설치하는 것을 목표로 하고 있으며, 이는 매년 사라져 가는 자연 둥지를 대신할 수 있는 최소한의 숫자라 한다. 너무 과한, 비현실적인 목표로 보일지도 모르겠다. 하지만 메이어에 따르면 매년 영국에서 25만~30만 채의 집이 건설된다. 만약 새로 건설되는 집 열 채 중 한 채만이라도 인공 둥지를 설치한다면 어떨까? 칼새가 둥지를 틀 수 있는 공장, 학교, 병원, 그리고 다리 같은 구조물을 제외하고도 이 정도 수치라 하니 정말 어마어마한 변화가 될 것이다.

메이어는 자신이 자문하여 칼새가 둥지를 지을 수 있는 공간을 만들어 둔 스페인의 다리 건설 프로젝트에 대해서도 얘기했다. 또 런던에서도 새로운 건물을 건설할 때 인공 둥지를 설치하는 비율이 소폭 상승했다며 그레이트 노던 호텔, 런던 동물원, 버크셔주 레딩에 있는 교회 타워의 사례를 들려주었다. 그리고 여러 회사에서 인공 둥지를 제작하고 판매하기 시작했고, 칼새보전협회에서는 도시계획가와 건축가를 상대로 인공 둥지의 효용을 적극적으로 교육하고 있다고 말했다.

건축 자재 회사 맨스롭(Manthorpe)은 플라스틱으로 만들어 누구든 쉽게 설치할 수 있는 특별한 칼새 인공 둥지 블록을 개발했다. 벽돌 모양의 이 인공 둥지 블록은 왕립조류보호협회(Royal Society for the Protection of Birds)와 주택 건설 회사 바라트(Barratt Homes)가 합작하여 디자인했다. 바라트는 버킹엄셔의 킹스브룩 주택 단지를 건설할 때 이 블록을 사용해 인공 둥지 900여 개를 설치했다. 킹스브룩은 '영국에서 가장 자연 친화적인 주택 단지'라는 평가를 받았다. 바라트는 새, 박쥐, 고슴도치를 위한 전체론적 서식지(holistic hahbitat)와 다양한 녹지, 습지, 생울타리를 만드는 것에 초점을 맞췄고, 새로 입주하는 2500가구 가운데 일부는 야생동물을 고려한 그 발상에 매력을 느꼈다고 한다.[6]

"어떤 입주민은 칼새가 보고 싶어서 입주를 결정했다고 하더군요."

메이어에게 이 프로젝트는 커다란 도전이자 중요한 과업이다. 이 프로젝트가 야생동물과 새를 집으로, 그리고 우리 주변으로 돌아오게 하는 발판이 될 수 있기 때문이다. 무엇보다 사람들이 우울한 회색 콘크리트 지역에서 벗어나 삶의 질을 높이는 방법을 고민할 계기가 될 것이다. 메이어는 자신이 꿈꾸는 공간에 대해 이렇게 얘기했다.

"수백만 마리의 칼새와 박쥐 몇 마리의 소리가 들리는 곳입니다."

2019년 6월, 나는 킹스브룩 건설 현장을 방문해 칼새와 다른 야생동물을 위한 보금자리가 어떻게 만들어지고 있는지 확인할 수 있었다. 건설 현장을 돌아다니면서 새를 포함해 다양한 야생동물을 위한 새로운 방식의 건물을 살펴보았고, 왕립조류보호협회 담당자와 건물 디자인에 관해 이야기를 나누었다.

대부분 집에 설치된 900개의 칼새 인공 둥지는 이 프로젝트의 핵심이다. 어떤 집은 한 벽면에 인공 둥지가 여섯 개나 있었다. 왕립조류보호협회의 에이드리언 토마스는 검은등칼새가 군집을 이루고 살기 때문에 둥지를 한 벽면에 여러 개 설치했다고 설명했다. 인공 둥지를 설치할 때 칼새가 비행하는 높이도 염두에 두었다고 한다. 다만 벽돌형 둥지를 설치하기 어려운 구조의 집도 있었다. 토마스는 칼새를 위한 인공 둥지가 다른 생물에게도 도움이 된다고 이야기했다. 영국에서 개체 수가 급격하게 감소한 집참새가 인공 둥지를 찾아와 둥지를 틀었고, 흰턱제비 역시 인공 둥지를 찾았다. 새 친화적인 정원도 조성했는데, 바라트에 따르면 적어도 정원 네 곳 가운데 하나에는 새가 좋아하는 열매가 열리고 둥지를 짓기 좋은 과일나무를 심었다고 한다.

다른 동물들을 위한 요소도 있다. 주택 단지를 설계할 때 고슴도치와 같은 다양한 동물의 통로가 될 수 있는 비옥한 녹지를 우선적으로 고려했다. 뒷마당에는 울타리에 구멍을 뚫어 고슴도치가 한 정원에서 다른 정원으로 이동할 수 있는 '고슴도치 고속도로'를 만들었다. 이 건축 프로젝트를 완료하는 데는 약 15년 정도 걸릴 것으로 예상하는데, 가장 기대되는 부분은 이 공사로 만들어지는 녹지다. 건설 현장의 약 60퍼센트가 녹지로 조성되며 대부분 야생동물의 서식지가 될 것이다. 빗물을 이용해 서식지를 관리하고, 토종

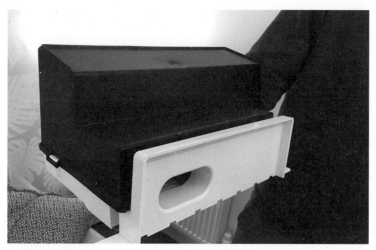

벽돌형 인공 둥지(Swift box). 이를 이용해 쉽고 빠르게 칼새 서식지를 만들 수 있다.

식물 생울타리와 야생화 풀밭도 조성할 예정이다. 프로젝트의 궁극적인 목표는 종 다양성에 유의미한 영향을 끼치는 것이다. 비록 어떤 영향을 줄 수 있을지는 아직 불분명하지만 말이다. 개발 전 시행한 새와 박쥐를 포함해 다양한 동물의 개체 수 조사 결과를 기준으로 삼을 수 있다. 프로젝트 초기에는 적은 수가 관찰되었지만, 앞으로 더욱 다양한 동물과 새를 더 많이 발견할 수 있을 것이다.

특히 영국에서 가장 큰 주택 건설 회사인 바라트와 소비자가 새를 비롯한 여러 동물의 서식지를 생각하기 시작했다는 점은 놀라운 성과다. 왕립조류보호협회의 에이드리언 토마스와 폴 스티븐은 이 프로젝트를 시작하기에 앞서 잠재적 주택 구매자들이 야생동물에 어떤 태도를 보이는지 알아보기 위해 설문조사를 의뢰했는데, 예상 외로 많은 사람이 이 프로젝트에 흥미를 느낀다는 사실에 놀랐다고 한다. 이런 사실을 증명이라도 하듯 일반적인 경우보다 더 빠르게 연간 주택 300채를 건설하고 판매하고 있다. 이미 언급했듯 몇몇 잠재적인 주택 구매자들은 바라트를 찾아와 칼새 인공 둥지와 다른 야생동물을 위한 시설을 원한다고 밝혔다. 토마스는 새를 비롯한 야생동물 친화적인 설계가 잘 먹혀드는 건 주택 구매자들이 야생동물을 위한 녹지 공간이 자신들에게도 혜택을 준다고 생각하기 때문이라고 말했다. 이처럼 새와 야생동물의 서식지를 개선하면 사람의 삶의 질도 향상된다.

산업 지구가 람사르 습지로

나는 예정했던 것보다 며칠 일찍 런던으로 돌아가 새를 보기에 좋은 장소인 월섬스토우 습지로 향했다. 지금은 멋진 공원이자 도시에 서식하는 새들을 위한 보호구역인 월섬스토우는 몇백 년 전만하더라도 런던 전역에 물을 공급하던 산업 지구였다. 1863~1910년 사이에 만들어진 템스강 저수지는 2제곱킬로미터 크기의 저수지열 개로 이루어져 있어 그 규모가 꽤 크다. 거대한 저수지가 이제는 새들이 둥지를 틀기 위해 모여드는 습지로 변모했고 오래된 벽돌 건물은 관광 안내소로 탈바꿈했다.

월섬스토우 습지에 간 날, 나는 근처 지하철역부터 습지까지 걸어서 이동했는데, 어떤 새를 어디서 볼 수 있는지 알려 주는 안내

런던의 월섬스토우 습지의 칼새 타워. 높이가 24미터에 이르며 둥지를 지을 수 있는 공간이 54개나 있다.

판을 곳곳에서 마주할 수 있었다. '워릭 동쪽에 있는 4번 저수지에서 칼새가 곤충을 사냥하는 모습을 볼 수 있습니다.'라는 안내도 있었다. 습지 관리 직원은 내게 칼새가 굉장히 높은 곳에서 사냥을 하기 때문에 사냥 장면은 보기 어려울 수도 있지만, 칼새 모습은 쉽게 볼 수 있을 거라고 말해 주었다.

가장 인상 깊었던 것은 야외에 있던 거대한 칼새 타워(Swift Tower)였다. 물을 끌어 올리는 증기 펌프가 있던 엔진 하우스(Engine House) 건물은 이제 카페와 관광 안내소가 됐다. 엔진 하우스에 있던 커다란 굴뚝은 석탄에서 전기로 에너지원이 변하면서 1960년대에 철거되었다가 2017년에 칼새 타워로 복원됐다. 24미터 높이의 이 칼새 타워는 옆면에 칼새가 드나들 수 있는 구멍이 54개 뚫려 있고 내부는 박쥐도 이용할 수 있도록 디자인됐다. 하지만 칼새의 눈에 띄지 않았는지 아직 칼새가 둥지를 튼 적은 없다고 한다. 습지를 관리하는 런던 야생동물재단(London Wildlife Trust)은 칼새를 끌어들이기 위해 공원 내 방송으로 칼새 소리를 틀고 있다.

월섬스토우 습지는 이제 산업 지구의 유산과 자연이 어우러진 흥미로운 장소가 됐다. 눈에 띄는 갈색 무늬 벽돌로 리모델링한 엔진 하우스는 도시 재생(Refurbishment) 부문에서 상도 받았다. '공해를 생태로 탈바꿈했다.'라는 선정 이유가 인상 깊다.[7] 엔진 하우스에서는 지도와 쌍안경을 빌려 주며, 기념품점에서는 인공 둥지를 구매할 수도 있다.

월섬스토우 습지는 중요성을 인정받아 람사르 습지로 지정되었다. 런던 중심부에서 북쪽으로 조금만 벗어나면 갈 수 있는 이곳 월섬스토우 습지는 런던 시민들의 자랑스러운 자산이 됐다. 내가 방문한 날에도 조깅하는 사람, 산책을 즐기는 사람, 쉬는 사람, 소풍을 나온 사람 등 방문객으로 가득했다. 사람뿐만 아니라 새도 많았다. 칼새는 말할 것도 없고 제비갈매기, 가마우지, 회색기러기, 뿔논병아리도 볼 수 있었다. 덕분에 저수지를 산책하다 보면 자연을 온전히 느낄 수 있다. 저수지의 가장자리에 자리한 클로버, 양지꽃, 수레국화, 메꽃, 돌나물, 그리고 아름다운 아욱을 포함한 다양한 야생화와 색색의 식물도 인상적이었다.

미국 칼새 이야기

영국에서 검은등칼새가 힘든 상황을 겪은 것처럼 북아메리카 칼새의 상황도 순탄치 않다. 오래된 굴뚝을 없애거나 굴뚝 입구를 막아 버리는 바람에, 혹은 굴뚝이 없는 집을 짓기 시작하면서 칼새의 서식지가 줄어들었다. 다행히 채프먼 초등학교에서 서식지를 지키려는 활동이 펼쳐졌고, 덕분에 오리건주 포틀랜드를 통과해 이동하는 복스칼새의 사정은 다소 양호한 편이다.

나는 영상 촬영기사 안토니 쿠퍼와 함께 포틀랜드에 머무는 동안 매일 해 질 무렵이면 채프먼 초등학교로 향했다. 9월 저녁마다 우리는 믿을 수 없을 만큼 빠르고 에너지 넘치는 복스칼새 무리를 구경했다. 모여서 빙빙 돌다가 굴뚝에 내려앉는 복스칼새의 모습은 우리가 꼭 영상에 담고 싶었던 장면이다. 한 주에 최대 8000마리의 복스칼새가 이곳에 머물렀다가 다시 이동한다. 수백 명의 주민은 야외에 누워 소풍을 즐기며 이 장관을 기다리고, 아이들은 새를 기다리며 종이 박스를 가져와 언덕에서 썰매를 타고 노는 그들만의 전통을 즐긴다. 30그램도 안 되는 작은 새를 보기 위해 사람들이 모이고, 또 그 새에 수많은 사람이 넋을 잃는 모습을 보는 건 정말 가슴 벅찬 일이었다. 우리는 바닥에 앉아 칼새를 구경하는 몇몇 사람들과 이야기를 나눴다. 칼새를 보기 위해 이곳을 여덟 번이나 방문한 연인도 있었다. 이곳에 모인 사람들에게 칼새를 보고 칼새의 소리를 듣는 건 즐거움 이상으로 중요하고 의미 있는 일이다.

우리는 채프먼 초등학교와 관련한 더 많은 이야기를 듣기 위해 포틀랜드 오듀본협회의 보전국장 밥 샐린저를 만났다. 그에게서 채프먼 초등학교 학생들이 정말로 깊은 애정을 쏟으며 칼새를 보호하기 위해 다양한 활동을 펼쳤다는 놀라운 이야기를 들을 수 있었다.

"여러 해 동안 아이들은 아직 남아 있는 칼새를 위해 재킷과 스웨터를 입고 등교했어요. 덕분에 칼새가 머무르는 한 달 내내 난방을 끌 수 있었죠."

이후 포틀랜드 오듀본협회의 도움으로 채프먼 초등학교는 난방 시설을 바꾸었고, 칼새는 앞으로도 계속 굴뚝에 머물 수 있게 됐다.

여느 때처럼 칼새를 보러 간 날, 영화 같은 장면을 마주했다. 어스름이 깔릴 무렵 우리는 불길한 기운을 내뿜으며 굴뚝 위에 앉아 있는 쿠퍼매(*Accipiter cooperii*)를 발견했다. 우리가 쿠퍼매를 촬영하는 동안 사람들은 쿠퍼매를 향해 야유를 보냈고, 그 새가 날아가자 기쁨의 박수를 쳤다. 사실 칼새는 쿠퍼매를 별로 신경 쓰지 않는 것 같았지만, 그 광경을 마주한 순간 마치 락 콘서트장에 온 것 같은 느낌이었다. 호모 사피엔스가 아닌 다른 동물을 향해 경건한 마음을 쏟는 콘서트장에.

샐린저는 채프먼 초등학교의 일화가 우리가 살고 있는 도시에서 자연을 느끼는 경이롭고 멋진 사례라고 이야기한다.

"도시 한가운데에서 자연을 중심으로 모인 공동체를 보는 건 믿을 수 없을 만큼 좋은 일이에요."

이 사례는 사람들의 인식 개선에 중요한 발판이 될 수 있다. 포틀랜드를 거쳐 가는 새는 200종이 넘는다. 샐린저는 채프먼 초등학

칼새를 관찰하기 위해 모인 사람들.

굴뚝 주변에 모여드는 칼새 떼.

교의 풍경이 도시에 서식하는 야생동물에게 도시가 얼마나 중요한 지를 단적으로 보여 준다고 강조했다.

포틀랜드보다 더 동쪽에 있는 내가 사는 지역에서도 굴뚝칼새의 서식지가 사라지고 있다. 웨스트버지니아주 셰퍼즈타운에 있는 셰퍼드 대학교의 일화는 굴뚝칼새의 번식지와 서식지가 점점 줄어들고 있으며, 그것을 인공 둥지로 대체하는 것이 얼마나 어려운지를 보여 준다.

캠퍼스 안에 굴뚝칼새가 쉬는 데 사용하는 굴뚝이 급격히 줄면서 즉각적인 행동을 촉구하는 목소리가 터져 나왔다. 1950년대 초반에 건축된 사라 크리 홀에는 커다란 굴뚝이 있어 이주 시기에 굴뚝칼새가 쉬어 가는 거대한 휴게소로 기능해 왔다. 그런데 더 세련된 건물을 짓기 위해 사라 크리 홀은 철거됐고 굴뚝칼새는 중요한 서식지를 잃었다. 다행히 셰퍼드 대학교에서는 굴뚝칼새에게 닥친 어려움을 이해하고 포토맥밸리 오듀본협회와 협력하여 대책을 마련했다. 기금을 마련해 칼새 타워를 설치하기로 하고, 건축이 이루어지는 동안 다른 건물의 작은 굴뚝 뚜껑을 열어 일시적으로 굴뚝칼새가 머물 수 있는 공간을 만들었다.

포토맥밸리 오듀본협회가 앞장서서 칼새 타워의 디자인을 의뢰하고 기금을 모았지만 문제가 생겼다. 프로젝트를 입찰에 부쳐보니 예상했던 것보다 훨씬 더 많은 비용이 필요해진 것이다. 결국 프로젝트를 일단은 중단할 수밖에 없었다.

굴뚝의 입구를 막는 사례가 증가하여 칼새의 서식지가 사라지는 문제가 생겼다면, 굴뚝을 덮지 않는 활동에 사람들을 참여시키는 건 어떨까? 실현 가능한 방법일까? 혹시 이런 캠페인을 진행하는 지역이나 도시가 있지 않을까? 어쩌면 금전적인 혜택이나 다른 인센티브를 통해 시행하는 곳이 있을지도 모른다.

미국 오듀본협회의 존 로우든과의 대화에서 이 이야기를 꺼내자 그는 당장 계획이 떠오르지는 않지만, 사람들을 동참시키기 위해 어떻게 설득할 수 있을지 궁금해했다. 로우든의 말에 따르면 사람들은 미국너구리 같은 동물이 건물에 들어오지 못하도록 굴뚝을 덮기 시작했다고 한다. 하지만 굴뚝을 일부분만 덮는다면 칼새는 들어올 수 있으면서도 몸집이 큰 동물은 못 들어오게 할 수 있을 것 같다고 이야기했다.

오듀본협회는 미국 몇몇 도시에 칼새 타워 건설을 위한 자금을 지원했다. 나는 그중 최근에 건설한 조지아주 애틀랜타의 피드몬트 공원에 새로 지은 칼새 타워를 보러 갔다. 애틀랜타 오듀본협회의 상무 이사 니키 벨몬테는 칼새가 휴식도 취하고 번식도 할 수 있도록 칼새 타워를 디자인했다고 설명해 주었다. 피드몬트 공원의 칼새 타워는 7.3미터 높이의 눈에 잘 띄는 건축물이다. 애틀랜타 지방 정부는 이런 형태의 건축물에 건축 승인을 내린 적이 없었다며 무너지진 않을지 걱정했다. 벨몬테는 지역 예술가와 제휴해 칼새 타워 외부에 그림도 그려 넣었고, 근처에 토착종 식물로 이루어진 전시서식지(exhibitat)* 라고 부르는 정원도 조성했다.

벨몬테는 사람들의 이목을 끄는 칼새 타워가 대중의 인식을 개

• 　전시를 뜻하는 exhibit과 서식지를 뜻하는 habitat의 합성어다.

선할 중요한 기회가 될 수 있을 것이라고 이야기한다. 애틀랜타 오 듀본협회는 20여 개의 카운티에서 활동하고 있는데, 벨몬테는 더 많은 장소에서 칼새 타워를 볼 수 있기를 바랐다. 그에게 얼마나 많은 칼새 타워가 필요한지 물었더니, 관련 연구가 거의 없기 때문 에 그 누구도 답을 알 수 없다라는 답이 돌아왔다. 하지만 서식지 가 줄어들고 있는 상황에서 더욱 더 많은 칼새 타워가 필요하다는 사실은 자명하다.

"주택과 복합 상업 지구를 건설할수록 우리는 더 많은 나무를 벱니다. 어떻게 보면 굴뚝을 막고 있는 거죠. 새로 만들어진 집은 아예 굴뚝이 없어요. 칼새의 서식지가 사라지고 있다는 뜻이죠."

피드몬트 공원의 칼새 타워는 명성을 얻으면서 탐조인이라면 꼭 거쳐 가야 할 곳이 됐다. 시각적으로도 눈에 띄기 때문에 누구 든 대화 주제로 꺼낼 만하다. 지금까지 애틀랜타에 이런 건축물은 없었다.

칼새를 위한 굴뚝

펜실베이니아주 피츠버그에서는 더 활발한 활동이 벌어졌다. 펜실 베이니아 서부 오듀본협회의 진두지휘 아래 150여 개의 칼새 타워 를 설치한 일이었다.

이 일에 앞장선 펜실베이니아주 서부 오듀본협회의 상무 이사

짐 보너는 개인적인 관심과 특별한 관계 덕에 이번 프로젝트에 참여했다고 설명했다. 보너와 그의 아내는 피츠버그 북쪽에 있는 작은 마을의 오래된 빅토리아풍 집에서 살았는데 매년 칼새가 찾아와 굴뚝에 둥지를 틀었다고 한다. 어느 순간부터 보너 부부는 자신들의 집을 찾아오는 칼새뿐만 아니라 이웃집 그리고 길 건너편의 학교 굴뚝을 찾아오는 수백 마리의 칼새를 기다리게 됐다는 이야기를 들려주며 칼새를 '끝내주는 새'라고 치켜세웠다.

"사람들은 칼새의 매력에 빠지게 될 거예요."

펜실베이니아주 서부 오듀본협회는 칼새 타워 프로젝트에 착수했다. 칼새 타워 100개 설치를 목표로 모금 활동을 펼쳤고, 피츠버그 재단(Pittsburgh Foundation)의 도움으로 이를 실현할 수 있었다. 펜실베이니아주 서부 오듀본협회는 앨러게이니 카운티의 공원 아홉 곳에 저마다 7~15개씩, 총 150여 개의 칼새 타워를 설치했다. 보너는 이렇게 뚜렷한 목적을 위해 칼새 타워를 광범위한 지역에 밀도 있게 설치한 곳은 어디에도 없을 것이라고 자랑스레 말했다.

나는 보너에게 이렇게 많은 칼새 타워가 변화를 만들 수 있을지, 다시 말해 칼새의 개체 수 복원에 확실한 도움이 될지 물었다. 그는 지금으로선 확답을 내릴 수 없으며 더 많은 연구가 필요하다고 말했다. 칼새가 이 타워를 어떻게 활용하는지 정확히 이해하기 위해서는 설치한 칼새 타워를 조금 더 관찰해야 한다.

어쩌면 곤충의 개체 수 감소가 칼새에게 훨씬 더 큰 영향을 끼칠 수도 있다. 보너는 칼새의 현재 식단과 앞으로 환경이 변함에 따라 칼새의 식단이 어떻게 바뀔지에 관한 연구가 더 이루어지기를 바랐다. 이어서 카운티 내 공원에서 풀을 과하게 베지 않고 자연 상태에 가깝게 관리하고 있다는 반가운 소식을 전해 주었다. 이런 행동이 칼새에게 어떤 도움이 되는지에 대해 더 많은 연구가 필요하겠지만, 일단 풀이 잘 자라도록 두면 칼새가 잡아먹는 곤충의 수가 늘 수 있다.

그런 의미에서 150여 개의 칼새 타워를 건설한 건 무척 중요한 일이다. 나는 보너와 펜실베이니아주 서부 오듀본협회 직원들이 지역 사람들의 의식과 태도 변화에 큰 영향을 끼쳤다고 믿는다. 보너는 프로젝트를 추진하며 만난 카운티 공무원에 관해 이야기해 주었다. 그는 끊임없이 칼새 이야기를 늘어놓았고, 보너는 이를 매우 좋은 징조로 보았다. 피츠버그의 칼새 타워에는 교육용 키오스크를 설치하여 칼새와 관련된 다양한 정보를 제공하고 있다. 또 사람들이 직접 관찰한 칼새의 정보를 온라인으로 전송할 수도 있다. 이런 활동은 주민들의 관심을 끌어 인식 개선에 도움이 될 것이다.

펜실베이니아주 서부 오듀본협회는 학교와 협업하는 것을 포함해 다양한 일을 한다. 학생들이 칼새를 관찰할 수 있도록 교내에 타워를 설치한 학교도 있었다. 한 고등학교는 최근에 '칼새와의 밤 산책(Swifts Night Out)'이라는 칼새 관찰 프로그램을 만들었다.

칼새가 이용할 수 있는 굴뚝을 확보하는 것도 중요하다. 펜실베이니아주 서부 오듀본협회는 칼새가 쉴 수 있는 굴뚝 20여 개를 표시한 지도를 만든 다음, 이 건물을 사용하는 기업들을 찾아가 칼새 서식지를 지키는 활동에 동참할 것을 요청했다. 보너는 성공적인 사례로 처치 브루 워크스(Church Brew Works)의 일화를 들려주었다. 그곳은 '그리고 8일째 되던 날 하느님께서 술을 만드셨다.'라는 유쾌한 모토 아래 가톨릭 교회 건물을 개조해 운영하는 양조장이다. 보너는 굴뚝을 칼새에게 양보하도록 양조장 주인을 설득했다. 처치 브루 워크스 측은 굴뚝을 개방할 뿐만 아니라 주민들과 함께 야외에서 술을 마시며 칼새를 감상하는 '칼새와 하룻밤 외출(Swift Night Out)'이라는 프로그램을 만들었다. 양조장 주인은 가을에 찾아오는 칼새가 이제는 골칫거리가 아닌 중요한 자산이 되었다며 기뻐했다고 한다.

보너는 벽난로 안의 불씨가 밖으로 나가지 못하게 막는 설비를 설치하거나 굴뚝을 막아야 한다고 집주인을 설득하는 굴뚝 청소부들에게도 연락을 취했다. 이런 설비 때문에 칼새가 굴뚝을 이용하지 못하기 때문이다. 벽난로를 사용하는 겨울이 오기 전에 설치했다가 칼새가 돌아오는 봄이 되면 제거하는 탈부착식으로 만든다면 굴뚝 청소부의 수입에도 더 도움이 되지 않을까?

여전히 넘어야 할 산은 많다. 보너는 칼새 타워를 도시에서 더 많이 볼 수 있기를 바랐지만 절차는 지난하고 복잡하다. 피츠버그 지방 정부가 133개로 나뉘어 있다는 것도 문제다. 그럼에도 피츠버그는 칼새가 중심이 되는 도시 중 하나로 떠오르며 다른 지역사회에 영감을 주고 있다.

칼새보다 멋지고 흥미로운 철새는 찾기 어렵다. 검은등칼새는 어떻게 몇 달 동안 쉬지 않고 날 수 있을까? 굴뚝칼새는 어떻게 매년 같은 굴뚝을 찾아오는 걸까? 모래 속에서 바늘 찾기 혹은 서울에서 김서방 찾기일 텐데 말이다.

앞서 이야기했듯이 칼새의 상황은 그리 좋지 못하다. 하지만 애틀랜타와 피츠버그 그리고 런던까지, 다양한 장소에서 사람들이 칼새에 관심을 쏟고 있다. 인공 둥지와 칼새 타워를 만드는 것과 같이 개인, 단체, 그리고 지방 정부가 할 수 있는 구체적이고 분명한 활동이 있다. 그러한 활동을 통해 우리가 꿈꿀 수 있는 가장 커다란 희망은 공공장소에 찾아온 이 기적 같은 생명체를 보며 감탄하고 환호하는 경이로운 경험이다.

채프먼 초등학교에서 만난 칼새 떼
https://vimeo.com/311286706

5장

집을 잃은 새들

서부의 탁 트인 벌판을 방문할 일이 있다면,
반드시 굴올빼미에게 인사를 하라.
굴올빼미가 고개를 까딱이며 '안녕'이라고 대답할 것이다.

모니카 고케이, 「굴올빼미(Burrowing Owls)」[1]

전 세계적으로 진행되는 급격한 도시화로 새를 비롯한 야생동물의
서식지가 사라지고 있다. 놀랄 만큼 짧은 시간 만에 지구는 농경
지로 가득했던 농업 행성에서 도시 행성으로 변했다. 그 결과 현재
전 세계 인구의 반 이상은 도시에 살고 있다. 도시화는 대부분 도
시 중심에서 외곽으로 뻗어 나가는 방식으로 일어난다. 자동차로
이동하기 편하도록 도로를 개발함에 따라 도시에는 아스팔트처럼
물이 스며들 수 없는 지표면이 빠르게 늘었다.

낙엽수로 가득한 오래된 숲에 서식하는 숲지빠귀에게 숲이 사
라지는 건 끔찍한 일이다. 한번은 숲지빠귀 생활사를 연구하는 유
타 대학교 교수 클락 러싱과 이야기를 나눌 기회가 있었다. 러싱은
아름다운 숲지빠귀의 개체 수 변화가 심상치 않다고 했다. 숲지빠
귀의 개체 수가 감소한 이유는 다양하지만 그중 서식지 파괴가 가
장 주요한 원인이다. 러싱의 연구에 따르면 번식지와 월동지를 포
함해 전반적인 서식지가 줄면서 숲지빠귀 개체 수도 줄었다고 한
다. 새들의 서식지는 급격하게 줄고 있다. 북아메리카 대륙에 유럽

인들이 정착하면서 파괴했던 미국 동부의 환경은 많이 복원됐지만, 새들에게 꼭 필요한 오래된 숲이 지난 수십 년 동안 눈에 띄게 줄었다고 러싱은 지적했다.

"최근 20년 사이에 수많은 서식지가 사라졌어요."

또한 그는 노스캐롤라이나 숲에서 벌목한 나무가 유럽 시장에 목재 펠릿으로 판매되는 상황도 지적했다. 아이러니하게도 목재 펠릿은 재생에너지로 각광받고 있다.[2] 이미 노스캐롤라이나에서는 해마다 약 200제곱킬로미터의 숲이 목재 펠릿을 만들기 위해 벌목되고 있고, 목재 펠릿 생산은 계속 늘고 있다.[3]

그리고 대부분의 숲은 도시화로 파괴됐다. 우리는 애틀랜타에서부터 롤리까지, 특히 85번 고속도로를 따라 얼마나 많은 숲이 사라졌는지 이야기를 나눴다.

"도시는 정말 빠르게 커지고 있어요."

러싱은 작은 숲을 포함해 도시 안팎의 숲을 보호하는 일이 중요하다고 말한다. 숲이 사라질수록 숲지빠귀의 번식지가 줄어들 뿐만 아니라 갈색머리흑조(Molothrus ater)가 숲지빠귀 둥지를 공격하거나 고양이 같은 포식자가 숲지빠귀를 사냥하기도 쉬워진다. 그는 흰꼬리사슴의 개체 수가 급격히 늘자 사슴의 과도한 먹이 활동 때문에 워싱턴 D.C.의 록 크릭 공원 같은 도시 숲에서 하층식생이 사라지는 문제도 언급했다.

러싱의 연구에 따르면 숲지빠귀의 이동 경로에 있는 서식지가 사라지는 것도 심각한 문제지만, 알을 낳는 번식지가 사라지는 것이 더욱 심각한 문제라고 한다. 이 연구에서 도출한 분명하고도 복합적인 메시지는 우리 주변의 서식지도 보호해야 하지만 저 먼 곳의 번식지도 보호해야 한다는 것이다. 그리고 도시 근방의 서식지는 적극적으로 관리해야 한다.

숲지빠귀가 처한 문제는 아직 명확히 밝혀지지 않았다. 계절에 따라 이동하므로 무슨 일이 일어나고 있는지 추적하기 어렵기 때문이다. 따라서 세밀한 분석으로 숲지빠귀의 행동이 지역마다 큰 차이가 있다는 것을 인식하는 일이 중요한 과제다. 러싱을 비롯한 연구진은 2016년《영국 왕립학회 저널(Proceedings of the Royal Society)》에 중앙아메리카에서 지리적 요인에 따라 형성된 숲지빠귀 생물형군 17가지와 월동지 다섯 군데를 분석한 결과를 발표했다. 상황이 양호한 곳도 일부 있지만 그렇지 못한 곳도 있었다.[4]

세계자원연구소(World Resource Institute)는 2018~2030년 사이에 전 세계 도시 면적이 80퍼센트 늘어날 것으로 예상한다. 이는 2000년 도시 면적의 세 배에 달한다.[5] 주택과 공공시설이 늘고 도로 건설로 도시가 팽창하면서 새들은 중요한 서식지를 잃고 있다.

전 세계적으로 인구가 늘고 부유한 나라에서 소비가 증가하면서 서식지와 종 다양성이 더 빠르게 줄고 있다. 유엔환경계획(UNEP)은 「2019 세계 자원 전망 보고서(Global Resources Outlook 2019)」에 전 세계 자원 수요를 잘 정리해 놓았다. 보고서에 따르면 종 다양성 감소의 90퍼센트는 농업과 수산물 양식업, 벌목, 채광, 그리고 석유와 가스 채굴을 포함해 다양한 자원을 채취하고 가공하는 과정에서 일어난다고 한다.[6]

"이 보고서는 끝없는 소비와 지속 가능하지 않은 산업과 발전에 관한 이야기다. 지난 50년 동안 물질 채취량은 세 배 늘었고 2000년 이후로 급격히 증가했다."

유엔환경계획은 이런 흐름이 계속된다면 2060년 전 세계 자원 채취량은 지금의 두 배가 될 것으로 예측한다. 계속해서 증가하는 음식 수요를 감당하기 위해서는 농경지만 21퍼센트가 늘어야 한다. 엄청난 양의 자원을 지금 같은 속도로 계속 생산하고 채취한다면 새를 포함해 다양한 동물의 서식지는 줄어들 수밖에 없다.

우리는 우리의 소비 행태와 새들이 겪는 어려움 사이에 어떤 관계가 있는지 잘 알지 못한다. 하지만 우리가 소비하는 물건을 만들기 위해 자원을 채취하면서 이미 전 세계에 서식하는 새들에게 심각한 영향을 끼치고 있다. 미국 시장에서 판매되는 종이와 휴지를 만들기 위해 매년 4000제곱킬로미터 면적의 북아메리카 아한대 숲이 사라진다. 미국인들이 좋아하는 수십억 마리 새들은 아한대 숲에서 번식을 하고 새끼를 기른다. 하지만 이런 사실을 화장실에서 휴지를 사용할 때는 거의 떠올리지 못한다.[7]

해안가의 습지와 조간대가 사라지면서 전 세계적으로 도요과 새가 급격하게 줄고 있다. 스콧 웨이든사울은 중요한 철새 도래지가 망가지면서 벌어지는 일을 글로 썼다. 특히 중국 동부 해안의 개펄과 새들의 서식지가 간척 사업으로 어떻게 사라졌는지를 흡인력 있게 풀어냈다.● 도요과 새는 수천 킬로미터를 이동하기 위해 개펄

●　세계적인 철새 도래지인 한국의 서해안도 새만금과 시화호 등 간척 사업으로 많은 개펄이 사라졌다.

과 같은 장소를 찾아 영양분을 비축해야 한다. 그렇기에 도요과 새의 개체 수가 급격히 준 것도 전혀 이상한 일이 아니다. 웨이든사울의 글에는 이런 내용이 나온다. "안전하고 먹이가 풍부한, 재충전을 할 수 있는 장소가 사라진다는 것은 번식을 앞둔 새가 이동하는 과정에서 목숨을 잃거나 건강하지 않은 상태로 번식지에 도착할지도 모른다는 뜻이다."[8] 변해 버린 환경에 적응한 도요과 새도 있다지만 전망은 그리 밝지 않다.

프래킹*과 채굴 작업으로 생기는 화학 물질 웅덩이와 폐기물 매립지는 서식지 감소와 더불어 새들을 위험에 빠뜨리는 심각한 문제다.[9] 이런 폐기물 매립지는 새의 몸 전체를 화학 물질과 기름 범벅으로 만든다. 매년 수백만 마리의 새가 폐기물 매립지로 인해 목숨을 잃을 위험에 놓여 있다. 석유 화학 공장에서 불필요한 가스를 연소할 때 굴뚝에서 나오는 불꽃도 새에게 치명적이다. 정책이 변하고 환경 규제가 느슨해지면서 새들은 벼랑 끝으로 내몰리고 있다. 도널드 트럼프 행정부는 철새를 보호하기 위해 제정한 철새 협정(Migratory Bird Treaty)을 교묘하게 해석하여** 폐기물 매립지 때문에 새들이 목숨을 잃는데도 석유 회사와 광산 회사를 기소하거나 벌금을 부과하지 않았다. 이는 기업이 나서서 폐기물 매립지에 그

● 　물, 화학 물질, 모래 등을 혼합한 물질을 고압으로 분사해 바위를 파쇄하여 석유와 가스를 분리해 내는 공법.

●● 　철새 협정은 철새의 목숨을 앗아 가는 모든 행동을 규제했으나 트럼프 행정부는 의도적인 목적을 지닌 행동만 금지하는 것으로 규정을 해석했다. 다시 말해 철새를 사냥하는 것 외에 유리창이 가득한 건물을 짓는다거나 철새가 살고 있던 건물을 허무는, 철새를 죽이려는 의도적인 목적이 없는 행위는 금지되지 않는다.

물을 치는 것과 같은 새들의 희생을 최소화하기 위한 행동을 할 이유가 없다는 뜻이기도 하다.[10] 게다가 벌금을 부과하지도 않아 습지와 서식지를 복원할 때 필요한 기금이 턱없이 부족해졌다.

도시 지역의 토지 이용 방식과 새가 양립 불가능해서 새를 오지 못하게 막거나 쫓아내는 일이 종종 일어난다. 예를 들면, 새 서식지가 공항이나 군사기지와 가까워 비행기랑 충돌할 위험이 있는 경우가 그렇다. 실제로 텍사스주 샌안토니오에서는 엘멘도르프 호수에 서식하는 거대한 황로 무리를 인근 합동기지에서 훈련할 때 비행기와 충돌할 위험이 있다는 이유로 뿔뿔이 흩어지도록 만들었다.[11]

도시 팽창에 따른 도시화 과정은 새 서식지를 심각하게 파괴한다. 나는 애틀랜타 오듀본협회의 다양한 사람들과 만나 도시에 서식하는 새에 대한 이야기를 나눴다. 애틀랜타는 건물을 끝없이 건설하여 도시를 확장하는 개발 방식으로 악명 높다. 애틀랜타의 슬로건인 '숲 안의 도시'라는 말에 걸맞게 이전에는 도시 곳곳에 숲이 우거져 있었고 나뭇가지가 지붕처럼 무성했다. 하지만 오랜 시간에 걸쳐 도시의 숲 대부분이 사라졌다. 나무와 공존하는 방식이나 지붕처럼 우거진 숲을 가능한 보호하는 방향으로 도시를 설계하지 않고, 숲을 완전히 밀어 버리고 새로 건물을 짓는 방식으로 개발했기 때문이다.

나는 애틀랜타 오듀본협회의 상무 이사인 니키 벨몬테에게 가장 걱정되는 부분이 무엇인지 물었다. 그는 '서식지가 줄어드는 것과 서식지의 질이 떨어지는 것'을 꼽았다. 도시의 공원이나 녹지는 새를 위한 서식지가 되기엔 부족한 점이 많다.

"보다시피 애틀랜타에는 녹지 공간이 많아요. 하지만 우리가 필요로 하는 녹지는 아니에요. 우거진 풀숲은 외래종 식물이 뒤덮고 있어요. 그리고 외래종은 도시 전체의 풍경을 변화시킵니다."

도시에 새를 위한 공간을 만드는 건 어렵지 않다. 실제로 애리조나주 피닉스에서 벌어진 일을 소개한다.

⌄

굴올빼미 이주 작전

집으로 돌아가기 위해 피닉스 스카이하버 국제공항 게이트에 앉아서 비행기를 기다리던 중 옆자리의 나이 든 관광객들 사이에 오가는 흥미진진한 이야기를 우연히 엿듣게 됐다. 관광객들은 며칠간 다녀온 여행을 회상하고 있었는데, 그중에는 머리카락이 쭈뼛 서는 사파리 투어와 그랜드캐니언에 관한 이야기도 있었다.

이곳 피닉스에서는 어디로든 조금만 이동하면 아름다운 자연을 만날 수 있다. 그런데 나는 일반적인 관광객과는 사뭇 다른 경험을 했다. 나는 피닉스에서 굴올빼미를 관찰하며 시간을 보냈다. 굴올빼미는 국립공원이 아닌, 그곳에서 먼 곳은 아니지만 교통체증과 고속도로 소음으로 가득한 곳에 살고 있었다. 엇비슷한 모습으로 즐비하게 늘어선 교외의 주택과 쇼핑센터 사이에서 말이다. 여기야말로 멋진 생명체를 만날 수 있는 '도시 사파리'일 것이다. 내가 알기로 아직까지 도시 사파리는 없지만 말이다.

이번 이야기는 애리조나주 피닉스 시내 근처의 리오 살라도 서식지 복원구역(Rio Salado Habitat Restoration Area)과 몸집을 불려 가고 있는 대도시 피닉스 주변에 서식하던 굴올빼미를 어떻게 이주시키고 서식지를 복원했는지에 관한 독특한 일화다. 이는 카리스마 넘치는 굴올빼미가 어떻게 우리와 공존하게 되었는지, 굴올빼미가 도시의 이웃이 될 때 우리의 삶이 얼마나 나아질 수 있는지를 담은 이야기이기도 하다.

굴올빼미만큼이나 사랑스러운 생명체는 드문 것 같다. 애리조나 오듀본협회의 교육 이사 캐시 와이즈는 사람들이 굴올빼미를 보고 한 번 놀라고, 예상과 다른 굴올빼미의 생태에 또 한 번 놀란다고 말했다. 굴올빼미는 밤이 아닌 낮에 활동하고 무리지어 생활하며 땅속에 살기 때문이다.

작고 매력적인 새를 한 번 보기만 해도 다른 올빼미와는 차원이 다르다는 걸 곧바로 알 수 있다. 고개를 360도 가까이 돌리며 땅속에서 걸어 나오는 모습은 정말 인상적이다. 이따금 한쪽 다리로만 서 있는 모습은 주의 깊고 조심성 있어 보인다. 굴올빼미는 높이 날지는 않지만 지면 가까이로 내리꽂듯 급강하하여 땅이나 낮은 높이의 나뭇가지, 혹은 굴 근처 십자 모양 횃대에 앉는다. 이 새들은 땅속에 집이 있어서인지 땅에 딱 붙어서 지낸다.

굴올빼미는 프레리도그를 비롯해 땅속 생활 공간을 공유하는 다른 동물이 내는 경보음을 알아 듣는다고 한다.[12] 또 야생의 포식자로부터 몸을 지키기 위해 사람들 가까이에서 서식하는 지혜도 발휘한다. 굴올빼미가 자신을 보호하기 위해 방울뱀 소리를 따라 한

다는 사실도 밝혀졌다.[13]

굴올빼미는 굴속에서 놀랄 만큼 능숙하게 움직이지만 스스로 굴을 파지는 못한다. 모래로 된 토양이 많은 플로리다에 서식하는 굴올빼미만 유일하게 굴을 팔 수 있다고 한다. 그 외 다른 지역에 서식하는 굴올빼미는 프레리도그와 마멋, 오소리가 파 놓은 굴을 사용할 수밖에 없다. 하지만 굴을 파는 포유류의 개체 수가 줄면서 굴올빼미의 서식지도 줄었다. 자연 굴이 줄어드는 상황은 인공 굴로 보완할 수 있다. 약 100여 마리의 굴올빼미가 리오 살라도 서식지 복원구역으로 옮겨졌다. 굴올빼미 서식지는 2019년에 내가 영상으로 담았던 16번가 근방을 포함해 총 다섯 군데다. 우리는 애리조나 오듀본협회의 캐시 와이즈를 현장에서 만났다. 그는 자원봉사자들에게 우리를 소개하고 그날 할 일을 설명해 주었다. 우리가 현장에 도착했을 때 굴올빼미를 위한 인공 굴을 새로운 것으로 바꾸는 작업이 한창이었다. 자원봉사자는 대부분 애리조나 주립 대학교의 보건대학 학생과 직원 들이었다.

인공 굴을 리모델링하기 위해 말뚝을 박는 소음이 너무 심했는지, 한 수컷 굴올빼미가 마치 건설 소음에 불만을 표현하는 것처럼 굴 밖으로 날아올라 사람들 주위로 한 바퀴 원을 그리고는 말뚝 위에 앉았다. 말하고자 하는 바를 강조하듯 몸을 위아래로 움직이며 내는 울음소리는 굉장히 매력적이었다.

굴올빼미 서식지 복원 작업은 리오 살라도 서식지 복원구역에서 방문자 안내소를 운영하는 애리조나 오듀본협회와 비영리 단체인 와일드 앳 하트(Wild At Heart)의 협업으로 진행된다. 와일드 앳 하트

굴올빼미를 위한 자원봉사자의 날 진행 장소를 알려 주는 안내판.

는 굴올빼미 서식지를 옮기는 최적의 방법을 개발한 전문 단체다. 그들은 202번 고속도로 확장과 같은 건설 공사로 위험에 처한 굴올빼미를 구출해 인공 굴이 있는 새로운 서식지로 이주시키는 일을 맡았다. 굴올빼미는 원래 서식지로 되돌아가려는 유소성이 있다. 와일드 앳 하트에서는 구출한 굴올빼미의 유소성을 없애기 위해 30일 동안 새장에 가둬 두는 활동도 하고 있다. 새장에서 30일을 보낸 이후 새로운 서식지로 옮겨진 굴올빼미는 장소에 익숙해지기 위해 인공 굴을 둘러싼 텐트 안에서 30일을 더 있어야 한다. 30일이 지나 텐트를 치우면 이주 작업이 완료된다.

와이즈에게 리오 살라도 서식지 복원구역에서 굴올빼미가 잘 지내고 있는지 물었더니 이런 답이 돌아왔다.

"전반적으로 잘 지내고 있어요. 하지만 진짜로 그런지는 알 수 없어요. 중요한 점은 여기에 온 굴올빼미는 이곳 외엔 갈 곳이 없다는 사실이죠."

와일드 앳 하트의 그레그 클락은 굴올빼미 이주 전문가이자 인공 굴 디자이너다. 이제 70세가 된 클락은 은퇴한 엔지니어이자 여러 회사의 경영진이었다. 그의 기술은 정말로 큰 도움이 됐다. 우리가 현장에 갔던 날 클락은 자원봉사자들에게 굴올빼미를 위한 인공 구조물을 연결하는 방법을 알려 주고 있었다.

와일드 앳 하트에서 20년 이상 자원봉사를 해 온 클락에게 굴올빼미 서식지를 만드는 건 그리 생소한 일이 아니었다. 그는 지금까지 굴올빼미 2500여 마리를 이주시켰고 약 6000개의 인공 굴을 만들었다고 한다. 피닉스 외 다른 지역에 설치한 적도 있다. 클락은 인공 굴의 구조를 어떻게 디자인했는지, 그리고 수년에 걸쳐 어떻게 수정했는지 설명해 주었다. 원래 인공 굴은 프레리도그를 위해 만든 것이었다. 그런데 프레리도그는 사람들이 만든 굴에 적응하지 못했고, 놀랍게도 굴올빼미가 그곳에 들어와 살기 시작했다.

처음에 사람들은 굴을 많이 만드는 것에 회의적인 시선을 보냈다고 한다.

"사람들은 굴을 많이 만드는 일에 효용이 있는지 의문을 품었어요. 하지만 저는 엔지니어로서 이 프로젝트의 규모가 커져야 한다고 생각했습니다."

클락은 함께할 사람들을 모았다. 그리고 그들을 지도하며 6000개의 굴을 설치해 냈다. 그는 자원봉사자가 얼마나 중요한지 강조했다.

"굴올빼미 서식지 근방에 사는 사람들은 굴올빼미를 보호하는 데 영향을 줄 수 있어요. 우리가 사는 곳 바로 옆에서 공사가 진행되고 있기 때문이죠. 또 우리는 굴올빼미를 직접 도울 수도 있죠."

내가 방문한 날 자원봉사자들은 나중에 흙과 돌로 덮을 관을 땅 위로 연결하고 있었다. 땅에는 관들이 쌓여 있었다. 관 입구는 아래에 있는 타일에 와이어로 단단하고 안전하게 고정됐다. 가장 중요한 점은 입구 부분에 훨씬 더 큰 관을 이용하는 것이었다. 이는 포식자가 나타났을 때 굴올빼미와 새끼들이 재빨리 굴 안으로 숨을 수 있게 해 주고, 짓궂은 아이들이 입구에 돌을 던지는 문제도 일부 해결할 수 있다. 그리고 입구의 높이를 낮춰 새끼들이 더 빨리 숨을 수 있도록 했다.

자원봉사자들이 굴올빼미가 서식하는 인공 굴 확장 공사를 하고 있다.

우리가 방문한 곳은 리오 살라도 서식지 복원구역에 있는 서식지 다섯 곳 중 하나였다. 리오 살라도 서식지 복원구역은 공공 부지이기 때문에 굴올빼미를 보러 누구든 찾아올 수 있다. 길 건너편에는 경공업 단지가 늘어서 있었다. 저곳에서 일하는 사람 중 리오 살라도 서식지 복원구역에 굴올빼미가 있다는 걸 알고 있는 사람이 몇이나 될지 궁금해졌다. 우리가 인공 굴 조성 현장에 도착한 지 한 시간 정도 지났을 때 한 젊은 남성이 다가왔다. 그는 매일 굴올빼미를 보러 오는 것이 삶의 낙이라고 말했다. 굴올빼미에 관해 잘 모르지만 행동이 재밌다고 했다. 근방에는 굴올빼미의 존재를 알리는 눈에 띄는 안내판도 없었다. 굴올빼미 서식지 이주에 관한 노력을 알리는 작은 현수막이 울타리에 걸려 있는 게 전부였다.

굴올빼미는 피닉스 전 지역에 서식하고 있다. 그리고 불행히도 곳곳에서 202번 고속도로 확장 공사 같은 도시 개발이 진행 중이다. 피닉스는 계속해서 몸집을 키우고 있는 대도시다. 자원봉사자들이 열과 성을 다하고 있지만, 이 도시에 굴올빼미를 위한 공간이 얼마나 남게 될지는 미지수다.

인공 굴을 만들기 위해서는 가장 먼저 굴착기로 고랑을 파야 한다. 그 후 관을 1미터 아래의 20리터들이 물통과 연결해 땅속에 아늑한 방을 만든다.(최근 물통의 크기가 좀 더 커야 한다는 결론이 났다.) 굴올빼미에게 가장 위협이 되는 건 맹금류다. 내가 현장을 방문한 때에도 붉은꼬리말똥가리(*Buteo jamaicensis*)가 근처에서 활공하는 걸 볼 수 있었다. 쿠퍼매와 코요테, 개도 위험한 존재다. 번식기에는 종종 걸음 치는 굴올빼미 새끼들이 굴 입구로 빠르게 들어갈 수 있어야

완성된 인공 굴.

한다. 자원봉사자들은 관을 더 길게 하거나 구부려서 새끼들이 잘 숨을 수 있게 만들었다.

나는 굴올빼미 이주 프로젝트가 진행되고 있는 또 다른 장소인 16번가에도 방문했다. 16번가는 리오 살라도 서식지 복원구역과 가까운데, 그날따라 비가 유난히 많이 내렸다. 이곳이 평지라는 점 은 굴올빼미가 좋아할 만한 일이지만 근방에 초목이 많다는 사실 을 그리 반기지 않을 듯하다. 초목은 포식자가 몸을 숨기는 데 도 움을 주기 때문이다.

앞서 말했듯 리오 살라도 서식지 복원구역의 장점은 인공 굴이 공공 부지인 공원에 있다는 점이다. 대부분의 경우 굴올빼미가 옮 겨 간 곳이 사유지라 많은 사람이 굴올빼미를 볼 수 없다. 와이즈는 굴올빼미의 굴이 공원에 있다는 건 자원봉사자들이 자신이 도와준 굴올빼미를 다시 보러 올 수 있다는 의미라고 말했다.

이어서 그는 리오 살라도 서식지 복원구역의 인공 굴 덕분에 굴올빼미의 개체 수가 증가할 수 있다고 이야기했다. 16번가 구역에서는 세 쌍의 굴올빼미가 번식하는 모습이 관찰되었다. 몇 년 전 리오 살라도 서식지 복원구역에 굴올빼미의 먹이가 충분하다는 연구 결과가 발표되었지만, 여전히 먹이 문제는 16번가를 비롯해 피닉스 전역에서 끊이지 않는 걱정거리다.

일이 끝날 때쯤 자원봉사자들이 다 같이 모여서 단체 사진을 찍었다. 자원봉사자들은 확실히 눈에 띄는 결과물을 얻어 뿌듯해했다. 정말로 헌신적인 사람들이었다. 와이즈는 이처럼 지역사회에 관심을 갖고 직접 참여하는 일이 중요하다고 말했다. 이어서 그는 굴올빼미가 우리에게 자연을 소개해 주는 멋진 외교관이라며 얼마나 매력적이고 호기심 많은 새인지, 그리고 사람들에게 어떤 영향을 주는지를 이야기했다.

"최근 들어 자원봉사자들이 많이 보여요. 도시에 사는 사람들은 환경을 보호하는 일에 참여하고 싶어 하죠. 텔레비전이나 라디오 방송을 통해 보고 듣기만 하는 것보다 실제로 손에 흙을 묻히고 싶어 해요."

그날 오후, 더 큰 굴올빼미 군집이 서식하는 라빈 마을로 이동했다. 행정구역상으로 피닉스에 속하지만 훨씬 외딴곳이었다. 비포장도로를 한참 내달려 수로변의 자갈길을 찾을 수 있었다. 그곳에서 우리는 땅 위로 비죽 솟은 관을 발견했다. 사람들의 눈에 띄지 않게 숨겨진 굴 입구는 길 건너편의 집 쪽을 향해 나 있었다. 마치 길 건너편의 집을 날려 버릴 준비가 된 대포 같아 보였다.

조용히 다가가자 굴올빼미 네다섯 마리가 보였다. 16번가에서 만난 수컷보다 수줍음이 더 많은 것 같았다. 주변 환경을 생각하면 당연한 것 같기도 했다. 근처에는 연을 날리는 가족 외에 다른 사람은 거의 없었고 우리가 운전해 온 도로에는 차량도 거의 없었다. 굴올빼미가 서식하기에 적합한 장소인 듯했다.

조금 더 다가가자 굴에서 머리가 튀어나왔다가 다시 안으로 들어가는 것이 보였다. 한 마리는 굴 위에 앉아 있다가 수로 건너편에 있는 집 울타리로 날아갔고 다른 한 마리는 곧장 집 뒷마당으로 날아갔다. 수로 건너편 집에 사는 가족들이 굴올빼미와 어떤 관계일지 궁금해졌다. 아마도 이 근방에 사는 사람들은 굴올빼미가 집 주변에 서식한다는 사실을 알 것이다.

리오 살라도 서식지 복원구역에서 일한 다음 날 토요일 아침, 피닉스에서 서쪽으로 30킬로미터 정도 떨어진 애본데일로 향했다. 애본데일 에스트렐라 마운틴 전문대학교에 서식하는 굴올빼미를 가까이에서 관찰하기 위해서였다. 이곳의 사례는 굴올빼미가 다양한 건물이 모여 있는 곳에서 어떻게 살아가는지 보여 준다. 학교 문화 센터 주차장 외곽을 따라 인공 굴이 40개 정도 설치돼 있었다. 맞은편에는 단독주택이 있었고, 굴올빼미의 인공 굴은 인근 태양광 발전 단지까지 이어져 있었다.

정오가 다 된 시간이었는데도 굴올빼미들은 굴 밖에 많이 나와 있었다. 기온은 피닉스에서도 상대적으로 서늘한 15도 정도였다.

굴올빼미와 인공 굴. 굴올빼미는 피닉스 곳곳에 서식한다.

다용도 창고 아래에 자연적으로 생긴 굴로 머리를 내민 굴올빼미가 보였다. 몇 마리는 다용도 창고 그림자에서 즐겁게 놀고 있었다.

굴올빼미가 어떻게 굴 입구를 드나드는지 볼 수 있는 첫 기회였다. 다용도 창고 아래 굴은 입구가 좁았지만 굴올빼미들은 별로 거슬려 하지 않고 프레리도그처럼 굴 입구로 몸을 손쉽게 밀어 넣으면서 안으로 들어갔다.

주말이어서인지 주차장은 거의 비어 있었다. 나는 에스크렐라 마운틴 대학교의 구성원들이 굴올빼미의 존재를 알고 있는지, 그리고 굴올빼미가 학교에 있다는 걸 자랑스러워하는지가 궁금해졌다.

⌄

이사하면 괜찮을까?

피닉스의 사례는 굴올빼미를 이주시키고 새로운 곳에 서식지를 복원하는 것이 실제로 가능함을 보여 준다. 그리고 이를 통해 도시에 사는 사람들은 멋진 새를 관찰하고 즐길 기회를 얻는다.

피닉스의 이야기는 도시가 새를 보호하는 데 충분한 노력을 기울이고 있는지, 애초에 정책을 수립할 때 새들의 이주를 피하는 방향으로 도시를 계획할 수는 없는지 고민하게 한다. 캐시 와이즈는 202번 고속도로 확장 공사 같은 프로젝트를 재고해야 한다고 말한다.

"우리가 교통에 대한 관점을 바꾼다면 굴올빼미는 다른 곳으로 갈 필요가 없어요."

도시를 계획하고 개발하는 과정에서 굴올빼미를 포함해 다른 새들, 더 나아가 다양한 동물들을 더 많이 생각할 필요가 있다. 하지만 피닉스에서 이런 일은 일어나지 않는 것 같다. 비록 정해진 구역 안에서 경전철을 이용해 밀도 높은 소규모 성장을 촉진하고는 있지만 말이다.

플로리다에서는 굴올빼미에게 영향을 끼칠 수 있는 프로젝트를 실행하는 기관이나 개발 업자에게 엄격한 기준을 적용한다. 연방 정부의 「멸종 위기종 보호법(Endangered Species Act)」에서는 굴올빼미를 다루지 않지만 플로리다에서는 멸종 위기종에 이름이 올랐다. 플로리다 어류 및 야생동물 관리국(Florida Fish and Wildlife Conservation Commission)은 「종 보전 계획(Species Action Plan)」을 준비했다.[14] 「종 보전 계획」에는 굴올빼미를 보호하기 위한 인상적인 가이드라인도 포함되어 있다. 이 가이드라인에 따르면 굴올빼미 서식지에 영향을 줄 수 있는 개발은 가능한 피해야 하고, 개발 시 부수적인 허가를 받아야 한다. 불가피하게 개발할 경우 대체 서식지 마련 등 대안이 있어야 한다. 특히 대체 서식지를 조성하기 위해서는 이주할 장소가 해당 생물 종에게 위협이 되지 않는지, 이주 활동으로 생존이 위태롭지는 않은지를 신청자가 과학적으로 증명해야만 허가를 받을 수 있다.[15] 이는 대체 서식지가 아직 완전한 대안이 아니며 실험 단계에 있음을 의미한다. 정책이 얼마나 엄격히 시행되고 있는지, 허가를 받기 위한 부수적인 절차가 얼마나 어려운지는 명확하지 않지만, 어쩌면 플로리다는 애리조나보다 굴올빼미를 보호하는 데에서 더 올바른 방향으로 한 걸음 앞서가고 있는지도 모른다.

애리조나에 이런 가이드라인이 만들어지기 전까지는 16번가에서 진행한 것 같은 이주 프로젝트는 계속될 것이고, 또 꼭 필요한 과정일 것이다. 나는 그랜드캐니언에서 좋은 시간을 보내고 떠날 준비를 하던 관광객이 떠올랐다. 꽤 다른 종류의 즐거움이겠지만, 그 역시 굴올빼미에게 흥미를 보일지도 모른다. 굴올빼미를 관찰하는 도시 투어는 어떨까? 굴올빼미 사파리도 가능하지 않을까? 도시에 굴올빼미가 있는지조차 모르는 사람들이 아직 많다. 그렇기 때문에 관광객뿐만 아니라 지역 주민의 흥미도 끌 수 있을 것이다. 이런 프로그램으로 일자리도 생겨날 것이고, 그로 인한 수입 일부를 다시 굴올빼미를 보호하고 새로운 서식지를 찾아 주는 데 사용할 수도 있다. 관련 행사를 시행한다면 더 많은 사람이 작고 경이로운 굴올빼미를 만날 수 있을 것이다.

옆집에 사는 굴올빼미

굴올빼미에 관한 경험을 이야기하다 보니 칼 히어슨의 동화『후트』가 떠올랐다. 『후트』를 다시 읽어 보니 오늘날 굴올빼미 상황을 정확히 꿰뚫어 본 이야기라는 생각이 들었다. 이 책은 사우스플로리다에 사는 중학생의 이야기로, 주인공은 굴올빼미 여러 쌍이 살고 있는 장소를 개발하려는 움직임을 저지하는 활동을 펼친다. 이 이야기는 우리가 도시를 개발하는 과정에서 굴올빼미를 비롯해 다양한 새와 마주했을 때 생길 수 있는 모든 윤리적 딜레마를 보여준다. 도시 개발을 위해 굴올빼미를 죽이거나 다른 장소로 이동시키는 건 괜찮은 걸까?

주인공의 아빠는 합리적인 면을 중요하게 생각하는 어른으로 등장해 땅은 개발 업체의 것이라 설명한다. 그 말에 주인공 로이는 이렇게 대꾸한다.

"합법적인 일이라고 해서 그 일이 옳은 건 아니에요."

이야기는 해피엔딩으로 끝난다. 중학생 아이들이 벌인 깜짝 놀랄 만한 시위로 업체는 팬케이크 가게 건설을 포기하고 그 장소를 올빼미 보호구역으로 지정하는 데 동의한다.

히어슨의 동화와 피닉스의 사례를 통해 얻은 교훈은, 비록 쉽지는 않겠지만 도시에는 굴올빼미를 위한 노력과 공간이 항상 있을 거라는 사실이다. 굴올빼미를 위해 공간을 만드는 것은 옳은 일이다. 하지만 무엇보다 중요한 것은 모든 사람이 자연과 어우러진 도시에서 살 수 있도록 하는 방법을 찾는 것이다.

굴올빼미들: 애리조나주 피닉스에 집을 짓다
https://youtu.be/1wD2qO0cEWE

6장

도시 한가운데 생긴 숲

봄에 들려오는 새들의 새벽 합창 소리를
모르고 자라는 아이가 있어서는 안 된다.

레이첼 카슨, 「센스 오브 원더」[1]

"코뿔새 한 쌍이 주민들을 열광시키다" 싱가포르《스트레이츠 타임스(The Straits Times)》의 헤드라인이다. 이 기사는 베독 지역 아파트 발코니에 알락검은코뿔새(*Anthracoceros albirostris*) 한 쌍이 내려앉았다는 내용이었다.[2] 코뿔새(*Bucerotidae*)는 싱가포르에서 100년 넘게 자취를 감췄던 적도 있지만, 국립공원위원회(National Parks Board)의 도시 생물 다양성 전문가인 레나 찬 박사는 근래에 코뿔새를 보는 게 드물지 않은 일이라고 말했다.

"건물이 잔뜩 들어선 곳에서 코뿔새를 발견하는 건 드문 일이 아니에요. 코뿔새는 이제 도시 환경에 적응했어요."

코뿔새의 가장 독특한 점은 이름에서도 알 수 있듯이 뿔처럼 생긴 부리다. 정확히 말하자면 부리가 아니고 부리 위의 돌기다. 코뿔새는 커다랗고 특이한 투구 모양의 돌기가 부리 위에 돋아 있다. '돌기(casque)'를 사전에서 찾아보면 '머리에 쓰는 갑옷', '투구', 즉 헬

• 코뿔새의 돌기를 뜻하는 단어 'casque'에는 '투구'라는 뜻도 있다.

멧이다.* 이렇게 멋지게 생긴 헬멧이라니! 다양한 색과 모양의 돌기를 가진 코뿔새는 당신의 눈길을 사로잡을 평범하지 않은 새다.

코뿔새가 원래 살던 곳은 우거진 숲속이었다. 싱가포르에 본격적으로 개발이 시작된 20세기 중반 무렵 코뿔새과 새는 몇몇 종을 빼고는 자취를 감췄다. 이 중 알락검은코뿔새를 관찰한 공식 기록은 1855년이 마지막이었다. 그런데 1990년대 중반 알락검은코뿔새가 싱가포르에 다시 나타났다. 알락검은코뿔새가 돌아왔다는 사실은 고층 건물로 가득한 도시를 새들이 좋아하는 서식지로 바꾸기 위해 싱가포르가 혼신의 힘을 다했다는 증거다. 싱가포르에서는 코뿔새, 그중에서도 이번 장에서 집중적으로 다룰 알락검은코뿔새의 둥지 트는 습성을 더 잘 이해하기 위해 최첨단 기술을 도입했다. 그리고 알락검은코뿔새의 서식지였던 저지대 열대우림은 물론 도시를 말 그대로 '더 진한 녹색'으로 만들기 위해 다양한 시도를 했다. 굴올빼미 서식지인 애리조나주 피닉스보다 고층 건물이 더 빽빽하게 들어선 싱가포르는 정글 같은 생태계를 만들기 위해 색다른 접근법을 택했는데, 바로 빌딩 외벽을 녹지로 만드는 것이었다.

이제 싱가포르는 자연을 사랑하는 녹색 도시로 유명해졌다. 싱가포르는 여러 정책을 통해 도시를 변화시켰다. 예를 들면 공간이 제한된 섬의 주요 도시에 새로 짓는 빌딩을 수직 정원으로 디자인하도록 하여 개발로 사라진 자연을 대신하는 식으로 말이다. 또, 새들에게 필요한 나무를 심어 다양한 나무가 우거진 자연 캐노피를 만들었고, 홍수 방지 콘크리트 수로를 자연 하천으로 대체했다. 가장 인상적인 건 싱가포르에서 가장 유명한 비샨 공원을 구불구불 가로지르는 칼랑강이다. 칼랑강 덕분에 비샨 수달이라는 이름으로 알려진 부드러운 털의 수달 가족이 비샨 공원으로 돌아올 수 있었다.

⌄

돌아온 코뿔새

코뿔새는 전 세계에 54종이 있으며 대부분 아시아와 아프리카에 서식하고, 그중 8종이 싱가포르 전역에 서식한다. 싱가포르에서는 2009년부터 싱가포르 코뿔새 프로젝트(SHP, Singapore Hornbill Project)를 통해 코뿔새를 보호하려는 노력이 시작됐다. 프로젝트에서 가장 먼저 주목한 종은 알락검은코뿔새였다. 싱가포르 코뿔새 프로젝트에는 국립공원위원회, 싱가포르 야생동물보존회(Wildlife Reserves Singapore), 그리고 싱가포르의 여러 대학이 공동으로 참여했다. 이 프로젝트는 전직 주롱 새 공원(Jurong Bird Park) 연구자이자 조류 전문가인 마르크 크레마데스와 유명한 탐조인이자 내과 의사이며 산부인과 교수인 응 순 치예가 제안했다. 싱가포르 코뿔새 프로젝트의 핵심은 다양한 장소에 인공 둥지를 설치해 새들이 새로운 번식 장소에 익숙해지도록 만드는 것이었다. 알락검은코뿔새는 스스로 둥지를 만드는 대신 빈 나무 구멍을 찾아 둥지를 트는 습성이 있다. 자연에서 둥지로 삼을 만한 공간이 줄었기 때문에 이를 대신할 인공 둥지를 만드는 활동은 중요하다. 20개 이상의 인공 둥지를 설치했는데, 갈수록 점점 더 정교하게 제작되었다.

인공 둥지는 주로 합판으로 제작했는데, 마름모꼴로 디자인된 입구가 특색이다. 이 '똑똑한' 인공 둥지는 새를 모니터링하면서 동시에 각종 과학적 데이터도 수집할 수 있다. 인공 둥지 바깥쪽에는 새의 무게를 잴 수 있는 센서가 달린 횃대와 온습도계가 설치되어 있다. 인공 둥지 내부의 알을 낳는 공간에도 저울을 설치했고 둥지 내부와 외부에는 적외선 카메라를 비롯해 다수의 관찰 카메라를 달았다. 이러한 장치를 통해 새들을 가까이에서 살피며 다양한 정보를 얻을 수 있다. 덕분에 부화한 새끼들이 눈을 뜨면 어미 코뿔새가 둥지 밖에 배설하는 방법부터 가르친다는 흥미로운 사실도 발견할 수 있었다.

이 프로젝트가 성공했다는 건 도시에서 목격되는 새의 개체 수로 알 수 있다. 2012년에는 75~100마리 정도가 목격되었는데, 코뿔새를 찍은 사진 가운데에는 발코니에 내려앉은 모습은 물론 빽빽한 건물 사이에서 사람들 코앞까지 다가온 모습도 있다. 크레마데스와 치예는 이렇게 말했다.

"사람들은 이렇게 커다란 새가 도시에 돌아온 모습을 보는 것만으로도 강력한 메시지를 얻을 수 있어요."[3]

코뿔새의 크기와 색은 굉장히 놀라운데, 이는 도시 환경에서 쉽게 볼 수 없는 것이다.

연구진이 지속적으로 코뿔새를 모니터링한다면 코뿔새를 비롯해 다른 새와 여러 동물을 위한 서식지를 만들 수도 있을 것이다.

"이 프로젝트에서 코뿔새는 도시 중심부에서 서식지를 찾아내 이용하는 놀라운 적응력을 보여 주었습니다. 우리는 야생동물들에

돌아온 알락검은코뿔새.

게 피난처가 될 수 있는 장소를 질적으로 향상시켜야 합니다. 다양한 동물의 먹이인 토종 식물을 심는 일도 장기적으로 봤을 때 도시에 코뿔새가 돌아오게 하는 데 도움이 됩니다."

아직 코뿔새의 개체 수가 안정적인 상황은 아니지만, 국립공원위원회의 레나 찬은 코뿔새가 멸종할 위기는 넘겼으며 증가세를 보이고 있다고 설명했다. 코뿔새는 사람들의 눈에 자주 띄고 있으며 종종 발코니에서 큰 기쁨을 선사하기도 한다. 프로젝트의 공동 제안자 치예에 관해 한 매체가 보도한 내용을 보면 싱가포르 코뿔새 프로젝트가 짧은 시간에 얼마나 큰 성과를 냈는지 단박에 알 수 있다.

"상대적으로 개발이 덜 된 팔라우 우빈섬에서 주로 목격되던 코뿔새가 복원 프로젝트 10년 만에 싱가포르 본토 전역에서 자주 목격되고 있다."[4]

거대한 빌딩을 숲으로 만드는 방법

싱가포르는 독특한 미래 도시 모델로, 다양한 생물과 빽빽한 도시 건축물이 공존할 수 있다는 것을 보여 준다. 몇 년 전 싱가포르는 공식 슬로건을 '싱가포르, 정원 도시'에서 '싱가포르, 정원 속 도시'로 바꿨다. 미세하지만 의미심장한 변화다. 싱가포르는 시민들에게 자연의 매력을 알려 주는 곳이기도 하지만 고층 건물이 즐비한 곳이기도 하다. 국민의 80퍼센트가 사회주택에 거주한다는 사실도 인상적이다. 최근 싱가포르 국립공원위원회는 자연환경을 더 강조하기 위해 '정원 속 생태 도시'라는 표현을 사용 중이다.

싱가포르의 수직 정원은 지난 5년간 극적으로 증가했다. 질적으로도 크게 성장했는데, 정부의 재정 지원으로 도시 디자이너와 개발자 들이 획기적인 발전을 이뤄 냈다. 싱가포르 건축 디자인 회사 WOHA의 건축물은 특히 세계적인 관심을 받았다. WOHA는 파크로얄 온 피커링 호텔, 오아시아 다운타운 호텔, 그리고 가장 최근에는 사회주택이 접목된 주상 복합 주거 단지 캄풍 애드미럴티를 설계했다. 나는 파크로얄 온 피커링 호텔과 오아시아 다운타운 호텔에서 숙박하고 캄풍 애드미럴티를 방문했다. 이 세 곳의 '새를 위한 건물'은 우리에게 많은 것을 시사한다.

파크로얄 온 피커링 호텔은 싱가포르 호텔 중 세계적으로 가장 유명한 건물이다. 적어도 녹색 건물 세계에서는 그렇다. 건물 외부에 다양한 식물을 심어 조성한 공중 정원은 단연 돋보인다. 건물 안으로 들어갈 때 마주치는 늘어진 덩굴식물도 눈길을 끈다. 파크로얄 온 피커링 호텔은 길 건너편에 있는 공원보다도 녹지 면적이 더 넓다.

오아시아 다운타운 호텔은 다른 의미로 눈에 띈다. 이 호텔은 외관상으로는 다른 호텔과 다를 바 없는 전형적인 고층 건물처럼 보인다. 하지만 이 건물의 외벽이 덩굴식물을 위한 지지대로 가득하다는 점이 독특하다. 여기에 꽃이 피는 덩굴식물 21종을 심어, 연중 어느 계절에 호텔을 방문하더라도 꽃을 볼 수 있다. 나는 꽃이 얼마나 자주 피는지에 따라 좋은 건물, 좋은 도시라고 판단을 내릴 수 있다는 '꽃피는 건물(blooming building)' 아이디어가 굉장히 마음에 들었다. WOHA의 윙 만 썸을 만나 대화를 나누었는데, 그는 건물을 디자인할 때 야생동물을 염두에 두었다는 이야기를 들려주었다.

호텔 외벽에 조성된 수직 정원의 장점은 보기 좋다는 데 그치지 않는다. 수직 정원은 그늘을 만들어 건물 내부를 시원하게 만들고 이를 통해 에너지 소비와 탄소 배출을 줄인다.

오아시아 다운타운 호텔의 녹지 대부분은 아래에서는 보이지 않는다. 이 곳 호텔에는 투숙객이 체크인하는 공간인 6층을 포함해 총 네 개 층에 공중 정원이 있는데, 각 정원에는 나무가 심긴 녹지와 쉴 수 있는 공간이 있다. 다른 호텔 건물과 다르게 공중 정원은 뻥 뚫려 있고 에어컨도 없다. 윙의 설명에 따르면 공중 정원에는 기분 좋은 산들바람이 불어서 거리를 다닐 때보다 더 시원하다고 한다. 나 역시 이곳에 투숙하며 이를 경험할 수 있었다.

이런 건물이 새에게는 어떤 장점이 있을까? 2018년 WOHA는 오아시아 다운타운 호텔의 생물 다양성과 사회적 기여도를 평가하는 외부 감사를 의뢰해 흥미로운 결과를 얻었다.[5] 오아시아 다운타운 호텔의 생물 다양성을 조사하는 일은 7개월여에 걸쳐 진행되었고, 근방의 공원 두 곳과 인근 녹지를 기준으로 삼아 비교하는 방식으로 이뤄졌다. 호텔의 내부와 외부에서 꾀꼬리와 노랑꽁무니직박구리(Pycnonotus goiavier), 올리브등태양새(Cinnyris jugularis)를 포함한 여섯 종의 새가 발견되었고, 곤충은 훨씬 더 다양한 종이 관찰되었다.

호텔의 녹지 일부를 주변의 공원과 비교한 결과 호텔의 녹지가 생물이 거주하는 서식지보다는 이동 시 들르는 징검다리 혹은 통로로 기능한다는 사실을 알게 됐다. 그리고 높은 층에 위치한 오아시아 다운타운 호텔의 공중 정원에 다양한 새가 찾아오게 만들기 위해서는 더욱 적극적인 노력이 필요하다고도 언급했다. 이 조사가 건물이 완공된 지 몇 개월 지나지 않아서 진행됐다는 점을 기억하길 바란다.

WOHA가 가장 최근에 건설한 캄풍 애드미럴티는 새에게 더 매력적인 서식지가 될 것 같다. 캄풍 애드미럴티 옥상은 토종 식물로 가득한 숲이 겹겹이 쌓인 모습이다. 복합 주거 시설인 이곳에는 고령자를 위한 사회주택, 아이들을 위한 어린이집, 그리고 의료 센터까지 갖춰져 있다. 1층에는 널찍한 광장이 있는데 그늘이 드리운 아름다운 공간이다. 여러 옥상 중 하나에는 작물을 기르는 정원도 있다.

분명한 사실은 새를 비롯한 다양한 동물을 위한 새로운 형태의 건축물이 모여 다양한 생물이 서식할 수 있는 도시 환경을 만들어야 한다는 것이다. 건물 한 채로 모든 문제를 해결할 수는 없지만, 싱가포르의 사례에서 볼 수 있듯 건물 밀도가 높고 고도로 발전한 도시에서는 빽빽하게 들어선 건물이 서식지를 연결하는 역할을 할 수 있다.

싱가포르는 시행 중인 정책을 바탕으로 앞으로도 WOHA에서 디자인한 건물처럼 녹색 빌딩을 건설하는 방향으로 성장해 갈 것이다. 이런 변화가 새에게는 단기적으로 장점이 될 수도 단점이 될 수도 있다. 하지만 빌딩과 공원의 경계를 허무는 수직 정원은 이미 세계적인 트렌드 중 하나다. 스테파노 보에리와 보 트롱 니야 같은 건축가들은 새로운 수직 정원을 만들기 위해 노력하는 중이다.

보에리가 이탈리아 밀라노에 건축한 보스코 버티칼은 굉장히 많은 관심을 받았다. 이 건물은 외벽에 거대한 나무를 심은 대형 화분이 가득한 주택 두 동으로 이루어져 있다. 도시에 새와 곤충을 포함해 다른 동물들을 위한 공간을 만들려는 노력을 보에리는 보스코 버티칼로 표현했다.

수직 정원은 생물 다양성을 높인다. 다양한 초목으로 이루어진 수직 정원은 새와 곤충이 도시 생태계를 이룰 수 있도록 도와주었다. 초목과 도시를 다시 찾아온 동물들은 이곳의 상징이 됐다. 또한 도시의 수많은 수직 숲은 생태 통로가 될 수 있다. 수직 숲이 증가한다면 도시에 활기를 불어넣고, 가로수와 정원의 녹지, 자연 숲을 연결해 더 큰 생태 네트워크를 구축할 수 있다.[6]

보스코 버티칼의 발코니에는 커다란 나무 약 800그루, 관목 4500그루, 그리고 초본 식물 1만 5000포기가 자라고 있다. 보에리는 새가 좋아하는 열매를 맺는 다양한 식물을 선택했다고 한다.

리처드 벨처와 연구진은 주변의 평범한 건물과 새롭게 건축된 보스코 버티칼에서 관찰할 수 있는 새의 종류와 수를 조사했다. 연구진은 앞에서 살펴본 오아시아 다운타운 호텔의 사례와 비슷하게 보스코 버티칼의 생물 다양성이 보통의 건물에서보다 훨씬 더 풍부하다고 결론내렸다.[7] 하지만 이곳 수직 정원에서 관찰된 새는 밀라노 전역에서 마주칠 수 있는 새의 일부에 불과했다.

오아시아 다운타운 호텔과 보스코 버티칼과 같은 수직 정원이 도시에 서식하는 새들에게 얼마나 가치 있는 서식지를 제공하는지는 아직 밝혀지지 않았다. 벨처와 연구진에 따르면 이런 건물에서 얼마나 다양한 새를 발견할 수 있는지는 근처의 공원, 녹지, 나무에 서식하는 새의 다양성과 규모에 좌우된다. 그렇기에 이런 수직 정원은 장기적인 서식지보다는 징검다리 정도로 여기는 편이 좋다. 그렇지만 새들이 둥지를 만들고 쉴 수 있고 먹이도 얻을 수 있는 과일나무를 심은 보스코 버티칼과 같은 건축물은 최고의 징검다리가 될 수 있다.

싱가포르의 빽빽한 수직 정원 도시 모델의 성패는 결국 엄청난 녹지 공간들을 어떻게 연결하는지에 달려 있다. 확실한 건 수직 정원 건물은 새를 위해 더 많은 서식지를 제공할 수 있다는 점이다. 그렇기 때문에 우리는 30층이든 3층이든 건물을 설계할 때 처음부터 새를 위한 디자인을 해야 한다.

미래에는 전 세계 도시에서 나무로 뒤덮인 생태적인 건물을 볼 수 있을 것이다. 앞으로 더 다양한 건축 디자인 회사가 자신들만의 창의적인 방법으로 새 친화적인 도시를 만드는 데 기여할 건물을 설계할 것이다. 온타리오주 토론토에는 디자이너스 워크(Designers Walk)라는 흥미로운 디자인의 주택이 다음 달에 건축될 예정이다.* 디자이너스 워크는 브라이언 브리스빈이 디자인한 건물로, 약 400그루의 나무가 자라는 테라스가 설치된 독특한 모습을 하고 있다. 건물 안에서 자연을 느낄 수 있는 녹색 테라스가 인상적이며, 이는 인근 지역의 녹지를 한층 더 풍성하게 해 줄 것이다. 브리스빈은 한 매체와의 인터뷰에서 디자이너스 워크가 토론토의 생태 휴게소가 될 것이라 설명했다. 토론토는 이런 건물을 짓지 않고서는 달성할 수 없을 정도로 엄청난 양의 나무를 심는 것을 목표로 삼았다. 브리스빈은 나무가 우거진 건물이 도시의 공원과 다양한 녹지를 연결해 주고, 사람뿐만 아니라 새에게도 도움이 되는 풍부한 생태 네트워크를 만드는 데도 도움이 되기를 바랐다.[8]

디자이너스 워크는 도시가 미래에도 지속 가능하기 위해서 얼마나 많은 수직 정원이 필요한지를 파악할 수 있는 기회이기도 하다. 이런 프로젝트를 진행할 때면 일반적으로 주변 주택 단지에서 반대하는 님비(NIMBY) 현상이 일어나곤 하는데, 놀랍게도 이번에는 근처 주민들이 적극적으로 지지했다고 한다.

이 책 전반에 걸쳐 말하고 있듯이 새를 위한 디자인은 그 자체

●　2021년 11월 현재 완공됐다.

로도 타당하다. 동시에 새뿐만 아니라 지역 주민에게도, 도시 외곽에서 도시 확장으로 인한 서식지 파괴에 맞서 싸우는 사람들에게도, 매력적인 도시를 설계하고 건물을 디자인하는 사람에게도 도움이 될 것이다. 브리스빈은 자신이 살고 있는 8층 건물을 디자인한 이야기를 들려주었다. 그리고 지금 자신이 가장 좋아하고 즐기는 취미는 테라스를 찾아오는 새의 노랫소리를 듣는 거라고 말했다.

자연 친화 도시 싱가포르
https://youtu.be/XMWOu9xIM_k

비산 공원의 수달
https://vimeo.com/311286528

7장

도시에 서식하는
새의 매력

터키콘도르가 하늘을 나는 모습을 보면 명상하는 기분이 든다.
양 날개를 펼치고서 바람을 타며 부드럽게 활공하는 모습은
평화롭고 우아하여 사색을 하는 것만 같다.
물론 목적이 있어 비행하겠지만
숨을 길고 천천히 쉬는 것처럼 느긋해 보인다.
스트레스를 받거나 힘든 일이 있을 때 머리 위를 지나는 터키콘도르를
가만히 응시하면 바람을 타고 글라이딩을 하던 순간이 떠오른다.

케이티 팰런, 『독수리(Vulture)』[1]

언제 어디서나 가장 손쉽게 자연을 경험할 수 있는 방법은 새를 관찰하고 즐기는 것이다. 새 관찰은 아주 어린 아이부터 나이 든 노인까지 누구나 할 수 있다. 자동차나 버스를 타러 가는 길 혹은 일하러 가는 길에도 할 수 있고, 심지어 집에서 창문 밖을 내다보기만 해도 새를 관찰할 수 있다. 요즘엔 웹에서 새 영상을 볼 수도 있어서, 책상에 가만히 앉아서 자연 테라피를 받을 수도 있다. 이번 장에서는 탐조가 주는 심리적인 이점과 도시에 서식하는 새 중 과소평가된 몇 종을 살펴볼 것이다.

혹자는 도시를 '스트레스 유발 기계'라고 표현한다. 도시가 정서적으로 나쁜 영향을 끼친다는 뜻이다. 이런 도시에서 하늘을 나는 새를 눈으로 좇다 보면 긴장과 스트레스가 눈에 띄게 줄고 마음이 평온해진다. 새의 모습이 우리의 마음을 고요하게 만들기 때문이다.

버드피더를 설치해 새를 관찰하는 사람을 대상으로 진행된 영국의 한 연구에서는 새를 관찰하면서 얻을 수 있는 심리적 이점이 확인되었다. 런던 북부 소도시 세 곳의 주민 331명을 설문한 결과, 많은 사람이 정원의 새를 보면서 편안하고 자연과 연결된 느낌을 받았으며, 이 느낌은 버드피딩을 포함해 새에 할애하는 시간이 많은 사람일수록, 그리고 40대 이상인 경우 더 많이 보고되었다.[2]

연구진은 버드피딩의 효과가 과소평가되어 왔다고 말한다. 하나 이상의 버드피더를 설치하고 주변에 서식하는 새를 관찰하는 건 매일 필요한 최소한의 자연을 만날 수 있는 훌륭한 방법이다. 또한 주변의 환경을 더 좋게 만들기 위해 당장 할 수 있는 행동이기도 하다. 버드피더를 설치하고 깨끗하게 관리하면 새는 여러분에게 몇 배로 돌려줄 것이다. 연구진은 보고서에서 다음과 같이 이야기한다.

"설문에 응답한 사람들은 버드피더를 관리하고 새를 관찰하면 스트레스가 해소되고 안정감이 든다고 답했다. 인과관계를 밝힐 수는 없지만 '규칙적으로 버드피딩을 하는 사람이 그렇지 않은 사람보다 자연과 더 유대감을 느낀다'는 결론이 그리 심한 비약은 아닐 것이다. 버드피더에 앉아 있는 새를 관찰하고 새소리를 듣는 건 앞마당, 다시 말해 자연과 더 강력하게 연결될 수 있는 기회다."

연구진은 사람들이 버드피딩을 하는 이유가 심리적 이점 때문이라고 결론 내렸지만, 사람들이 그러는 건 새들의 안녕을 걱정하기 때문이기도 하다. 실제로 많은 사람이 정원에 찾아오는 새들의 안녕에 큰 관심을 보였다. 전염병이 퍼질 위험을 낮출 수 있는 모범 사례를 따르는 것처럼 사람들은 새가 겪을 수 있는 위험을 줄이기 위해 시간을 투자하려는 의지를 내비쳤다.

자연이 건강에 도움이 된다는 연구는 점점 많아지고 있다. 녹지와 우울증의 상관관계와 관련된 약 9만 5000개의 데이터를 분석한 영국의 한 연구에 따르면 집 근처에 녹지가 더 많을수록 우울증에 걸릴 확률이 낮아진다고 한다. 근처에 나무와 새가 있는 녹지가 있기만 해도 우울증을 예방하는 효과가 있다는 것이다. 연구진은 '생태계의 심리 서비스'가 정말 중요하다고 말했다.

"급격한 도시화로 도시의 밀도가 높아지는 가운데, 개개인이 자연을 만날 수 있는 최적의 형태로 도시를 디자인하고 계획하는 일은 공중 보건에 오래도록 큰 영향을 끼칠 것이다."[3]

나는 2017년 아일랜드 출판사(Island Press) 블로그에 「버드 테라피(Bird Therapy)」라는 칼럼을 쓴 적이 있다. 글을 쓸 당시에는 탐조 활동이 심리 치유에 효과적이라는 아이디어를 적극 이야기한 조 하크네스를 몰랐다. 하크네스는 『버드 테라피(Bird Therapy)』라는 책을 통해 자신이 앓은 신경쇠약, 강박장애, 그리고 범불안장애가 어떤 질병인지, 그리고 탐조 활동을 하면서 이런 심리적 질병을 어떻게 극복해 나갔는지 털어놓았다.[4] 『버드 테라피』는 훌륭한 탐조 안내서이자 하크네스가 가장 사랑하는 새에게 보내는 찬사이기도 하지만, 심리 치유에 탐조를 활용하는 실제적인 방법과 우리의 정신 건강을 향상시키는 새의 힘에 대해 깊이 알아보는 책이다. 책에는 새가 마음을 진정시키고 불안을 달래 주며, 자신을 둘러싼 환경을 있는 그대로 받아들일 수 있게 도와준 순간이 수없이 묘사되어 있다.

"새와 자연은 내가 지금 이 순간에 집중할 수 있게 해 준다. 사람과 달리 새와 자연은 변함이 없기에 의지할 수 있다. 그렇기 때문에 그 무엇도 자신을 도울 수 없다는 생각이 들 때 많은 사람이 자연에서 위안을 얻는 것 같다. 우리를 둘러싼 세계가 한 치 앞도 안 보일

때에도 새들은 여전히 노래를 부르고 때맞춰 이동한다. 새들은 그저 그 자리에 있을 뿐이다. 아마도 우리 모두가 바라는 대로 말이다."

하크네스는 영국에서의 탐조 경험을 이야기하며 새는 우리의 활동 욕구를 불러일으키고, 단단한 자아의 껍데기를 깨고 나오게 하고, 다른 사람과 관계를 맺고 친목을 다지도록 하고, 이타적인 행동에 관심을 갖게 하며, 우리를 둘러싼 자연을 깊이 이해하도록 돕는다고 주장한다.

이처럼 새를 관찰하고 새소리를 듣는 것만으로도 우리는 건강하고 행복해질 수 있으며, 새와 함께하면 정신적으로든 신체적으로든 우리를 힘들게 하는 것이 사라질 수 있다는 사실이 밝혀지고 있다.

특히 지난 10년 동안 자연의 힘을 보여 준 인상적인 연구 결과가 연이어 발표됐다. 자연은 우리를 차분히 진정시키고, 활력을 불어넣는 등 긍정적인 기분을 북돋아 주는 것뿐만 아니라 인지 능력까지 향상시켜 준다. 자연은 우리에게 긍정적인 영향을 준다. 막연히 그렇게 느끼고 있던 것에 경험적 연구가 늘어나면서 뒷받침할 수 있는 증거를 더하고 있다. 아직 정확한 인과관계는 부족하지만 강력한 상관관계가 있다는 것은 분명하다.

우리가 자연을 바라보는 시각 역시 변하고 있다. 이전에 우리는 자연을 여름휴가나 연휴에 가끔 놀러 가는 색다른 공간쯤으로 여겼다. 다시 말해 자연이 우리와 굉장히 멀리 떨어진 곳에 있다고 생각했다. 국립공원이나 야생동물 보호구역처럼 여행을 해야 만날 수 있다고 말이다. 하지만 오늘날 우리에게 정말로 필요한 건 많은 사람이 '일상 속 자연'이라 부르는 것이다. 집과 일터처럼 우리가 대부분의 시간을 보내는 곳에서 우리를 둘러싸고 있는 그 자연 말이다.

일상 속 자연에서 새는 특히 중요하다. 새는 일상 속 자연 그 자체다. 매력적이면서도 사랑스럽고 아름다운 모습으로 창문 밖에도, 뒷마당에도, 우리가 매일 지나치는 나무 위에도, 그 어디에나 있다. 지극히 평범한 날에도 새를 마주치거나 새소리를 듣는 것만으로 모든 것이 달라질 수 있다. 새는 가장 쉽게 만날 수 있는 도시의 자연이다.

《가디언(Guardian)》에 실린 최근 연구에 따르면 스코틀랜드 셰틀랜드의 의사들이 산책과 탐조를 정식 처방으로 공인했다고 한다.[5] 이와 같이 자연을 처방하는 일은 점점 늘고 있다. 영국의 가장 큰 환경 단체 중 하나인 왕립조류보호협회는 자연 처방용 산책로 목록과 달력을 만들었다.

"환자들은 셰틀랜드의 언덕을 산책하는 활동을 처방받을 것이다. 2월에는 해안 산책로에서 풀마갈매기를 구경하고, 해변에서 조개를 줍고, 갈란투스 꽃을 보고 그리는 활동을 할 수 있다. 바다꿩, 검은머리물떼새, 댕기물떼새를 관찰하는 활동 역시 주요 처방 가운데 하나다."

2017년 엑서터 대학교의 연구진은 주민들의 정신 건강이 주위에 녹지가 얼마나 많은지 그리고 얼마나 다양한 새가 서식하는지와 깊은 상관관계에 있다는 사실을 발견했다. 당연하게도 나무가 잔뜩 우거져 있고 새소리가 들리는 곳에 사는 사람은 우울, 긴장, 그리고 스트레스 지수가 매우 낮다.[6] 우리는 새가 곁에 있을 때 스트레스를 덜 받고, 더 나은 삶을 살고 있다고 생각한다. 새와 함께 할 때 우리는 한결 더 행복하다.

새들이 좋아하는 정원 만들기

뒤뜰과 마당을 새가 살기 좋은 곳으로 바꾸려는 노력은 새와 사람 모두에게 매우 유익하다. 오리건주 포틀랜드에는 체계적이면서도 인상적인 '뒤뜰 서식지 인증 프로그램(Backyard Habitat Certification Program)'이 있다. 이 프로그램에서 인증을 받기 위해서는 몇 가지 과제를 수행하겠다고 약속한 다음, 그것을 잘 시행하고 있는지 현장 실사를 받아 새에게 적합한 서식지임을 인정받아야 한다. 예를 들어 가장 높은 단계인 플래티넘 인증서를 받으려면 뒤뜰에 새들이 좋아하는 자생종 식물을 50퍼센트 이상 심어야 한다.

프로그램의 공동 책임자인 포틀랜드 오듀본협회의 니키 웨스트는 뒤뜰 서식지 인증 프로그램의 이점과 내용을 자세히 설명했다. 이 프로그램은 포틀랜드 오듀본협회와 컬럼비아 토지신탁(Columbia Land Trust)이 공동으로 운영 중이다. 2009년 포틀랜드 외곽에서 처음 시작된 이후로 현재 약 5200가구가 프로그램에 참여하고 있으며, 향후 2년 안에 포틀랜드의 모든 카운티에서 참가자를 받는 것이 목표다.

웨스트가 입에 침이 마르도록 칭찬한 미국 야생동식물연맹(National Wildlife Federation)에서 실시하는 프로그램을 포함해 개인 정원을 야생 동식물 서식지로 만들려는 프로그램은 많다. 이 가운데 집주인이 인증서를 받기 위해 실제로 활동을 해야 하는 포틀랜드의 프로그램은 조금 특별하다. 웨스트는 프로그램에 참가한 집주인들이 "그러니까 버드피더만으로는 부족하다는 말씀이신가요?"라는 말과 함께 무척이나 놀라곤 한다고 이야기해 주었다.

인증은 총 세 단계로 이루어지며 각 단계별로 정확하고 자세한 조건이 있다. 프로그램은 관리자가 뒤뜰을 점검하고 첫 평가를 내리면서 시작된다. 관리자는 집주인을 만나 평가 결과를 설명하고 앞으로의 목표와 과제를 안내한다. 첫 번째 미팅은 보통 한 시간 반 정도 걸린다. 첫 미션은 최소한의 기준을 충족하는 정도로 주어진다. 프로그램 관리자는 참가자에게 토착종 식물을 구매할 수 있는 장소를 알려 주고 오듀본협회와 제휴한 식물원 다섯 군데 중 한 군데의 할인 쿠폰을 제공하기도 한다. 프로그램을 본격적으로 시작하기 전에 참가자들은 인증서를 받기 위한 목표가 적힌 안내판을 받는다. (웨스트에게 이런 안내판 덕분에 사람들이 끝까지 미션을 완수할 수 있게 되는지 물었더니 웨스트는 그렇다고 답했다.)

이 프로그램의 가장 특별한 부분은 사람과 사람을 연결해 준다는 점이다. 실제로 누군가가 집으로 와 집주인과 얼굴을 맞대고 새를 위한 뒤뜰을 만들기 위해서 어떻게 해야 하는지 토론한다는 점이 참가자들에게 높은 평가를 받는다.

사람들이 뒤뜰 서식지 인증 프로그램에 점점 더 많이 참여하는 이유가 무엇일까? 웨스트는 새를 생각하는 마음을 비롯해 다양한 이유가 있겠지만, 지역 공동체에 연결된다는 점, 더 크게는 환경 문제를 해결하는 데 작은 도움이라도 줄 수 있기를 바라는 마음 등이 사람들을 움직이는 것 같다고 답했다.

"사람들이 이 프로그램에 참여하면서 강력한 공동체 의식을 느끼는 것 같아요. 힘을 합쳐 뭔가를 한다는 게 중요하죠."

사람들이 프로그램에 참여하면서 생기는 변화는 다양하다. 웨스트는 엘더베리를 심은 한 참가자 이야기를 들려주었다. 그 참가자는 매일 아침 비죽비죽 자라난 덤불을 손질해 줘야 한다고 불평을 늘어놓았다. 그러던 어느 날 아침, 그가 엘더베리를 쪼아 먹는 미국 오목눈이(*Psaltriparus minimus*) 한 무리를 목격한 순간 모든 것이 변했다. 그는 더 이상 덤불을 정리하며 불평하지 않았다.

인증서를 얻기 위해서는 외래종 대신 토종 식물을 새로 심는 일과 같은 구체적인 과제를 수행해야 한다. 프로그램 운영을 돕는 자원봉사자들은 진행 상황을 점검하기 위해 참가자의 집을 다시 방문한다. 일정 요건을 만족하면 참가자는 뒤뜰이 서식지로 적합함을 인증받았다는 내용이 적힌 새로운 표지판을 받는다. 웨스트는 이 인증 표지판이 새로운 참가자를 끌어들이는 데 가장 큰 역할을 하고 있다고 말했다. 이미 프로그램에 참여하고 있는 친구나 가족에게 이야기를 듣고 동참하는 경우도 많다.

뒤뜰 서식지 인증 프로그램의 독특한 점은 연속성과 지속성을 띤다는 것이다. 웨스트가 말했듯이 참가자들은 시간을 들여 프로그램에 직접 참여한다. 노력을 투여하여 첫 번째 인증을 받으면 참가자는 더 높은 단계로 올라갈 수 있다는 희망을 품는다. 계속하고자 하는 마음이 생기는 것이다. 프로그램 운영진은 지역 묘목장에서 판매하는 식물과 할인 정보를 담은 메일을 분기별로 참가자들에게 보내 주며 지속적인 관계를 유지한다.

프로그램 기금이 어떻게 마련되는지에 대해서도 이야기를 나눴다. 처음에는 정부 보조금을 기반으로 시작했지만, 지금은 지방 정부와 계약을 통해 자금을 받는 방식으로 운영되고 있다. 포틀랜드를 포함해 많은 지방 정부는 빗물을 관리하는 것부터 생물 다양성 보전까지, 다양한 지역 환경 목표를 세우는 것이 얼마나 가치 있는지 깨닫고 있다.

인증을 받은 뒤뜰이 5000곳 이상으로 늘어난 지금, 어떤 변화가 생겼고 앞으로 또 어떤 영향을 줄지 웨스트에게 물었다.

"프로그램이 어떤 영향을 주었는지, 새들에게 어떤 유의미한 변화가 생겼는지 확인하는 건 까다로운 일이에요."

웨스트는 이렇게 답하면서도 프로그램의 규모가 커지고 있다는 사실이 중요하며, 이 프로그램이 중요하다는 점에는 의문의 여지가 없다고 확신했다.

할 일이 명확히 주어지고, 행동에 따라 달라진 모습을 볼 수 있을 때 사람들은 매력을 느끼는 것 같다. 뒤뜰 서식지 인증 프로그램은 명확한 가이드라인을 제공하고, 원예와 조경에 경험이 있는 직원과 자원봉사자 들이 머리를 맞대고 실질적인 도움을 준다. 그들은 참가자가 성공할 수 있도록 지속적으로 격려하고 시기에 따라 다양한 자원을 사용할 수 있게 도와준다.

앞서 3장에서 살펴본 캐티오의 사례처럼 미국의 여러 지역사회에서 뒤뜰 서식지 인증 프로그램에서 아이디어를 얻어 비슷한 프로그램을 만들고 있다. 적어도 35개의 지역에서 니키 웨스트에게 관련 정보를 묻기 위해 연락해 왔다고 한다. 프레즈노부터 시카고, 투손까지, 웨스트는 포틀랜드의 모델을 다양한 지역과 공유했다.

조지아주 애틀랜타에서는 애틀랜타 오듀본협회의 주도로 '야생 동물 보호구역 프로그램(Wildlife Sanctuary Program)'이 시작되었다. 니키 벨몬테는 이 프로그램을 통해 550가구가 인증서를 발급받았다고 이야기해 주었다. 시작치고 괜찮은 수치다. 야생동물 보호구역 프로그램은 비교적 큰 공공 공원을 조성하거나 조경 사업에 더 초점을 맞추고 있으며 자원봉사자들로 운영되고 있다고 한다.

꼭 토종 식물만 심어야 할까? 웨스트는 많은 참가자가 가장 궁금해하는 부분이라고 말해 주었다. 이에 답변이 될 만한 연구를 소개한다. 워싱턴 D.C.에서 번식하는 캐롤라이나박새(Poecile carolinensis)를 관찰한 연구다. '이웃 둥지 관찰(Neighborhood Nestwatch)'이라는 시민 참여 과학 프로젝트에서는 뒤뜰에 자생종이 아닌 초목을 심으면 절지동물의 종류가 급격히 줄어든다는 사실을 발견했다.

> 별로 좋아하지 않는 먹이로 식단을 바꾸라고 새에게 강요한다면 새로 태어나는 새끼의 수가 줄거나 어미 새가 번식을 포기할 수도 있다. (…) 우리는 연구를 통해 토종 식물이 별로 없는 지역이 늘면 곤충을 잡아먹는 새의 개체 수도 감소한다는 결론을 내렸다. 지속 가능한 먹이사슬을 발전시키기 위해서는 도시설계사와 토지 소유자 들이 자생종을 심어야 한다.[7]

정원과 뒤뜰의 잔디밭을 둘러싼 생각과 문화를 바꿀 수 있는 분위기는 이미 무르익었다. 잔디 관리 사업은 수십억 달러 규모에 이른다. 지금까지 우리는 '깔끔한 잔디밭'을 지위의 상징 혹은 좋은 시민으로서의 미덕으로 여겼다. 하지만 진정한 '좋은 시민'은 새를 포함해 생태계 전반을 생각하는 사람이다. 언젠가 각자의 집을 둘러싼 정원이 더 다양한 생물로 구성될 날을 기다린다.

라이브캠으로 새와 더 가까이

최근 새를 포함해 다양한 야생동물 라이브캠이 폭발적으로 늘었다. 라이브캠은 새에 관심을 갖게 하고 우리와 새를 연결해 준다. 이를 이용하면 쉽게 볼 수 없는 새들의 사생활도 엿볼 수 있다. 둥지 안의 알, 알을 깨고 새끼가 태어나고 이소*하는 모습, 부모가 신선한 먹이를 물어 오는 모습 등 새의 일생의 중요한 순간을 실제로 볼 수 있다.

가끔은 라이브캠을 통해 새들의 고된 삶도 들여다볼 수 있다. 브리티시컬럼비아주 밴쿠버에는 둥지 수만 85개에 이르는 북아메리카에서 가장 거대한 큰푸른왜가리(*Ardea herodias*) 군집을 촬영하는 카메라가 설치되어 있다. 큰푸른왜가리는 철새가 아니기 때문에 먼 곳으로 이동하지 않는다. 이따금 큰푸른왜가리의 새끼를 잡아먹는 흰머리수리도 화면에 나타난다. 물론 이 장면은 현장에서 직접 목격되기도 한다.

●　새의 새끼가 자라 둥지에서 떠나는 일.

위 사례처럼 거대한 새의 생태를 가까이에서 볼 수 있다는 건 라이브캠의 핵심 장점이다. 밴쿠버 공원위원회 위원 스튜어트 맥키넌은 이런 말을 했다.

"이 엄청난 새가 둥지를 만들고, 구애 행동과 짝짓기를 하고, 알을 낳는 모습을 새의 시선에서 바라볼 수 있다는 사실은 정말 놀랍죠."

2015년에 카메라가 설치된 이후로 약 18만 명이 이를 시청했다. 웹사이트에서는 원격으로 카메라를 제어해 40개 가까이 되는 둥지를 확대, 축소해 가며 관찰할 수 있다.[8]

또 다른 성공 사례는 피츠버그에 새로 조성된 2.5제곱킬로미터 크기의 공원인 헤이즈 우즈에 서식하는 흰머리수리 한 쌍을 모니터링하는 카메라다. 펜실베이니아 서부 오듀본협회 상무 이사 짐 보너에 따르면 이 영상의 조회 수가 700만이 넘었다고 한다. 그리고 모니터링 영상이 사람들의 관심을 끄는 데 중요한 역할을 했다고 덧붙였다. 도시에 흰머리수리가 서식한다는 사실이 알려지면서 사람들이 하천 생태계에 관심을 갖기 시작했고, 덕분에 사람들에게 하수도 과부하 같은 수질 오염 이야기를 더 쉽게 꺼낼 수 있게 됐다.

"수질 오염은 꺼내기 어려운 주제에요. 하지만 오염된 물 때문에 사람들이 사랑하는 흰머리수리가 다칠 수 있다고 말하면 사람들은 자신이 뽑은 정치인에게 문제를 해결해야 한다고 요구하죠."

매를 모니터링하는 카메라는 비교적 흔히 볼 수 있다. 매는 대학교에 있는 종탑이나 높은 구조물에 둥지를 짓는다. 피츠버그 대학교 안 배움의 전당에 매 한 쌍이, 텍사스 대학교 UT타워에는 암컷

매 한 마리가 서식한다. 텍사스 대학교의 매는 학생들 사이에서 타워 걸(Tower Girl)로 불리는데, 언제 짝을 찾을지가 캠퍼스 내의 핫한 이슈다. 버클리의 캘리포니아 대학교 안 캄파닐 종탑에는 매 한 쌍이 둥지를 틀었다. 학교에서는 95미터 높이 종탑에 라이브캠을 달고 1층에 스크린을 설치하여 실시간으로 영상을 볼 수 있도록 했다.

독수리의 매력

맹금류는 우리의 상상력을 자극하고 뒷마당을 찾아오는 명금류는 모두에게 환영받지만, 사람들의 관심을 거의 받지 못하는 새도 있다. 독수리가 그럴 것이다. 미국인들이 독수리를 싫어하는 마음은 매우 큰 것 같다.[*] 전체적으로 어두운 색의 깃털에 이상하게 생긴 머리, 혹은 죽음과 관련된 이미지 때문일 수도 있다. 특히 미국인들은 죽음에 대해 생각하기를 꺼려 해서, 죽음을 떠올리는 무언가가 근처에 있는 걸 싫어한다.

이런 막연한 두려움은 겨울에 모여드는 독수리 개체 수를 어떻게 조절할 것인지와 같은 현실적인 문제로 이어진다. 많은 지역사

---

[*] 미국의 국조로 사랑받는 새는 흰머리수리(bald eagle)고, 여기에서 이야기하는 독수리는 'vulture'를 의미한다. 우리말에서는 구분 없이 '독수리'로 쓰지만, 살아 있는 동물을 사냥하는 'eagle'과 죽은 동물을 먹는 'vulture'로 나뉜다. 이야기에 등장하는 독수리는 'vulture'다.

회에서 주민들의 불만을 이유 삼아 독수리를 쫓아 버리려는 움직임이 활발하게 진행되고 있다. 사람들은 집 근처 나무에 독수리가 앉아 있는 것만으로도 거북해하며 마을 관리자를 불러 불만을 쏟아낸다. 불만을 해결하는 방법으로는 대포 소리 같은 폭발음을 들려주거나 독수리 사체를 거꾸로 걸어 독수리의 신경을 자극하는, 판에 박은 듯한 대응이 대부분이다. 독수리를 둘러싼 오해를 풀거나 독수리에 관한 교육이 필요하다고 생각하는 지역사회는 거의 없다. 시민이나 유권자의 불만은 항상 정당하다고 생각하는 경향이 있기 때문이다. 하지만 그런 대처보다는 제대로 된 정보를 바탕으로 평화롭게 공존할 방법을 찾는 게 더 나아 보인다. 또한 시간이 흐르면 독수리는 자연스럽게 다른 지역으로 이동한다.

다른 사람들과 다르게 나는 어렸을 때부터 터키콘도르*를 보며 자랐다. 터키콘도르가 하늘을 나는 모습을 보면 가던 길을 멈추고 하염없이 관찰하곤 했다. 정확히 말하자면 관찰을 했다기보다는 멀리서 구경했다는 표현이 더 알맞을 것이다. 주로 자동차 앞 유리를 통해 터키콘도르를 목격했기 때문이다. 가끔은 터키콘도르를 더 오래 보고 싶은 마음에 급브레이크를 밟아 뒤따라오던 차와 충돌할 뻔한 적도 있었다. 하지만 아쉽게도 우리 주변에서 볼 수 있는 많은 새처럼 터키콘도르도 사람들의 관심 밖에 있다.

그러나 터키콘도르를 유심히 살핀 사람도 있다. 바로 라이트 형제다. 그들은 종종 자전거를 타고 데이턴 남쪽에 위치한 피너클스

---

* 터키콘도르(turkey vulture)는 독수리(vulture)의 한 종류다.

협곡으로 피크닉을 가곤 했다. 라이트 형제가 체계적이고 과학적인 비행 모델을 만들어 자신들의 아이디어를 테스트한 이야기는 유명하지만 영감을 얻기 위해 오랜 시간 새를 관찰했다는 이야기는 거의 알려져 있지 않다.

피너클스 협곡 근처에는 라이트 형제가 강가를 우아하게 비행하는 터키콘도르를 관찰하고 그 모습을 비행기 개발에 적용한 일화를 적은 안내판이 있다.

"1899년 여름, 라이트 형제는 피나클 언덕에서 바람을 타고 활공하던 터키콘도르가 날개 끝을 움직이는 모습을 보고 비행기 날개를 비틀어 조작하는(Wing-Warping) 새로운 방법을 고안했다."[9]

터키콘도르의 비행 모습을 보고 '어떻게 비행기의 방향을 바꿀 수 있을까?'라는 중요한 문제를 해결할 방법을 떠올린 라이트 형제는 시험용 연을 만들었다. 이 연은 한쪽 날개를 아래로 비틀어 양력을 줄이고 항력을 늘리는 동시에 다른 날개를 반대로 비틀어 날개 양쪽에 가해지는 공기 저항을 다르게 해 방향을 바꿀 수 있었다. 터키콘도르가 라이트 형제에게 정답을 알려 준 것이다. 날개를 미세하게 움직여 비행 방향을 바꾸는 이 방법은 지금의 에일러론*으로 발전했다.

내게 터키콘도르를 정말 사랑하는 한 사람을 꼽으라면, 『독수리』를 쓴 케이티 팰런을 들 것이다. 그는 터키콘도르를 직접 만난 감상을 담은 이 책을 통해 터키콘도르가 얼마나 특별한지, 그리고

----

* 비행기 날개 끝 부분에 경첩으로 고정되어 있는 작은 조종용 날개면이다.

케이티 팰런과 터키콘도르.

왜 우리가 그 새에 관심을 가져야 하는지 이야기한다.

팰런은 남편과 웨스트버지니아주 모건타운에서 애팔래치아 조류보전센터(Avian Conservation Center of Appalachia)를 운영한다. 애팔래치아 조류보전센터는 조류 재활 센터, 동물 병원, 환경 교육 센터를 구비하고서 2019년에만 430마리의 새를 치료했다.

애팔래치아 조류보전센터에는 독수리가 세 마리 있는데, 루와 보리스라는 이름의 터키콘도르 두 마리와 마버릭이라는 이름의 검은대머리수리다. 팰런이 한 마리씩 소개하며 각자의 성격까지 알려 주니 한결 친해진 느낌이 들었다.

팰런은 독수리에 대한 선입견을 바로잡을 필요가 있다고 늘 생각했고 독수리를 둘러싼 부정적인 인식을 깨기 위해 많은 시간을 쏟아부었다. 특히 독수리가 가축이나 반려동물을 해치는 존재라는 오해를 바로잡고 독수리가 실제로 무엇을 먹는지 알리기 위해 힘썼다. 독수리는 해부학적으로 닭이나 작은 개를 낚아챌 수 없다. 하고 싶어도 말이다. 중요한 사실은 독수리는 사체만 먹는다는 점이다. 죽은 동물을 먹는 독수리는 '꼭 필요한 청소부'라고도 불린다. 독수리의 엄청난 청소 실력은 우리에겐 고마운 일이다. 독수리는 우아하고 평화롭게 비행하는 뛰어난 비행사이기도 하다. 내가 살고 있는 버지니아에서는 도시와 마을 위를 날아다니는 독수리를 자주 볼 수 있다. 하늘을 올려다보면 언제나 독수리 한 마리는 볼 수 있다.

팰런이 쓴 『독수리』의 「버지니아는 독수리를 위한 곳」이라는 장에는 독수리를 자주 목격할 수 있는 장소가 소개돼 있다. 그중에는 내 고향도, 독수리 때문에 분쟁이 있는 지역도 있다. 독수리가 머무르면, 지붕에 구멍이 난다든지 배설물이 남는다든지 하는 문제가 가끔 일어나기도 하지만 대부분 아무 일 없이 지나간다. 팰런은 독수리를 둘러싼 오해가 풀려 사람들이 겨울철에 찾아오는 독수리를 있는 그대로 받아들일 뿐만 아니라 독수리를 찾으러 다니며 즐기기를 바랐다.

겨울철에 찾아오는 독수리를 참고 견디는 게 아니라 자연에서 독수리가 얼마나 독특한 역할을 하는지 이해하고 이를 널리 알리는 행사를 열 수도 있다. 실제로 독수리가 돌아오는 날을 기념하는 축제를 여는 지역도 많다. 클리블랜드 근처에 있는 힝클리 타운십에서는 매년 3월에 힝클리 버저드 선데이(Hinckley Buzzard Sunday)축제를 개최한다. 오하이오 관광 안내 홈페이지에서는 힝클리 버저드 선데이를 이렇게 설명한다.

힝클리로 돌아온 터키콘도르가 암벽에서 쉬는 모습을 관찰해 보세요. 매년 열리는 이 축제는 겨울 동안 다른 곳에서 지내다 돌아온 터키콘도르를 보기 위해 1957년에 9000명의 사람들이 모여들면서 시작됐어요. 이른 아침의 산책, 토막극, 텐트 안이나 들판에서 들려주는 이야기와 노래, 장식품, 공예품, 사진, 콘테스트와 하이킹까지 다양한 활동과 볼거리가 가득합니다. 이 활기찬 축제에 여러분을 초대합니다! 수많은 독수리와 사람들이 3월에 모여드는 이유와 힝클리 버저드 선데이의 역사도 알 수 있답니다.[10]

힝클리 타운십은 자신들을 이렇게 소개한다. "아름다운 언덕과 드넓은 공원, 자연 친화적인 전원주택, 그리고 지원을 아끼지 않는 지역사회. 우리 힝클리 타운십 사람들은 '작은 도시, 커다란 마음'이라는 모토를 품고 살아갑니다."[11] 독수리의 가치를 알아본 인정 많고 배려 가득한 이 지역사회는 정말 말 그대로 커다란 마음을 지닌 공동체다.

아메리카 대륙의 터키콘도르와 검은대머리수리(Coragyps atratus) 개체 수는 살짝 증가하는 추세를 보이고 있다. 하지만 팰런은 독수리가 납으로 만든 산탄을 섭취하는 문제와 터키콘도르 월동지 지역 주민들과 새 사이의 마찰을 걱정했다. 독수리를 잘 알지 못해서 일어나는 갈등 때문에 사람들은 이 엄청난 비행사를 즐기고 기념할 기회를 놓친다. 독수리의 우아한 비행은 우리에게 독수리의 진가를 알아봐야 한다고 말하는 것 같다.

⌄

환경을 지키는 리마의 독수리

2016년 초, 워싱턴 D.C.에서 열린 국제개발처 환경 책임자 워크숍(USAID Environmental Officers Workshop)에 설레는 마음으로 참여했다. 전 세계의 환경 단체 직원이 모인 워크숍이었다. 하루는 주최 측에서 스페인어로 된 짧은 영상을 보여 주었는데, 독수리에 GPS

- 상아를 얻기 위해 코끼리를 사냥하면 죽은 코끼리의 시체를 먹기 위해 독수리가 모여든다. 이 때문에 밀렵 위치가 들통나는 경우가 있어 밀렵꾼들은 코끼리 사체에 독을 넣는다.

를 달아 쓰레기 불법 투기를 추적했다는 페루 리마에서의 기발한 활동을 담은 공익 광고였다. 나는 이 매력적인 활동이 어떻게 시작됐는지, 그리고 어떤 영향을 끼쳤는지 찾아보았다.

리마 국제개발처 공무원이자 이 독특한 프로그램을 실행에 옮긴 로렌스 루베이는 더 자세한 이야기를 들려주었다. 국립 산마르코스 대학교의 조류학자와 국립 리마 자연사박물관이 함께 개발한 이 프로그램은 검은대머리수리에 GPS를 달아 쓰레기 무단 투기 같은 리마의 심각한 환경 문제를 사람들에게 알리는 활동이다.

그들은 독수리 열 마리에 GPS를 달아 실시간으로 위치를 추적했다. 주민들은 홈페이지에서 깜빡이는 독수리 아이콘을 통해 독수리가 움직이는 경로를 볼 수 있고, 그중 두 마리가 달고 다닌 소형 카메라로 찍힌 영상을 보며 하늘을 나는 독수리가 된다는 건 어떤 느낌일지 간접적으로 경험할 수 있었다. 사람들은 독수리들에게 그리포, 엘피스, 캡틴 하긴(독수리들은 세 개의 무리를 이루고 다녔고, 무리마다 리더가 있었다!) 등의 이름을 붙여 주었다. 독수리들은 쓰레기 더미 위치를 알려 주었고, 위치를 파악한 지역사회 당국은 청소나 단속 등 대책을 세워 조치할 수 있었다.

이 활동은 대중들에게 기후 변화와 환경 문제를 교육하기 위해 계획된 것이다. 독수리의 시선으로 쓰레기를 바라본 이 프로그램은 국제개발처와 페루 환경부가 지역 차원에서 할 수 있는 활동을 더 큰 규모로 실행 가능하게 했다.

열 마리의 독수리는 리마에 살고 있는 많은 사람의 상상력을 자극한 것 같다. 그리고 이 활동으로 독수리를 향한 사람들의 삐딱

했던 시선이 어떻게 변했는지를 알 수 있었다. 루베이는 페이스북 및 트위터의 게시 글과 댓글, 영상 조회 수를 포함해 총 400만 건의 SNS 상호작용이 일어났다고 말한다. 대부분은 독수리를 향한 오해가 풀렸다는 내용이었다. 최근 전화 통화에서 그는 이렇게 말했다.

"SNS를 통해 모인 사람들의 영향력을 지역사회 활동에 사용해야죠."

실제로 지역사회에서 쓰레기를 청소하는 활동도 많이 생겨났다. 루베이는 이런 활동 덕에 독수리에 부정적이던 여론이 꽤나 바뀐 것 같다고 말했다.

"페이스북이나 트위터에 올라온 댓글과 글에는 '너무 귀여워, 너무 예쁘다'와 같은 말이 가득해요. 독수리마다 고유한 성격과 이름이 있기에 게시물을 올리기도 좋죠. 개별 독수리를 향한 반응은 정말 정말 긍정적이었어요. 사람마다 가장 좋아하는 독수리가 있었거든요."

독수리를 사람처럼 묘사하면 독수리를 싫어하거나 나쁘게 표

리마의 프로그램은 독수리에 대한 인식을 바꾸는 데 일조했다.

현하기 어렵다. 새로운 기술을 이용해 독수리와 가까워지고 정서적으로 연결되도록 하는 건 좋은 접근법이다. 스마트폰 같은 새로운 기술은 독수리와 더 쉽게 만나고 독수리에 공감할 수 있도록 도와준다.

⌄

쥐약 때문에 독수리가 떼죽음을 당했다고?

아메리카에 서식하는 터키콘도르나 검은대머리수리와 달리 유럽, 아시아, 아프리카에 서식하는 독수리의 상황은 그리 좋지 못하다.

　약물이 새에게 끼치는 영향을 보여 주는 단적인 예로 아시아에서 독수리 개체 수가 급감한 사건을 들 수 있다. 가축에 디클로페낙이라는 비스테로이드성 항염증제(NSAID)를 사용하면서 의도하지 않은 부작용이 연쇄적으로 일어났다. 디클로페낙이 잔류한 가축 사체를 먹은 독수리는 신부전증을 일으키거나 죽음에 이를 수 있다. 인도에서는 독수리 수가 줄면서 공중 보건에도 문제가 생겼다. 독수리 수가 줄면서 독수리와 먹이 경쟁을 하던 들개가 늘었고, 이 때문에 전국적으로 광견병이 번지면서 많은 사람이 목숨을 잃었다고 말하는 사람도 있다. 인도에서 가축의 소염진통제로 사용하던 디클로페낙은 2006년에 사용이 금지됐고, 덕분에 독수리 개체 수도 안정적으로 늘고 있다. 디클로페낙 금지 외에 포획 번식 센터 운영, 독수리 보호구역 지정 같은 방법도 시행 중이다.

디클로페낙 사용은 대폭 줄었다. 하지만 여전히 독수리에게 위험한 다른 약물은 여전히 거의 규제되지 않고 있다. 터프츠 대학교 커밍스 수의학대학원의 모린 머레이는 해충 박멸 회사에서 주로 사용하는 브로디파쿰이 함유된 혈액 항응고성 쥐약이 생태계에 어떤 악영향을 끼치는지 연구했다. 머레이는 특히 붉은꼬리말똥가리와 올빼미가 다양한 쥐약에 노출됐다는 사실을 발견했다.[12] 쥐약에 든 혈액 항응고제는 새의 간에 잔류해 축적된다.

샌프란시스코에 서식하는 야생 앵무(Psittaciformes)의 신경계에 질병을 일으켜 죽음에 이르게 한 약물도 있다. 영화에 등장한 것으로 유명한 텔레그래프 힐에 서식하는 사랑스러운 야생 앵무도 비슷한 이유로 고통을 받았다.[13] 질병에 감염된 앵무는 '새들을 위해(For The Birds)'나 '미카부(Mickaboo)'와 같은 지역의 조류 보호 단체로 이동됐다. 이 앵무들의 배설물을 분석한 최근 연구에 따르면 모든 배설물에서 브로메탈린°이 검출됐다고 한다. 문제는 어디서 중독됐는지 경로를 알 수 없고 그 독성 물질이 새를 비롯한 다른 야생 동물들에게도 영향을 끼쳤을 것이라는 점이다.

전 세계의 대도시에서 혈액 항응고성 쥐약을 점점 더 많이 사용하는 일은 심각한 문제다. 캘리포니아에 서식하던 퓨마와 남아프리카공화국 케이프타운의 다양한 야생동물이 쥐약에 중독됐다.[14] 당연하게도 먹이사슬에 독극물이 스며들면 새들도 고통을 겪는다. 터키콘도르처럼 사람들이 사냥하고 남은 사체를 먹이로 하는 새들

● 쥐약에 사용되는 물질.

에게는 납 중독도 심각한 문제다. 미국 조류보전협회(American Bird Conservancy)의 최근 연구에 따르면 캘리포니아콘도르(*Gymnogyps californianus*)의 3분의 2가 납 중독으로 목숨을 잃는다고 한다.[15] 다행히 캘리포니아에서는 2019년 7월부터 사냥할 때 납탄 사용을 완전히 금지했다.

전 세계 독수리 대부분은 상당히 좋지 못한 상황에 처해 있다. 나는 유럽에 독수리가 돌아오게 만들고 보호에 앞장선 불가리아 NGO 그린 발칸(Green Balkans)과 인터뷰를 진행했다. 그들이 독수리를 보호하기 시작한 지 30년이 됐고 상당한 성공을 거두었지만, 그린 발칸 활동가가 들려준 이야기는 낙관하기에 이르다는 사실을 일깨워 주었다.

그린 발칸이 처음 생겨난 순간의 이야기는 그 자체로 인상적이었다. 그린 발칸은 불가리아가 민주주의 국가로 변하기도 전인 1988년에 설립됐다. 당시 독재 정부가 쥐약을 대대적으로 살포한 결과 수백만 마리 새가 목숨을 잃었고, 이에 문제의식을 느낀 학생들이 시위를 일으킨 것이 그린 발칸의 시작이었다. 시위에 참여한 사람들은 감옥에 갇히고 목숨을 잃기도 했지만 시위는 계속됐다.

그로부터 30년이 지난 지금, 그린 발칸은 독수리의 개체 수 복원에 힘쓰고 있다. 유럽을 찾아오는 독수리류는 그리폰독수리(*Gyps fulvus*), 독수리, 이집트대머리수리(*Neophron percnopterus*), 수염수리 이렇게 네 종이다. 세계자연보전연맹(IUCN)의 기준에 따르면 네 종 모두 멸종 위기종이다.

불가리아 연구진의 말에 따르면 오늘날 독수리 목숨을 가장 위협하는 것은 불법 약물이라고 한다. 주로 양을 기르는 농장 관리인이 늑대 같은 포식자를 유인하는 미끼 사체에 불법 약물을 사용한다. 그린 발칸은 이 문제를 해결하기 위해 창의적인 프로젝트 몇 가지를 진행했다. 그중 한 가지는 희생을 최소화하면서 포식자를 쫓는 방법을 농장 관리인에게 제안하는 것으로, 양치기 개를 농장에 대안으로 보급했다. 실제로 스페인에서는 늑대를 막기 위해 이 방법을 사용하고 있다.

식량 생산 방법이 변하면서 독수리의 먹이가 감소한 것도 문제다.[*] 또, 전봇대와 전깃줄에 내려앉아 감전사하는 일도 발칸에 서식하는 독수리의 개체 수를 위협하고 있다. 그린 발칸은 전기 회사와 함께 전봇대와 전깃줄 절연 처리를 꼼꼼히 점검했다. 그린 발칸은 프로젝트를 진행하면서 농장 관리인이나 공기업 같은 이해당사자들과의 협력을 특히 중시한다.

그린 발칸은 유럽연합의 후원을 받아 독수리의 개체 수 회복에 초점을 맞춘 '이집트대머리수리 뉴 라이프(Egyptian Vulture NEW LIFE)' 프로젝트를 진행 중이다. '독수리를 위한 밝은 미래(Bright Future for the Black Vulture)'라고도 불리는 이 프로젝트는 독수리 보호 단체 다섯 군데의 협업으로 진행된다. 7년 동안 350만 유로를 들여 진행되는 이 프로젝트는 이전에 성공적으로 수행한 그리폰독수리 개체 수 복원 프로젝트를 본떠 구성했다. 프로젝트 과정은 대부분 스페

---

[*] 공장식 목축업으로 변하면서 독수리의 먹이인 가축의 사체를 들판에 버리지 않게 되었다.

인에서 온 독수리를 번식시키고 풀어 주는 일로 이루어져 있다. 그 린 발칸은 불가리아 조류보호협회(BSPB)와 독수리보전재단(Vulture Conservation Foundation)을 비롯해 다른 조류 보호 단체와 주기적으로 협력한다. 불가리아 조류보호협회는 이와 유사한 '돌아온 이집트대머리수리(The Return of the Neophron)'라는 독자적인 프로젝트를 진행하고 있다.

독수리를 위한 이런 프로젝트는 스타라자고라에 위치한 그린 발칸 산하의 야생동물 재활 및 번식 센터(Wildlife Rehabilitation and Breeding Centre)를 통해 진행된다. 이 재활 센터에서는 매년 3000마리의 새를 돌본다. 이집트대머리수리 세 쌍과 수염수리 한 쌍을 포함해 많은 독수리도 보호를 받고 있다. 여러 학교에서 이곳으로 현장 학습을 오고 있어서 교육적으로도 중요한 역할을 한다.

2019년 5월, 센터에서 또 한 쌍의 이집트대머리수리가 알을 낳았다는 가슴 뛰는 소식이 들려왔다.[16] 작은 한 걸음이지만 이 위풍당당한 새를 복원할 수 있다는 희망이 생겼다. 나는 센터 운영진에게 이집트대머리수리의 미래가 어떨지 물었다. 그들은 낙관적으로 생각하려 노력하고 있으며, 독수리를 위해 일하는 단체가 많다는 사실이 위안이 된다고 말했다. 또 30년 동안 진행된 독수리에 대한 인식을 바꾸려는 노력이 결실을 맺고 있다고 언급했다. 센터에서는 시민들이 프로젝트에 동참하도록 독려하는 한편, 학교와의 협업, 독수리에 대한 인식 개선 캠페인 등 다양한 활동을 펼치고 있다.

아름다운 독수리들을 벼랑 끝에서 구해 낼 가능성에 대해 이야기하던 중 감동적이고 인상적인 캘리포니아콘도르의 사례가 거론

되었다. 1980년대만 하더라도 야생에 22마리밖에 남지 않았던 캘리포니아콘도르는 적극적으로 포획하고 번식, 방생하는 활동을 통해 이제는 500마리 이상이 서식하고 있다.[17] 캘리포니아콘도르의 사례는 다른 독수리에게도 비슷한 일이 일어날 수 있다는 희망을 심어 주었다.

그린 발칸과 스카이프로 인터뷰를 하던 시기에, 전쟁과 질병으로 얼룩진 예멘의 정부군에 포획된 불가리아 태생의 그리폰독수리 넬슨에 관한 엄청난 소식이 들려왔다. 넬슨은 4000킬로미터 가량을 날아 예멘에 닿았다. 어린 그리폰독수리 치고는 엄청나게 멀리 이동한 셈이다. 넬슨의 몸에 달린 GPS 때문에 내전을 일으킨 반란군에 군사 기밀을 보내는 것으로 의심한 예멘 정부군은 넬슨을 꽁꽁 묶어 두었다. 넬슨의 몸에는 불가리아 전화번호가 적힌 표식이 달려 있었는데, 이를 본 예멘 사람들이 그린 발칸과 불가리아의 야생동식물기금(FWFF) 등에 연락해 소식을 전했다. BBC 보도에 따르면 관련 단체에 메일과 전화가 빗발쳤고, 넬슨을 풀어 주기 위한 외교적인 노력도 이루어졌다고 한다.

불가리아 환경활동가들은 예멘 사람들이 그 새를 그토록 걱정하는 모습에 놀라워했다. 기아와 콜레라가 창궐하는 전쟁 가운데서 그리폰독수리에게 음식을 먹이고 보호를 제공하려는 이해되지 않는 행동은 BBC 보도를 장식했다.

이곳 사람들은 잘못 날아든 이 그리폰독수리가 기운을 차리도록 고기와 물을 공급하고 있다. 일이 계획대로 진행될 경우

6~8주 안에 불가리아로 돌아갈 수 있을 만큼 튼튼해질 것이다. 어쩌면 이상해 보이기도, 잘못된 일처럼 보이기도 하다. UN 의 발표에 따르면 24만 명의 사람들이 재앙 수준의 기아에 시 달리고 있는 나라에서 아낌없는 관심과 신선한 고기를 받는 새라니 말이다.

넬슨에게 닥친 운 나쁜 사고와 그를 둘러싼 위험에 대한 예멘 사람들의 반응은 어쩌면 진정한 인류애를 보여 주고 있는지 도 모른다. 작은 호의로 타인을 돕는 일, 길 잃은 불가리아 독 수리를 걱정하는 마음은 끔찍한 상황을 밝히는 빛이 될 수 있 다. 전쟁 중에도, 전 세계에서 인도주의가 가장 밑바닥인 예 멘에서조차 말이다.[18]

이 놀라운 이야기는 철새가 어떻게 전 세계를 하나로 묶어 주는 지를 또 한번 보여 준다. 그리고 그리폰독수리와 같은 수많은 새들 이 전쟁 속에서 어떤 위험에 처하고 얼마나 자주 희생되는지를 보 여 주며 전쟁에 대한 경각심을 일깨워 준다. 하지만 최전방의 군인 들이 새를 보면서 안도감과 위안을 느꼈다는 이야기처럼 그리폰독 수리는 전쟁을 끝낼 평화의 시간을 물고 올지도 모른다. 독수리를 비롯해 다른 생명체에 관심을 갖고 돌보는 일은, 우리의 마음을 따 뜻하게 하고 공감 능력이 되살아나도록 돕는다.

까마귀의 놀라운 재능

새들은 동물의 지능에 관한 우리의 생각을 되돌아보도록 한다. 예를 들어 새는 다양한 놀이를 한다. 특히 지난 10년 동안 까마귀, 큰까마귀, 어치를 포함해 다양한 까마귀과 새의 사회성과 지능에 관해 많은 연구가 이루어졌다.

워싱턴 대학교의 조류학자 존 마즐루프는 미국까마귀를 비롯한 까마귀과 새를 연구해 몇 가지 놀라운 사실을 발견했다. 그는 여러 연구를 통해 미국까마귀가 특정 인물의 얼굴을 기억하고, 위험한 행동을 했던 사람에 대한 정보를 다른 까마귀에게 전하기도 한다는 사실을 발견했다.

몇 년 전 마즐루프의 연구실에서 까마귀 관련 연구에 대해 이야기를 나눴다. 연구실에는 미국까마귀가 진짜로 사람의 얼굴을 알아보는지 확인하기 위해 사용한 다양한 가면이 있었는데, 그 가운데는 미국까마귀를 포획해 표식을 달 때 사용한 원시인 가면과 대조군으로 사용한 딕 체니 부통령 가면도 있었다.

미국까마귀를 포획한 지 몇 년이 지난 후에도 까마귀는 위험한 가면을 알아보았다. 마즐루프가 원시인 가면을 쓰고 캠퍼스 안을 돌아다니자 그 즉시 미국까마귀가 소리를 지른 것이다. 캠퍼스 안을 바삐 지나다니는 다른 수많은 사람은 신경도 쓰지 않고 말이다. 포획을 8년 전에 했다는 사실을 고려하면 이는 정말 놀랍다. 마즐루프를 향해 소리 지르는 미국까마귀는 대부분 포획하던 당시에 태어나지도 않았었다. 마즐루프는 분명히 미국까마귀가 서로 위험에 관한 정보를 교류하고 새로 태어난 새끼 새에게도 교육이 이루어진 것 같다고 말했다. 까마귀과 새가 위험한 사람의 얼굴을 기억하고 알아보며 그 정보를 다음 세대까지 전달한다는 사실은, 이 새들이 지능이 매우 높아 우리가 사는 곳에 잘 적응할 수 있다는 사실을 보여 준다.

마즐루프는 미국까마귀의 놀라운 행동을 많은 연구를 통해 분석했다. 그리고 뛰어난 지능을 가진 까마귀의 예상치 못한 행동 사례를 모아 토니 에인절과 함께 『까마귀의 재능(Gifts of the Crow)』이라는 책으로 펴냈다. 책에는 사람 얼굴을 알아보는 기발한 까마귀 이야기를 비롯해 까마귀의 놀라운 재주에 관한 내용이 담겨 있다. 까마귀에게는 문제를 해결하는 능력, 도구를 사용하는 능력, 미래에 일어날 일을 예측하는 능력, 그리고 계획을 실행하는 능력 등 다양한 재능이 있다. 까마귀는 친구가 된 사람에게 음식이나 물건을 선물로 주기도 한다. 까마귀가 가져온 선물과 관련한 이야기 중 시애틀에 사는 가비 만의 일화가 가장 기억에 남는다. 당시 여덟 살 소녀였던 만은 까마귀를 위해 먹이를 꾸준히 마당에 내놓았다. 그러자 까마귀는 그 보답으로 만에게 선물을 가져오기 시작했다! 작은 금속 조각, 종이, 반짝이는 돌멩이 등 까마귀의 선물은 이제 만의 멋진 컬렉션이 됐다. 만은 2015년 BBC와의 인터뷰에서 까마귀가 선물을 가져오는 이유는 자신을 사랑하기 때문이라고 말했다.[19] 둘 사이에 소통이 이루어지고 특별한 관계가 만들어졌다는 사실은 의심할 여지가 없다.

야외 테이블에 앉은
미국까마귀. 서로 대
화를 하는 듯하다.

까마귀는 놀이를 좋아한다. 유튜브에서는 익살스럽고 놀라운
행동을 하는 까마귀 영상이 인기를 끌고 있다. 러시아의 까마귀가
눈 쌓인 아파트 지붕에서 병뚜껑에 발을 올리고 계속해서 미끄러
지는 영상도 있다. 마치 사람이 노는 모습 같다. 까마귀가 몇 번이
나 반복해서 미끄러지는 걸 보면 그들이 정말로 '놀이'를 하며 즐
기고 있다는 걸 알 수 있다. 일본에서는 까마귀가 도로에 견과류를
올려 두고 지나다니는 차를 이용해 껍질을 깨는 모습도 목격됐다.
분명히 신호등 시스템을 이해한 행동이었다. 까마귀가 언덕 아래
로 뒹굴면서 내려오는 모습을 담은 영상도 있다. 마즐루프는 집주
인에게 음식을 달라고 벨을 누르는 까마귀과 동물 중 하나인 까치
이야기도 들려주었다.

놀랍게도 까마귀는 장례도 치른다. 무리 중 한 마리가 죽었을 때
모여서 조심스럽게 죽은 까마귀를 바라본다. 이 모습을 관찰한 마
즐루프와 에인절은 『까마귀의 재능』에 "까마귀들은 늘 그랬던 것
처럼 죽은 까마귀 근처로 모여들었다."라고 썼다.[20] 까마귀가 왜 이

런 행동을 하는지 명확히 밝혀지지 않았지만 아마도 사람처럼 비통해하는 거라고 추측하고 있다. 어쩌면 죽음을 통해 무언가를 배우는지도 모른다. 마즐루프는 박사과정 학생인 케일리 스위프트와의 연구에서 까마귀가 죽은 까마귀를 봤을 때 어떻게 반응하는지 그리고 죽음을 통해 무엇을 배우는지 이해하려 했다.

사람만이 할 수 있는 행동이라 여겼던 계획을 세우는 능력도 까마귀한테서 발견할 수 있다. 여러 실험을 통해 스웨덴 룬드 대학교의 연구진은 까마귀가 나중에 더 큰 보상을 받기 위해 작은 보상을 받지 않는다는 사실을 관찰했다. 연구진은 이를 '현재를 넘어서 계획을 세우는 것'이라고 표현했다.[21]

우리와 같은 공간에서 살아가는 새를 알면 알수록 새를 더 알고 싶어지고 새에게 일어나는 일에 관심을 갖게 된다. 예를 들어 터키콘도르는 사람에게는 치명적인 클로스트리듐과 푸소박테리움균 같은 세균을 위 속에 많이 가지고 있어서 썩은 고기를 소화할 수 있다.[22] 도가머리딱다구리(*Dryocopus pileatus*)가 먹이 찾기 위해 뚫어 놓은 구멍은 다른 새들이 둥지를 트는 데 이용된다.[23]

새는 매력적이고 놀라운 생명체다. 언제 어디서나 새는 사랑스럽고 인상적이다.

도시에서 찾은 행운

아메리카 대륙은 다양한 독수리를 보고 즐길 수 있는 운 좋은 곳이다. 개체 수가 급격하게 줄었던 유럽과 아시아에 서식하는 독수리가 처한 상황과 비교하면 아메리카에 서식하는 독수리의 형편은 꽤 양호한 편이다. 앞에서도 언급했듯이 아시아에서 독수리 개체 수가 준 가장 큰 원인은 1990년대 초 가축용 소염진통제로 디클로페낙을 광범위하게 사용했기 때문이다. 이제는 디클로페낙 사용이 금지된 덕분에 독수리 개체 수는 다소 안정세에 접어들었지만, 여전히 인도에 서식하는 흰등독수리(*Gyps bengalensis*)와 가는부리독수리(*Gyps tenuirostris*) 등 대부분의 종이 심각하게 위태로운 상황에 처해 있다. 게다가 인도에서는 금지됐지만 영국에서는 아직 디클로페낙을 합법적으로 사용하고 있다. 일부러 사체에 독을 주입하는 문제 외에도 생존을 위협하는 다양한 일들로 인해 독수리의 미래는 여전히 불투명하다.

버지니아에서 매일 볼 수 있는 터키콘도르와 검은대머리수리를 포함해 수많은 독수리가 여전히 잘못된 정보로 인해 배척당하고 죽음과 관련된 무시무시한 느낌을 준다는 이유로 고통받고 있다. 사람들은 독수리가 공중 보건에 얼마나 큰 도움을 주는지 잘 모르고, 독수리의 아름다운 비행에 관한 이야기도 하지 않는다. 깃털 하나 까딱하지 않고 창공을 가르는 독수리의 모습은 눈에 잘 띄지 않거나 매나 다른 맹금류로 착각하기 쉽다. 사람들이 독수리의 진가를 알아보는 걸 넘어 기념하면 좋겠다. 가끔은 케이티 팰런이 그랬던 것처럼 우리 주변에서 쉽게 볼 수 있는 활공하는 이 매력적인 새에게 사랑을 표현해 보면 어떨까.

　미국까마귀를 포함해 다양한 까마귀과 동물의 익살스럽고 과감한 행동을 매일 보고 들을 수 있다는 건 행운이다. 스마트폰으로 촬영된 영상 속 익살스럽고 영리한 행동으로 이 작은 새의 위상은 달라지고 있다. 이 멋진 새들이 명예 회복을 할 순간이다. 뒤뜰과 도시에 서식하는 모든 새를 두 팔 벌려 환영하면 우리는 더 많은 것을 얻을 수 있다.

8장

새를 위한
건물이 필요해

옛날 옛적 세상 모든 여자가 새였던 시절,
새벽 혹은 땅거미 질 무렵에 들려오는 새의 노랫소리는
기쁨으로 세상을 치유한다고 믿었어.
사람들은 이제 그 사실을 잊었지만,
새들은 여전히 그 사실을 기억하고
새벽 혹은 땅거미 질 무렵마다 노래를 한단다.

테리 템페스트 윌리엄스, 『세상 모든 여자가 새였던 시절(When Women Were Birds)』[1]

새는 우리 모두가 공유할 수 있는 생명체다. 국가 혹은 지방 정부 단위로 선을 긋고 쪼개진 채 살아가는 우리를 매년 이동하는 철새가 하나로 엮어 준다.

철새가 이동하는 경로는 크게 여덟 개로 나눌 수 있는데, 지구에서 새가 가지 않는 곳은 거의 없다. 북극제비갈매기같이 북극에서 남극으로 이동하는 새는 1년 동안 지구 대부분을 지난다. 불가리아 조류보호협회에 따르면 이집트대머리수리는 발칸 반도에서 여름을 보내고 4000킬로미터를 날아 차드, 에티오피아, 수단이 있는 아프리카 대륙으로 이동한다.[2]

지구 반대편에 사는 사람은 우리와 그들이 똑같은 새를 마주한다는 사실을 알고 있을까? 각자의 자리에서 새를 보호하려는 노력을 하고 있지만 아마도 모를 것이다. 나는 새를 한 해의 어느 시점에 관계를 맺었다가 다음 사람들에게 보내고 다음에 안정적으로 다시 만나는 우리 모두의 친척으로 볼 수 있지 않을까 하고 생각한다. 이런 관점에서 이집트대머리수리는 서로 다른 나라와 문화를 일종의 확장된 가족의 형태로 묶어 준다.

　새는 도시와 도시, 대도시의 여러 구역들을 서로 엮어 주기도 한다. 도시와 주변 지역, 도심과 교외에는 대부분 같은 종의 새가 있으므로 새를 아끼고 관찰하며 애정을 쏟는 행동은 지리적, 정치적 경계를 초월한다. 또 새는 우리의 도시를 새롭게 바라보도록 한다. 이주 시기를 맞이한 수백만 마리의 철새가 도시를 가득 메우는 광경을 상상해 보라. 도시가 완전히 새로운 공간으로 다가올 것이다. 나무 위에 앉아 지저귀는 새와 수 킬로미터 상공을 활공하는 터키콘도르는 우리가 도시를 입체적으로 느끼도록 도와준다.

　새의 시선에서 도시가 어떻게 보일지를 상상하면 새에게 더 안전한 도시를 만드는 창의적인 방법을 생각할 수 있다. 우리는 새를 보호하기 위해 변화할 수 있다. 새에게 안전한 건물을 디자인하도록 제도를 정비하는 큰 변화가 필요하다. 그에 못지않게 개인 주택이나 사무실 유리창을 새에게 안전하도록 만드는 작은 실천도 중요하다.

⌄

위험천만한 건물들

유리창이나 건물과의 충돌은 새를 해치는 주요 요인이다. 새가 유리창에 충돌하는 장면을 실제로 목격하면 가슴이 미어진다. 건물 옆에서 새의 사체를 발견하는 건 정말 충격적이다. 우리의 부족한 디자인과 무관심으로 새들에게 벌어지는 불공평한 결과이기 때문이다.

유리창 충돌 문제를 40년 이상 연구해 온 다니엘 클렘은 새에게 유리창이 왜 위험한지, 그리고 얼마나 위험한지 이야기할 때 가장 많이 인용되는 권위자 가운데 한 사람이다. 그가 펜실베이니아주 뮬렌버그 대학 연구실 근처에서 진행한 현장 실험은 매년 건물에 부딪혀 목숨을 잃는 새의 수에 관한 신뢰할 만한 데이터를 최초로 산출한 것이었다. 클렘은 각 건물에서 죽은 새의 수를 어림잡는 것부터 시작했다. 이를 바탕으로 미국에서만 매년 10억 마리의 새가 목숨을 잃는다는 충격적인 수치를 얻을 수 있었다. 이 연구보다 더 정교한 모델링을 사용한 스콧 로스와 연구진은 역시 비슷한 수치인 매년 3억 6500만~9억 8800만 마리가 폐사한다는 결과를 내놓았다.[3] 2015년 클렘은 사람에게도 그렇듯 유리가 새의 눈을 속인다고 언급했다.[4] 또한 이 연구 결과가 줄잡은 수치라며, 조사 범위를 전 세계로 넓히면 매년 수십억 마리의 새들이 목숨을 잃을 거라고 추정했다.

오랫동안 건물에 충돌하는 새를 대변해 온 클렘은 이 문제가 여전히 주목을 받지 못한다는 사실이 충격적이라고 이야기한다. 그는 최근 진행된 인터뷰에서 유리창에 충돌해 죽는 새가 비교적 보수적으로 계산한 자신의 추정치인 한 해 1억 마리라 하더라도 매년 엑슨 발데스호 사고°가 333번 일어나는 것과 맞먹는다고 지적하며 사람들이 건물에 새가 충돌하는 문제에 안일한 태도를 보이는 이

● 1989년 3월 미국 유조선 엑슨 발데스호가 암초에 부딪혀 좌초된 사고. 이때 유출된 원유가 알래스카 해안을 덮어 1만 1000명이 청소 작업에 동원됐고 30억~150억 달러의 피해가 발생했으며 수십만 마리의 물고기와 바닷새, 수천 마리의 해달이 폐사했다.

유가 궁금하다고 말했다. 언론은 기름 유출과 같은 사고에만 집중하고 더 거대하고 제도적인 문제에는 관심을 갖지 않는다.

"유리 때문에 수억 마리의 새들이 목숨을 잃지만 그 누구도 유리를 언급하지 않습니다."

클렘은 유리창 충돌 문제가 환경 문제이자 동물 복지 문제라고 말한다. 그는 유리가 건강하지 않은 새뿐만 아니라 건강한 새의 목숨까지 앗아 간다고 강조했다.

"새들은 취약한 위치에 있는 희생양이에요. 새들은 목소리를 낼 수 없고 아무런 잘못도 하지 않았어요. 이런 일이 일어나길 바란 사람도 없죠. 하지만 엄청나게 많은 새가 희생되고 있어요."

클렘의 연구 덕분에 새의 유리창 충돌을 막는 데 효과적인 유리와 유리 후처리 방법이 많이 알려졌다. 기업에서도 그런 유리에 관심을 갖고 제품을 만들기 시작했다.

"사람을 위해서도, 새를 위해서도 눈에 잘 띄는 패턴을 넣은 유리를 더 많이 사용해야 합니다."

세라믹으로 유리 바깥쪽에 무늬를 만드는 것도 한 가지 방법이다. 외벽에 그물을 치거나 낙하산 줄을 다는 방법도 있다. 이 모든 방법은 새가 유리를 단단한 벽으로 인지하도록 도와준다.

클렘이 제안하는 가장 명쾌한 해결 방법은 유리에 UV 무늬를 넣는 것이다. 하지만 새에게 안전한 유리라고 홍보하는 오니룩스(Ornilux)를 포함해 여러 업체의 주력 상품을 시험해 본 클렘은 별로 만족스럽지 못한 결과를 얻었다고 한다. 더 많은 시도와 더 나은 상품이 필요하다. 특히 기존 건물에 효과적으로 적용할 수 있는 상품이 필요하다. 클렘은 미국 조류보전협회에서 시행하는 터널테스트*에도 부정적인 반응을 보였는데, 최근에는 어떤 제품이 가장 적합한지에 관한 토론은 물론이고 제품을 테스트하는 방법에 대해서도 건강한 논의가 이루어지고 있다고 한다.

수십 년 전만 하더라도 새에게 유리가 치명적이라는 사실을 아는 사람은 거의 없었다. 유리가 위험하다는 사실을 처음 알린 사람은 1993년 온타리오주 토론토의 비영리 단체인 '치명적인 조명 인식 프로그램(FLAP)'을 설립한 마이클 메주어였다. 건물 때문에 새가 얼마나 많이 다치는지에 관해 문제를 제기한 단체는 그전까지 거의 없었다.

메주어는 자신이 25년 전에 선구적인 연구를 할 수 있었던 이유를 이야기해 주었다. 예술가이자 갤러리 주인이었던 그는 늘 새를 매력적인 존재라 생각하고 있었다. 1980년대 후반 어느 날, 누군가 그에게 토론토 시내의 건물 아래에서 다친 새를 모으는 사람에 관해 일러 주었다. 메주어는 충격에 빠졌다. 그전까지 토론토 시내의 건물 불빛 때문에 철새가 길을 잃거나 목숨을 잃는다는 사실은 들어 본 적이 없었기 때문이다. 메주어는 목숨을 잃은 새를 조사하기 위해 친구와 함께 토론토 시내로 향했고, 이내 엄청나게 많은 새 사체를 발견했다. 이를 계기로 메주어는 도시의 불빛이 새에게 얼마나 위험한지 사람들에게 알리는 것을 일생의 목표로 삼았다.

●   터널 한쪽에는 일반 유리창을, 다른 쪽에는 특수한 유리창을 부착하고 그 안에 새를 집어넣어 어느 쪽으로 나가려고 하는지를 확인하는 실험이다. 유리창 앞에는 눈에 띄지 않는 그물이 있어 새가 실제로 충돌하는 것은 막아 준다.

다행히 빛 때문에 철새가 길을 잃는다는 사실이 알려지면서 많은 도시에서 밤에 불 끄기 캠페인을 실시하고 있다. 하지만 얼마 지나지 않아 메주어는 밤보다 낮에 더 많은 새가 죽는다는 사실을 깨달았다.

"우리는 동이 튼 후 완전히 다른 종류의 충돌이 일어난다는 사실을 깨달았습니다. 밤에 발견한 수보다 두 배 가까이 많은 사체와 다친 새를 발견했어요."

유리가 범인이었다. 새들은 유리를 장애물로 인식하지 못한다. 게다가 유리는 나무, 초목 그리고 구름을 반사하기 때문에 새들은 꼼짝없이 속고 만다. 메주어는 건물에 부딪힌 노란목솔새(*Geothlypis trichas*)가 자신의 손 위에서 죽어 간 일화를 들려주었다.

"그 일은 오늘날까지 저를 지탱해 주는 원동력 중 하나라는 생각이 듭니다."

그의 손에서 숨이 끊어지던 노란목솔새가 그에게 무언가를 전해 준 건 아닐까. 다른 자원봉사자들도 대부분 그와 비슷한 고통스러운 경험이 있었다.

건물이 새에게 어떤 영향을 끼치는지 알리기 위해 메주어와 FLAP 자원봉사자들은 매년 인상적인 프로젝트를 진행한다. 지난 한 해 동안 유리창 충돌로 목숨을 잃은 새의 사체를 모아 로열 온타리오 박물관(Royal Ontario Museum)에서 전시하는 활동이다. 1990년대 말부터 시작한 이 프로젝트는 2002년에는 전시 사진이 《내셔널 지오그래픽》에 실려 전 세계적으로 주목을 받았다.

사체를 전시한다는 건 씁쓸한 일이지만 유리창 충돌의 심각성과 규모를 전달하는 데 이 시각적인 방법은 효과적이다. 전 세계에서 유리창 충돌로 죽는 새의 수는 정확히 알 수 없지만, 북아메리카에서만 10억 마리 정도로 추정하고 있다. 이는 3장에서 소개한 고양이의 사냥으로 목숨을 잃는 수 다음으로 많은 수치다.

4장에서 살펴봤듯이 건물 디자인이 변하면서 칼새와 같은 새들이 둥지를 짓고 쉴 수 있는 장소가 사라졌다. 사람들은 사라지는 서식지를 대신해 칼새 타워를 건설하거나 주택과 건물 외벽에 인공 둥지를 다는 해결 방법을 모색하고 있다.

반면 7장에서 살펴본 매와 같이 도시 환경에 잘 녹아든 새도 있다. '뉴저지 매 연구 및 관리 프로그램(New Jersey's Peregrine Falcon Research and Management)'의 2018년 연차보고서에 따르면 미국에서 번식하는 매의 수가 늘고 있으며 현재 40쌍에 이르렀다고 한다.[5] 이 중 절반은 고층 건물에, 4분의 1은 다리에 둥지를 틀었다. DDT가 금지된 덕에 개체 수가 회복되었고 원래 서식하던 절벽과 비슷한 도시 환경에 적응하고 있다.

이처럼 도시에 서식하는 새의 수가 증가할수록 우리는 교량 같은 도시 기반 시설을 관리할 때 이곳이 새의 서식지가 될 수 있다는 사실을 고려해야 한다.

하지만 이걸로는 부족하다. 그렇다면 이미 많은 새가 살고 있는, 이제는 새의 서식지가 되어 버린 도시와 도시의 건물은 어떤 모습을 해야 할까?

새에게 안전한 도시 만들기

샌프란시스코는 미국에서 처음으로 새에게 안전한 건축물 규제를 만든 도시다. 이 지역의 시민 단체는 새에게 안전한 건물을 요구하며 집단 시위를 벌이기도 했다. 새를 위한 건축물 규제가 생기기 전, 새에게 위험한 두 건물이 시민들의 우려와 공분을 샀다. 먼저 소개할 건물은 체험형 박물관인 샌프란시스코 과학관(Exploratorium)으로, 샌프란시스코만(灣) 오른쪽 끝에 있던 건물을 눈에 띄게 확장, 개조한 건물이다. 샌프란시스코만은 다양한 새들이 서식하는 곳이다.

증축될 과학관 건물이 새에게 위험하다는 시민들의 우려가 사업 심사 과정에서 제기됐고, 사업 승인 권한을 가진 항구위원회(Port Commission)는 결국 건설 업체에 새에게 안전한 프릿 유리(fritted glass) 사용을 요구했다. 2013년 4월 개관식 당일《샌프란시스코 크로니클(San Francisco Chronicle)》에 실린 기사에 따르면 유리 외벽으로 이루어진 샌프란시스코 과학관에서는 어느 전시관에서든 도시와 항구의 멋진 경관을 감상할 수 있다고 한다.[6] 창밖으로 보이는 어마어마한 풍경은 관람객으로 하여금 주변 자연환경과 생태계에 녹아드는 듯한 느낌을 받게 한다. 넷 제로* 건물로 설계된 이 과학관에는 에너지 효율이 높은 유리창이 사용되었고, 1.5메가와트 규모의 옥상 태양광 발전 설비와 바닷물을 이용하는 특별한 냉난방

●   배출하는 탄소량과 흡수하는 탄소량을 더했을 때 순 배출량이 0이 되는 것을 말한다.

장치를 설치했다. 샌프란시스코 과학관은 새에게 안전한 유리를 사용하면서도 창밖으로 보이는 멋진 풍경도 놓치지 않은 훌륭한 예시를 보여 주었다. 또한 지속 가능성과 새를 위한 디자인이 서로 밀접하게 연결되어 있다는 사실도 알려 준다.

이어서 살펴볼 건물은 참신한 디자인으로 극찬을 받은 캘리포니아 과학 아카데미(California Academy of Sciences)다. 이 건물에는 옥상 녹지를 비롯해 환경을 생각한 부분도 적지 않았지만, 빛을 반사하는 거대한 유리창이 문제로 제기되었다. 건물에 새가 충돌한다는 증거도 이미 많았다.

이 무렵 새를 위한 건축 규정을 만들기 위한 움직임이 전개됐다. 「조류 안전 설계 표준(Standards for Bird-Safe Buildings)」[7]은 금문교 오듀본협회를 포함해 많은 사람의 지지를 얻었다. 샌프란시스코의 수석 도시 설계자이자 규정 초안을 만드는 데 앞장선 앤마리 로저스는 2000여 통의 지지 서한을 받았다고 한다. 이는 사람들이 새를 위한 조례 제정에 찬성하는 방법 중 하나였다.

로저스는 규제의 목표가 새에게 위험이 될 만한 요소를 완전히 제거하는 것이 아니라 줄이는 방법을 찾는 것이라고 설명했다. 제정한 조례가 완벽하거나 엄격하지는 않지만 새를 보호하는 측면에서는 꽤 괜찮다고 로저스는 말한다.

당시 참고할 만한 예시가 거의 없었기에 로저스는 미국 조류보전협회 전문가의 도움을 받았다. 「조류 안전 설계 표준」은 크게 두 축으로 구성돼 있다. 하나는 건물의 위치와 관련된 규칙으로 도시 조류 보호구역 근방 90미터 내에서 일어나는 개발에 적용된다. 여기서 중요한 것은 '도시 조류 보호구역'에 대한 정의다. 도시 조류 보호구역은 공원이나 녹지, 호수, 심지어 8000제곱미터 이상의 옥상 정원을 포괄하며, 새가 서식할 수 있는 곳을 말한다.

다른 하나는 건물 특성과 관련된 규칙으로 새에게 위험할 수 있는 스카이워크, 온실, 그리고 발코니 같은 시설 설치 시 새에게 안전하도록 디자인해야 한다는 것이다. 이에 따라 새로 짓는 건물의 경우 유리창 충돌 구역(Bird Collision Zone)이라 부르는 지상으로부터 18미터 높이까지 건물 외벽에 사용한 유리의 90퍼센트 이상에 새의 안전을 고려한 조치를 해야 한다. 새를 위한 유리창과 외벽 설치 기준은 아래와 같다.

> 유리창 설치 기준: 새를 위한 유리창을 만드는 방법에는 새의 눈에 띄는 무늬를 넣는 방법, 그물을 다는 방법, 영구적인 스텐실을 찍는 방법, 반투명한 유리를 사용하는 방법, 외벽에 스크린을 설치하는 방법, 유리창 외벽에 물리적으로 격자무늬를 만들거나 UV 패턴을 넣는 방법 등이 있다.
> 무늬를 넣을 때 수직 간격은 0.6~10센티미터, 수평 간격은 0.3~5센티미터를 충족해야 한다.[8]

샌프란시스코는 트랜스베이 센터와 세일즈포스 타워처럼 눈에 띄는 새로운 건설 프로젝트가 폭풍같이 휘몰아치는 건축 붐 한가운데에 있다. 그렇기 때문에 샌프란시스코는 새를 위한 건축 규제로 큰 변화를 만들 수 있다. 일찍이 비용과 관련해 문제가 제기되었고, 샌프란시스코는 자문위원을 통해 건축 규제 적용 시 추가되는 비용이 얼마나 필요한지 셈해 보았다. 계산 결과 추가 비용은 총 건설 비용의 0.5퍼센트 미만이었다. 한편, 규제가 도시에 새로 건설하는 건물의 심미적인 디자인을 제약한다는 미국 건축가협회 지역대표의 반대도 있었다.

앞서 언급한 대로 새를 위한 규제 제정을 앞당기고 새를 위험에 빠뜨리는 문제를 사람들에게 알리는 데 도움을 준 건물은 캘리포니아 과학 아카데미였다. 새에게 끼치는 영향을 줄이기 위해 건물 일부를 개선하고 보수했는데, 심지어 공사 도중에도 유리창 충돌이 일어났다. 건물이 탄생하는 순간부터 새에게 위험하다는 사실이 분명해진 것이다. 유리창 충돌은 아름다운 건물을 만들기 위한 디자인의 결과물이다. 캘리포니아 과학 아카데미 건물은 방문객이 금문 공원 한가운데 서 있는 느낌이 들도록 벽면이 모두 유리로 되어 있었다.

캘리포니아 과학 아카데미의 조류학 및 포유동물학 연구원 모 플래너리는 직원들이 새에게 닥친 위험에 자발적으로 문제를 제기하고 건물 아래에 있는 새의 사체를 수집한 이야기를 들려주었다. 플래너리와 연구진은 고등학생 인턴의 도움을 받아 캘리포니아 과학 아카데미 건물의 유리가 새들에게 얼마나 위험한지 증거가 될 새 사체를 모았고, 관련 내용을 정리해 과학 저널 《플로스 원》에 발표했다.[9]

플래너리와 연구진은 경영진을 설득해 건물 디자인을 바꾸는 데 성공했다. 처음에는 철새가 이동하는 시기에만 유리로 된 동쪽과 서쪽 전시장 외벽을 커튼으로 덮었지만, 지금은 항상 커튼으로 덮어 둔다. 플래너리의 말에 따르면 문제가 완전히 해결된 것은 아니지만 두 층에 걸쳐 덮은 커튼으로 위험을 줄일 수 있었다고 한다. 덕분에 목숨을 잃은 새는 크게 줄었다.

"새를 위한 건물 규제가 제정된 덕분에 새에게 위험한 건물 구조를 바꾸자고 경영진을 설득할 수 있었어요."

축적된 증거 자료와 「조류 안전 설계 표준」 규정이 중요한 역할을 한 것이다. 캘리포니아 과학 아카데미 건물이 처음부터 친환경을 강조하면서 미국 그린빌딩위원회(US Green Building Council)의 친환경 건축물 인증(LEED) 플래티넘 단계를 달성하기 위해 들인 노력을 생각하면 건물 일부를 바꾼 결정은 어쩌면 당연한 결과다.

건물을 모니터링하고 새 사체를 모으는 캘리포니아 과학 아카데미의 활동은 현재진행형이다. 박물관 관리인, 고객 관리 직원과 보안 요원 모두 매일 해야 하는 일을 잘 알고 있다. 유리창 충돌을 알려 주는 눈과 귀는 곳곳에 있다. 수집한 새 사체는 박물관 전시품이 됐다. 숙련된 조류학자 플래너리 덕분에 새 사체에서 더 많은 정보를 얻을 수 있었다. 플래너리는 이제 막 도시에서 방향을 찾는 방법을 터득하는 중인 어린 새일수록 유리에 충돌하기 쉽다고 말한다.

샌프란시스코 시내에서 건축 중인 건물 중 가장 눈에 띄는 건 맥아더 상을 받은 잔느 갱이 디자인한 미라 빌딩이다. 눈길을 사로잡는 독특한 외형의 미라 빌딩은 에너지 효율을 높이고 친환경 건축 기준을 충족하도록 설계되었으며, 옥상 녹지, 중수도 재활용 시스템을 바탕으로 LEED 골드 단계를 달성했다. 가장 돋보이는 디자인 요소는 실내에서 샌프란시스코 항구를 볼 수 있는 창문이다. 건

잔느 갱이 디자인한 시카고의 아쿠아 타워는 눈길을 사로잡을 정도로 아름다우면서도 새의 안전을 최우선에 두었다.

물 전체가 울퉁불퉁하고 창문의 방향이 여러 방향으로 나 있는 독특한 방식으로 디자인됐다. 잔느 갱 스튜디오의 설명에 따르면 미라 빌딩의 독특한 디자인 덕에 도시를 모든 각도로 볼 수 있으며, 어느 방에 투숙하든 항구의 모습을 볼 수 있다.

완공된 미라 빌딩을 보고 사람들은 적잖이 놀랐을 것이다. 시카고의 아쿠아 타워만큼 독특한 데다 새의 안전을 생각한 건물이었기 때문이다. 나는 몇 년 전 아쿠아 타워 외관을 다양한 각도에서 촬영한 적이 있다. 아쿠아 타워는 잔느 갱의 개인적인 신념을 반영해 새를 건물 디자인의 핵심으로 내세웠다. 아쿠아 타워는 새의 안전을 생각한 건물이 지루하다는 통념을 깨 주었고, 새를 위한 건물이 아름답지 않을 이유가 없다는 사실을 설득력 있게 보여 주어 디자인 세계에 큰 파장을 일으켰다. 미라 빌딩도 그럴 것이다.

로저스에 따르면 현재까지 샌프란시스코에서 「조류 안전 설계 표준」에 따라 건설된 건물이 수천 개는 된다고 한다. 규제를 만드는 데 힘썼던 또 다른 도시 설계자인 앤드류 페리는 건물 외벽을 개선하는 방법에도 우선순위가 있다고 말한다. 외벽에 그물을 설치하는 방법은 유리창에 무늬를 넣는 방법만큼 효과적일 순 있지만, 그물이 제자리에서 구실을 잘하고 있는지 매번 확인하는 작업은 부담스러울 수 있다.

스포츠 팀의 새로운 경기장을 짓는 것을 두고 논란이 일었다. 이 문제를 두고 미니애폴리스와 밀워키는 상반되는 결과를 보여 줬다.

탐조와 프로 미식축구는 접점이 거의 없다. 하지만 미네소타주 미니애폴리스에 새로 생긴 경기장 디자인 때문에 탐조인들은 불만을 표출했다. 엄청난 크기의 유리창이 문제였다. 미니애폴리스에 새롭게 건축된 프로 미식축구팀인 바이킹스의 홈구장은 총 면적 1만 8000제곱미터 규모의 유리창이 설치된 커다란 건물이다. 추가 비용과 심미성을 이유로 들며 새에게 안전한 유리를 설치하지 않은 것 같다. 미니애폴리스 오듀본협회의 짐 샤프스틴은 이렇게 말했다.

"바이킹스는 건물의 디자인을 해치지 않으려면 투명한 유리를 사용해야 한다고 고집했어요. 투명한 유리로 경기장을 만들면 관중이 야외에서 경기를 보는 듯한 기분이 들 것이라는 게 그 이유였어요."[10]

처음에는 긍정적인 움직임을 보이는 듯했으나 건설 과정에서 새의 안전을 위한 디자인을 적용하려는 노력은 거의 보이지 않았다. 비록 추후에 유리창 일부에 무늬를 넣겠다는 답변을 받았지만, 실망스러운 결과였다.

이상적인 해결책은 처음부터 새를 위한 무늬가 있는 유리를 사용하는 것이다. 경기장 건설과 운영을 책임지고 있는 미네소타 스포츠 시설 관리국(Minnesota Sports Facility Authority)은 추가 비용 때문에 새를 위한 디자인 적용을 주저하는 것 같다. 추가 비용은 100만 달러 정도라고 한다. 물론 적지 않은 금액이지만, 건물 건설 비용으로 1억 달러가 드는 것을 생각하면 이 정도는 새 발의 피라 할 수 있다! 새를 생각하는 사람들은 추가 비용의 많은 부분을 에너지 절약으로 만회할 수 있다고 설득했지만 그럼에도 추가 비용은 큰 걸림돌이 됐다.

그렇지만 수확도 있었다. 미니애폴리스 오듀본협회를 필두로 사람들이 시위에 나섰고 시민들의 진정서가 쏟아졌는데, 이를 통해 새가 도시에 사는 사람들에게 얼마나 중요한지를 보여 주었기 때문이다. 도시에서 새의 가치가 점점 커지고 있다. 지금 우리는 도시의 디자인이 새가 잘 살아갈 수 있도록 도와줄지 아니면 방해할지 그 갈림길에 서 있다.

찰스 디킨스의 소설 『두 도시 이야기』처럼 밀워키의 이야기는 미니애폴리스와는 완전히 다른 방향으로 흘러갔다. 미국 프로농구팀 밀워키 벅스의 홈구장 파이서브 포럼(Fiserv Forum)은 새의 안전을 고려해 디자인했고 전면부에는 무늬가 있는 유리창을 사용했다. 그 결과 파이서브 포럼은 전 세계 최초로 새를 위한 경기장이 됐다.[11] 이런 긍정적인 결과는 새의 목소리를 대변하는 단체인 위스콘신 버드시티(Bird City Wisconsin) 구성원인 브라이언 렌즈의 끈질긴 노력 덕이었다. 그는 3년 동안 밀워키 벅스 경영진과 건물 디자이너에게 교육을 하면서 새를 보호할 수 있는 아이디어를 디자인에 반영하도록 은근히 독려했다. 그의 교육을 듣고 설계에 참가한 건물 디자이너 중 한 명은 추가로 드는 비용이 큰 문제가 아니라고 언급했으며, 건축 회사에서는 렌즈의 이야기를 듣고 유리에 무늬를 넣는 것만으로 유리창 충돌을 막을 수 있다는 사실을 처음 알았다고 했다.[12] 이 이야기는 건축과 디자인에 종사하는 사람들에게 새에 대해서, 그리고 새의 안전과 관련한 내용을 교육해야 한다는 사실을 보여 준다. 그리고 이 일을 통해 건축대학에서 무엇을 가르치고 가르치지 않는지 간접적으로 알 수 있었다.

기후 위기를 막는 새 친화 건물

미국의 다른 도시, 특히 시카고와 뉴욕에서도 새에게 안전한 건축 디자인 조례를 만들려는 노력이 진행되고 있다. 시카고에서 두꺼운 유리로 둘러싸인 애플스토어가 새로 문을 열자 새를 걱정한 사람들의 시위가 일어났다. 코넬 대학교 조류연구소에서는 미국에서 철새에게 가장 위험한 도시로 시카고를 꼽았다.[13] 시카고가 철새의 이동 경로에 위치한다는 점, 도심에서 불빛이 뿜어져 나온다는 점이 이유였다. 덕분에 시카고에 새를 보호하기 위한 규제를 만들 중요한 이유가 생겼다.

시카고의 애플스토어는 유명한 건축 회사 포스터 앤드 파트너스(Foster and Partners)에서 디자인한 덕에 많은 찬사를 들으며 대대적인 홍보와 함께 2017년 문을 열었다. 쏟아진 찬사들은 오늘날 디자인 세계에서 무엇을 우선순위에 두어야 하는지 생각해 보게 한다. 《시카고 트리뷴(Chicago Tribune)》은 건물 디자인을 두고 '황홀하게 투명하면서도 절제된 우아함을 볼 수 있다'라고 서술했는데, 아쉽게도 새를 언급하거나 걱정하는 모습은 조금도 보이지 않는다.[14] 바닥부터 천장까지 거대한 유리 외벽으로 디자인된 이 건물은 시카고강 바로 위에 위치해 새의 목숨을 앗아 가는 죽음의 덫이 됐다. 건물을 설계한 수석 디자이너는 건물 디자인 과정에서 새를 걱정하기는 했지만 큰 문제가 아니라는 결론을 내렸다고 한다. 얼마나 고민했는지는 모르겠지만 말이다. 조류 보호 단체와 시민들의 비판에 애플은 철새가 가장 많이 이동하는 시기에는 불빛을 낮추기로 합의했다. 건축 재료로 유리를 사용하고자 하는 유혹은 매우 크고, 여기에 새의 안전에 대한 고민은 끼어들 틈이 없다.

이후 언론이 애플스토어 건물이 새뿐만 아니라 사람에게도 위험하다는 사실을 알린 덕분에 새에게 안전한 디자인 규제의 필요성에 많은 사람이 공감했다. 실제로 애플스토어 유리벽에 부딪혔다는 사람이 꽤 많다. 시카고가 봄, 가을 철새 이동의 중심지이며 시카고의 건물들이 이동하는 철새에게 매우 치명적이라는 코넬 대학교 조류연구소의 연구 결과도 중요한 역할을 했다. 시카고 오듀본협회장이자 조례 제정을 위한 캠페인 활동을 주도한 주디 폴락은 여러 연구가 새의 안전과 관련한 규제의 필요성을 알리는 데 도움이 됐다고 말한다. 특히 시카고 유리창 충돌 모니터링 활동 단체와 함께 진행한 코넬 대학교의 연구가 정말 최고의 타이밍에 발표돼 큰 도움이 됐다고 언급했다. 조례를 만드는 과정은 순조롭게 진행되고 있으며 앞으로 몇 달 안에 채택될 것으로 보인다.

가장 어려웠던 건 정치인을 설득하는 일이었다. 최근에 치러진 선거로 조례 제정을 지지하던 시의원이 다섯 명에서 두 명으로 줄었고, 이 때문에 새로 선출된 시의원을 대상으로 새의 안전을 다시 홍보하고 교육해야 했다.

시카고에서 제안된 건축 디자인 규정은 새로 짓는 건물에 적용되며, 높이 10미터까지 외벽의 95퍼센트를 새의 안전을 고려한 방식으로 건설해야 한다는 내용을 담고 있다. 규정을 지지하는 사람은 많았지만 모든 건물에 곧바로 적용하지는 못했다. 폴락은 가장 치명적인 구역인 강가에 건축된 건물부터 단계적으로 진행할 필요가 있다고 설명했다. 비록 기존 건물이나 리모델링 공사에는 지금 당장 적용되지는 않지만 말이다.

시카고의 조례에 따르면 오후 11시부터 해가 뜰 때까지 건물의 불필요한 불빛을 모두 꺼야 한다. 이는 '시카고 불 끄기 프로그램(Lights Out Chicago)' 같은 도시의 불빛을 조절하려는 시카고의 오랜 노력의 연장선상에 있다. 폴락은 시카고에서 건물 불빛의 부정적인 영향을 줄이려는 노력은 시어스 타워®와 존 핸콕 타워 같은 상징적인 고층 건물이 탄생한 1970년대에 시작되었다고 설명해 주었다. 1990년대에는 당시 시카고 시장이었던 리처드 데일리 덕분에 효과적인 불 끄기 운동이 처음 등장했다. 샌프란시스코와 뉴욕 같은 도시에도 불 끄기 프로그램이 있었지만 시카고에서는 시민들이 자발적으로 참여하는 등 이례적인 행보를 보였다. 폴락은 이 문제를 진심으로 받아들인 건물 소유주와 주택관리사협회(Managers Association)가 세세한 규칙을 잘 수행한 덕분이라 말했다.

시카고에서도 비용 문제가 잠시 수면 위로 떠올랐지만 폴락에 따르면 큰 장애물은 아니었다고 한다. 건설 비용이 높아지는 걸 달가워하는 곳은 없었지만, 다행히 규제에 강력하게 반대하는 이도 없었다. 솔직히 새를 구하는 일에 반대하기란 어려운 일이다. 시카고의 주택관리사협회와 건물 소유주, 건축 설계 업체는 이 규제가 옳은 방향이라는 사실을 이해하고 있는 듯하다.

● 2009년 소유주가 바뀌며 윌리스 타워로 이름이 바뀌었다.

2020년 3월, 폴락은 시의회가 시카고의 지속 가능한 발전 정책 (Sustainable Development Policy)에 새를 보호하는 일을 최우선 과제로 삼는 조례를 채택했다는 소식을 전해 왔다.

"긍정적인 첫걸음이에요!"

시카고의 정책은 단기간에 새들의 안전을 지킬 수 있는 흥미로운 방법이다. 규정에 따르면 모든 건축물은 몇 가지 디자인 예시를 따라 일정 점수를 만족하도록 디자인해야 한다. 새에게 안전한 유리를 사용하는 것도 점수를 얻는 방법 중 하나다.[15]

시카고에서 논의가 진행되는 중이던 2019년 12월, 뉴욕시의회에서 새에게 안전한 건물 외벽을 요구하는 법안 1482B가 통과됐다는 반가운 소식이 들려왔다.[16] 이 법안은 새로운 건물을 건설하거나 대대적인 보수를 할 때 지상에서 20미터 높이까지 그리고 옥상 녹지에서 3.5미터 높이까지의 외벽에 새를 위한 유리를 사용해야 한다는 내용을 담고 있다. 유리 차양, 난간, 방음벽 등 새에게 위험한 시설과, 이동 방향을 착각하게 만드는 수평 유리 패널같이 새가 날아서 지나는 곳에도 새를 위한 재료를 사용해야 한다. 새로운 건축 규제는 2021년부터 적용된다. 건축 업계의 저항과 새를 위한 유리의 효용성에 논란이 있다며 반대하는 이들이 있었지만, 시의회는 43대3이라는 압도적인 찬성으로 이 법안의 손을 들어 주었다.

뉴욕에 있는 제이컵 K. 재비츠 컨벤션센터의 리모델링 사례는 새를 위한 유리가 얼마나 효과적인지를 보여 주는 증거가 됐다. 뉴욕 오듀본협회의 연구로 무늬가 있는 유리가 유리창 충돌을 90퍼센트나 줄여 주고, 건물의 에너지 소비를 26퍼센트 줄여 준다는 사실이 밝혀졌다.[17] 컨벤션센터 측은 5억 달러 규모의 리모델링 프로젝트를 통해 위험한 투명 유리창을 새에게 안전한 유리창으로 교체하고, 새들이 둥지를 틀고 쉴 수 있는 2만 8000제곱미터 넓이의 옥상 녹지를 만들었다.

시의회의 결정을 두고 사람들은 도시가 도덕적인 방향으로 나아갈 수 있게 됐다고 평했다. 야생조류기금의 설립자 리타 맥마혼은 이렇게 말했다.

"오늘 시의회의 한 걸음이 수천 마리 새의 목숨을 구했습니다. 다른 도시의 건축 회사와 건축가도 뉴욕의 선례를 따라왔으면 합니다."

실제로 뉴욕이 보이고 있는 이런 행보는 꽤나 의미심장하다. 뉴욕의 선례가 다른 도시에서 관심을 갖고 뒤따르도록 영향을 줄 것이기 때문이다.

뉴욕의 야심찬 탄소 배출 저감 목표는 정말 좋은 선례가 됐다. 여기서 강조할 만한 사실은 새로운 에너지 정책이나 기후 변화 대응을 위한 목표를 따로 세우지 않고 그저 새를 위한 디자인을 도시에 적용하면 기후 위기 대응에 도움이 된다는 점이다. 미국 조류보전협회의 크리스 셰파드는 무늬가 있는 유리창이 에너지 효율이 훨씬 높기 때문에 건물의 에너지 사용을 줄여 줄 것이라 이야기한다.

"결국 건물을 난방하는 데 드는 비용을 아낄 수 있다는 거죠."

제이컵 K. 재비츠 컨벤션센터 리모델링 프로젝트는 새를 위한 유리를 설치하는 데 추가 비용이 들지 않을 수 있다는 것을 보여 준다. 이런 유리 외벽은 에너지 효율이 높아 건물을 유지하는 데 드는 비용을 줄여 주기 때문이다.

건물 외벽은 새를 보호하는 것 말고도 건축적으로 그리고 미적으로 중요한 요소다. 조지아주 애틀랜타의 인터페이스(Interface) 본사 건물도 좋은 예시 중 하나인데, 생태 친화적인 특징이 돋보인다. 1960년대에 건축된 4층짜리 건물을 리모델링한 인터페이스 사옥 내부에는 자연광이 쏟아져 들어오는 휴게 공간과 회의실이 있다. 무엇보다 가장 눈에 띄는 특징은 피드몬트 숲의 흑백사진을 무늬로 사용한 건물 외벽이다.

고객참여 담당 부사장인 칩 디그레이스에 따르면 유리창의 피드몬트 숲 사진은 새에게 유리창이 있다고 알려 주기도 하지만 지속 가능한 카펫을 만드는 회사인 인터페이스의 자연스러운 광고판

조지아주 애틀랜타에 있는 인터페이스 본사 건물의 핵심 디자인은 독특한 외벽이다. 미국 동부에 있는 숲의 거대한 이미지를 무늬로 만들어 외벽을 디자인했다.

이기도 하다. 이 녹색 건물이 제 기능을 잘하고 있는지는 피드몬트 숲이 얼마나 탄소를 흡수하는지, 생물 다양성은 얼마나 되는지, 수질이 얼마나 나아지는지를 통해 판단한다. 인터페이스 사옥의 외벽은 새를 살리기도 하지만 회사의 책무와 환경 문제를 향한 포부를 드러내기도 한다.

토론토에도 비슷한 사례가 있다. FLAP의 마이클 메주어는 지난 몇 년 동안 새를 위한 디자인을 통해 시각적으로 흥미로운 건물을 건축할 수 있다고 이야기해 왔다. 이를 가장 잘 보여 주는 건물은 스뇌헤타가 디자인한 라이어슨 대학교의 학생회관 건물이다. 이 건물의 외벽은 다양한 모양과 무늬가 한데 어우러져 새가 못 보고 지나칠 수가 없을 정도다. 스뇌헤타는 학생회관의 외벽을 이렇게 묘사했다.

> 울퉁불퉁한 골격과 노출된 콘크리트 외벽 위를 무늬가 있는 유리로 덮어 콘크리트가 보이는 것을 최소화했다. 외벽의 다양한 무늬는 건물 안의 열을 조절하기도, 실제로 존재하지 않는 창틀을 외부에서 봤을 때 있는 것처럼 보이게 하기도 한다.[18]

새에게 안전하도록 리모델링한 건축물은 과하게 복잡하거나 비쌀 필요가 없다. 게다가 시장에는 점점 더 다양한 상품이 쏟아지고 있다. 내가 가장 좋아하는 제품은 펜실베이니아 회사에서 만든 아코피안 버드세이버(Acopian Bird-Savers)라는 제품으로, 낙하산 줄(paracord)을 외부에 걸어 놓는 방식이다. 설치된 모습을 보면 낙하산 줄은 약 10센티미터 간격으로 늘어서 있다. 아코피안 버드세이 버는 누구나 설치할 수 있으며, 판매사에선 참고할 수 있는 온라인 가이드도 제공한다. 최근 리모델링한 시카고 대학교의 과학관을 포함해 다양한 곳에 낙하산 줄이 설치됐다. 낙하산 줄은 어두운 올리브그린 색이고 바닥에 고정되지 않아 바람에 따라 이리저리 움직이는데, 이 모습 때문에 판매 홈페이지에서는 명상용 바람 커튼이라고 소개하기도 한다.[19]

치명적인 빛 공해

도시로 인구가 밀집되면서 인공적인 불빛이 늘어나 밤하늘이 사라지고 있다. 2018년 가렛과 연구진은 '밤하늘로의 산란광(skyglow)' 또는 '빛 공해'라고 불리는 현상의 범위가 지상으로부터 얼마나 멀리까지 도달하는지를 발표했다. 특히 지구에서 생물 다양성 측면에서 중요한 약 1만 5000군데 지역과 빛 공해 지역이 얼마나 겹치는지 보여 주었다.(그들이 고른 지역에는 새에게 중요한 곳도 포함돼 있었다.)[20] 1만 5000군데 중 3분의 1도 안 되는 곳에서만 깨끗한 밤하늘을 볼 수 있고, 밤하늘이 빛에 완전히 오염되지 않은 곳은 5분의 1밖에 되지 않았다. 다시 말하자면 생물 다양성이 높은 지역의 3분의 2는 빛 공해로 오염됐으며, 이 규모는 점점 넓어지고 있다. 어두운 밤하늘은 지구 곳곳에서 사라지고 있고 이는 생물학적으로 심각한 문제다.

애틀랜타 오듀본협회의 니키 벨몬테는 애틀랜타뿐만 아니라 여러 주에서 빛 공해 범위가 주 경계를 넘어 점점 넓어지고 있다고 말한다.

"빛 공해 지도를 보면 애틀랜타는 85번 고속도로를 따라 400킬로미터 떨어진 노스캐롤라이나주 샬롯까지 연결되어 있습니다."

새와 박쥐 같은 날짐승에게 빛 공해는 매우 치명적이다. 도시의 강렬한 빛은 새로 하여금 길을 잃거나 유리에 부딪히게 한다. 특히 새는 대부분 밤에 이동하기 때문에 간헐적으로 나타나는 도시나 마을에서 새어 나오는 빛만 마주하는 게 아니라 주와 주 사이를 지나는 85번 고속도로를 포함한 훨씬 더 광범위한 빛 풍경과 만나게 된다. 애틀랜타 오듀본협회의 보전 책임자인 아담 베츄엘이 설명했듯이 새는 빛에 현혹된다. 조명이 가득한 도시는 새를 끌어들인다고 베츄엘은 말한다.

"도시로 들어오는 순간 새는 위험에 빠집니다. 게다가 빛이 없었다면 내려앉지 않을 장소에 내려앉으려 시도합니다. 그리고 그 순간, 코앞에 유리가 나타납니다."

도시 불빛에 길을 잃은 새들은 금방 지쳐 다른 동물의 먹잇감이 되거나 유리에 충돌하기 쉽다. 뉴욕 오듀본협회의 수잔 엘빈은 이렇게 표현했다.

"빛은 새를 끌어당기고, 유리가 끝을 냅니다."

코넬 대학교 조류연구소 연구진은 1995년부터 2017년까지 기상레이더로 수집한 철새의 이동 경로와 야간에 인공 빛이 퍼지는 범위를 비교해서 미국 대도시 125곳의 상대적인 위험 정도를 계산했다. 연구진은 철새가 빛 공해에 노출되는 정도에 따라 도시를 줄 세웠는데, 그 결과는 다음 표와 같다. 연구 결과에 따르면 철새 이주 시기인 봄과 가을 모두 시카고, 휴스턴, 댈러스가 가장 위험하다. 또한 빛 공해는 전 세계적으로 증가하고 있으며 모든 야행성 동물과 특히 철새에게 닥친 생태적 위험도 증가하고 있다.[21]

빛 공해는 새뿐만 아니라 다른 동물, 특히 박쥐에게도 위험하다. 사람도 빛 공해 때문에 별을 볼 수 없을 뿐만 아니라 건강에 문제가 생기기도 한다.

철새에게 가장 위험한 미국 도시	
봄	가을
1. 시카고	1. 시카고
2. 휴스턴	2. 휴스턴
3. 댈러스	3. 댈러스
4. 로스앤젤레스	4. 애틀랜타
5. 세인트루이스	5. 뉴욕
6. 미니애폴리스	6. 세인트루이스
7. 캔자스시티	7. 미니애폴리스
8. 뉴욕	8. 캔자스시티
9. 애틀랜타	9. 워싱턴 D.C.
10. 샌안토니오	10. 필라델피아

어떻게 빛 공해를 줄일 수 있을까? 불빛과 밤하늘에 관련해 더 엄격한 규제가 필요하다. 특히 철새가 이동하는 시기에 건물 내부와 외부에 설치된 인공 조명을 끄거나 최소화해야 한다. 많은 도시에서 불 끄기 프로그램을 시행하고 있다. 시카고에서 가장 먼저 이 프로그램을 시작했고, 지금은 애틀랜타, 뉴욕, 토론토, 샌프란시스코를 포함해 많은 도시에서 동참하고 있다.

도시의 불빛으로 철새가 크게 피해를 입은 예로 9·11테러로 희생된 사람들을 기리는 '트리뷰트 인 라이트(Tribute in Light)'를 들 수 있다. 2002년부터 시작된 트리뷰트 인 라이트는 매년 9월 11일 6킬로미터 높이의 파란색 빛기둥 두 개를 하늘로 쏘아 올리는 추모 행사다. 빛으로 된 이 두 개의 기둥은 이동하는 철새의 눈길을 끌었다. 2017년 코넬 대학교 연구진은 철새의 울음소리와 움직임을 분석하여 불빛에 현혹된 철새가 스트레스를 받거나 방향 감각을 상실하지 않았는지 살폈다. 연구진은 날씨가 맑은 경우 트리뷰트 인 라이트가 진행되는 동안 철새들이 모여 근처 하늘을 활공했으며 행사가 한 번 진행될 때마다 100만 마리 이상의 새에게 영향을 끼친다는 사실을 발견했다.[22] 다행스러운 건 불빛을 끄면 철새는 몇 분 만에 그곳을 떠났다. 뉴욕 오듀본협회는 시에 문제를 제기했고, 행사를 진행할 때 자원봉사자들이 새들의 움직임을 모니터링해 빛 주변에 천 마리 이상의 새가 모이면 20분 동안 불빛을 끄기로 합의했다.[23]

옥상에 생긴 정원

건물의 유리와 불빛은 새의 목숨을 위협한다. 하지만 몇 가지 요소를 보완하면 건물은 새의 서식지가 될 수도 있다. 2만 8000제곱미터 넓이의 옥상 녹지를 조성한 뉴욕 제이컵 K. 재비츠 컨벤션센터는 새들의 서식지가 됐다. 옥상 녹지는 안전한 유리창 말고도 새를 위해 도시가 할 수 있는 중요한 한 걸음이다.

제이컵 K. 재비츠 컨벤션센터는 통계 자료 요약 페이지와 함께 새 이야기를 연차보고서 중심에 배치했다.[24] 자료에는 일반적으로 강조되는 컨벤션센터로 인해 1만 8000개 이상의 일자리와 20억 달러의 경제적인 이득이 발생했다는 내용과 함께, 옥상 녹지에 새 둥지 30개가 있다는 사실도 수록되었다. 이제 우리는 건물에 둥지를 트는 새 숫자로 건물이 얼마나 잘 디자인됐고 제 기능을 하는지 판단해야 한다.

연차보고서에 따르면 뉴욕 오듀본협회에서 진행한 모니터링을 통해 옥상이 새에게 얼마나 중요한지가 확인되었다. 26종의 새가 이곳 컨벤션센터 옥상을 찾아왔고 적어도 12마리의 새가 태어나 전국 곳곳으로 이동했다. 새들은 인근 거버너스섬과 루스벨트섬부터 뉴욕에서 1500~2500킬로미터 떨어진 로스앤젤레스의 브루사드 해변과 플로리다의 팜데일에 이르기까지, 컨벤션센터 주변뿐만 아니라 미국 전역으로 이동했다.

이 옥상 녹지는 새뿐만 아니라 박쥐 다섯 종의 집이기도 하다.

뉴욕 제이컵 K. 재비츠 컨벤션센터 옥상 녹지 관찰 카메라에 찍힌 새.

벌집도 여러 개가 있어 제이컵 꿀(Jacob's Honey) 수백 단지를 생산했다. 옥상 녹지라는 이름에 걸맞게 4000제곱미터 넓이의 옥상 텃밭과 과수원을 조성하는 추가 프로젝트도 진행 중이다.

　제이컵 K. 재비츠 컨벤션센터만큼의 규모는 아니지만 밴쿠버 컨벤션센터 웨스트(Vancouver Convention Centre West)에서도 비슷한 리모델링이 진행됐다. 밴쿠버 컨벤션센터의 옥상 녹지는 4만여 종의 토종 식물이 자라는 목초지로 조성되어 있고, 컨벤션센터 화장실에서 사용한 물을 재활용하여 물을 댄다.[25]

　이처럼 도시가 생태적인 옥상을 만드는 데 관심을 쏟는다면 도시에 새들의 서식지가 늘어날 수 있다.

　옥상 녹지는 다양한 건물에 조성할 수 있다. 워싱턴 스퀘어 공원에서 가까운 맨해튼의 그리니치 빌리지 공립학교도 옥상에 녹지

를 조성했다. 그리니치 빌리지에서는 옥상 녹지를 '옥상 정원 환경
리터러시 연구소(Greenroof Environmental Literacy Laboratory)'라고 부
른다. 학교 홈페이지에 잘 소개돼 있듯이 옥상 정원은 교과 과정에
서 핵심적인 부분이다.

> 옥상 정원은 전 학년의 학생들이 야외 학습을 할 수 있는 공
> 간입니다. '소리 산책'을 하는 유치원생부터 곤충 연구 프로
> 젝트를 수행하는 1학년생과 과학 실험과 풍경화 수업을 듣는
> 2학년생, 옥상 녹지 모형을 제작하는 STEM 교육* 프로젝트
> 를 진행하는 고학년까지 모두에게 필요한 공간입니다. 또 철
> 길이 지나던 자리에 새롭게 조성된 하이라인 공원과 연계해
> 방과 후 프로그램을 진행합니다.[26]

옥상 녹지를 조성하는 데 깊이 관여한 교사 비키 산도는 학생들
에게 옥상 정원을 방문했을 때의 기분을 물었다. 학생들은 "조용했
어요." "좋았어요." "기분이 좋아요." "자유로운 기분이 들었어요."
"신기했어요." "신났어요." "시골에 온 것 같았어요." 등 다양한 대
답을 들려주었다.

산도는 옥상 정원이 성과를 보이기까지의 과정이 결코 쉽지 않았
다고 말했다. 뉴욕 학교건설관리국(New York City School Construction

* 과학(Science), 기술(Technology), 공학(Engineering), 수학(Mathematics)을 아우르
는 융합교육.

그리니치 빌리지 공립학교의 옥상 정
원은 새들의 서식지이기도 하지만 학
생들이 자연을 배울 수 있는 소중한 공
간이다.

Authority)을 비롯해 다양한 기관의 허가를 받고, 기금을 마련하고,
건설하는 과정에 총 6년이 걸린 걸 돌아보면 보통의 의지로는 할
만한 일이 못 된다고 언급했다. 옥상에는 항상 학생들이 많았고 근
처 하이라인 공원과 연계한 방과 후 수업도 진행됐다.

총 1400제곱미터 면적의 옥상 중 800제곱미터에는 돌나물을 포
함해 토종 식물이 자라고 있다. 우는비둘기(*Zenaida macroura*) 한 무
리, 파랑어치, 흉내지빠귀, 황조롱이, 붉은꼬리말똥가리 등 다양한
새들도 옥상을 찾아온다고 산도는 말한다.

"이렇게 넓고 탁 트인 공간이 있으니 자연스레 새들이 찾아옵
니다."

게다가 이곳 옥상은 제이컵 K. 재비츠 컨벤션센터, 하이라인 공

원 등 주변 공원 및 녹지와도 가까워 도시를 건너 지나가는 철새와 같은 야생동물이 서식지까지 비교적 안전하게 이동할 수 있는 통로이기도 한 중요한 공간이다.

"뉴욕시 교육국(NYC DOE)이 관장하는 1300개의 학교 옥상에 녹지를 조성한다면 주변 지역사회에 긍정적인 영향을 줄 뿐 아니라 냉난방을 하는 데 사용하는 에너지와 전기 사용량도 줄여 도시 전체의 온실가스 배출도 줄일 수 있습니다."

새에 대한 교육이 얼마나 이루어지고 있는지는 알 수 없다. 다만 학생들은 옥상에서 새의 다양한 모습을 마주하고 있다. 산도는 학생들과 함께 붉은꼬리말똥가리가 우는비둘기를 사냥하는 장면을 목격한 적이 있다고 말했다. 또한 그는 학교 교육 과정에도 새에 관한 내용을 넣으려 노력했고, 그 결과 1학년 학생들을 위한 '뉴욕의 새'라는 특별한 수업을 개발했다.

옥상은 빗물을 저장하는 용도로도 활용할 수 있다. 산도에 따르면 옥상 녹지를 조성한 후 건물의 에너지 소비가 20퍼센트 가까이 줄었다고 한다. 이는 옥상에 녹지를 조성하도록 설득할 때 활용할 수 있는 유용한 수치다. 무엇보다 학생들은 옥상 녹지를 완전히 색다르면서도 호감이 가는 공원으로 받아들였다. 뉴욕의 다른 학교에서도 옥상 녹지에 관심을 보이고 있다. 산도는 대략 50군데의 학교와 이야기를 나눴고, 이 중 적어도 몇 군데는 옥상 녹지를 조성하려는 계획을 세우고 있다고 한다. 산도는 이처럼 장점이 많은 옥상 녹지가 빠르게 늘기를 바랐다.

이미 여러 유럽 도시에서는 옥상 녹화에 관한 규정을 마련하고

서 옥상에 녹지를 조성할 경우 보조금뿐만 아니라 기술적 도움도 준다. 북아메리카 도시에서도 점차 규정을 제정하고 있다. 포틀랜드와 오리건에서는 옥상 정원을 조성한 곳에 보상을 하는 제도를 시행하고 있다. 시에서 건축하는 건물 옥상에 녹지를 조성하도록 의무화한 건 북아메리카에서 토론토가 처음이었고 미국에서는 샌프란시스코와 포틀랜드가 첫 번째, 두 번째였다.

하지만 제도를 통해 조성된 일반적인 옥상 녹지가 저절로 새를 위한 서식지가 될지는 미지수다. 포드햄 대학교의 더스틴 패트리지 연구진은 뉴욕에 있는 옥상 녹지에 새가 찾아오는지 그리고 새들의 중요한 먹이인 절지동물 종류가 근처의 일반적인 옥상보다 많은지를 모니터링했다.

더스틴 패트리지와 앨런 클라크는 뉴욕 네 지역에서 일반적인 지붕과 옥상 녹지를 비교한 연구를 《플로스 원》에 발표했다. 맨해튼 두 곳, 브루클린과 브롱크스에서 각각 한 곳씩 녹지가 조성된 옥상을 지정해 관련 자료를 수집했다. 옥상 녹지에 덫을 설치해 절지동물을 채집했고, 자동 음향 녹음기로 새소리를 녹음해 옥상을 찾아온 새의 종류를 확인했다. 연구진은 녹지가 조성된 옥상에서 더 다양한 종류의 절지동물과 새를 발견했다고 한다.[27]

"도시의 옥상 녹지는 도시 속 서식지를 연결하는 통로일 뿐만 아니라 야생동물에게 유용한 서식지이기도 하다. 우리는 이번 연구를 통해 일반적인 옥상보다 녹지가 조성된 옥상이 절지동물에게 더 나은 서식지라고 결론 내렸다. (…) 옥상 녹지에서 훨씬 더 풍부하고 다양한 절지동물을 발견할 수 있었다."

연구진은 철새 이주 기간에 관찰한 결과 예상했던 것보다 많은 철새를 옥상 녹지에서 발견했다고 밝혔다. 봄철 이주 시기의 관찰 결과를 분석해 보니 새들이 옥상 녹지를 영양을 보충하는 경유지로 사용한 것으로 짐작되었다. 하지만 옥상 녹지를 찾아오는 철새의 종류는 한정돼 있고, 오랫동안 머무르기에는 적합하지 않다고 결론 지었다.

옥상 녹지가 새들에게 매력적인 서식지가 되기 위해서는 특정한 식물이 필요하다는 건 밝혀졌다. 그 밖에 무엇이 더 필요할까? 이에 대해서는 더 많은 연구가 필요하다. 옥상 녹지를 새 보호에 이용하기 위해서는 옥상의 크기와 높이, 초목의 다양성, 옥상 녹지의 고립성 등 다양한 환경 특성에 따라 찾아오는 새 종류와 개체 수 등을 더 면밀히 연구해야 한다.

옥상 녹지는 더 나은 서식지가 될 수 있을까? 패트리지와 클라크는 그렇다고 대답한다.

옥상 녹지는 새와 절지동물 모두에게 더 나은 장소가 될 수 있다. 예를 들어 토양의 깊이가 더 깊거나 다양한 초목, 특히 토종 식물을 심으면 야생동물에게 더 도움이 될 수 있다. 또 새들이 에어컨 실외기, 안테나, 풍향계 등 돌출한 구조물을 횃대처럼 사용하는 모습도 자주 목격할 수 있었다. 옥상 녹지에 새들이 쉴 수 있는 횃대를 만들면 다양한 새가 찾아올 수 있다. 옥상 녹지를 조성하기 위해서는 근처에 다른 녹지가 있는지도 고려해야 한다. 마지막으로 옥상 녹지에는 새를 위한 유리를 우리의 노력이 더해진다면 옥상 녹지는 도시 환경에서 중요한 녹색 징검다리가 될 수 있을 것이다. 더 많은 옥상 녹지가 새의 서식지이자 시민들이 새를 발견할 수 있는 공원이 되어야 한다.

풀뿌리 단체 바이오필리(BioPhilly)의 설립자이자 친환경 건축가인 헬레나 반 플리트는 옥상 녹지에 다른 이름을 지어 줘야 한다고 말한다. 반 플리트는 사람들이 그 공간의 기능을 곧바로 떠올릴 수 있도록 옥상 녹지를 '지붕 목초지(roof meadow)'라 부른다.

공원뿐만 아니라 도시 안 다양한 형태의 녹지가 점점 중요해질 것이다. 그리고 우리는 이 공간들을 어떻게 생태적으로 연결할 수 있는지 고민해야 한다.

나는 애틀랜타에서 가장 유명한 피드몬트 공원에서 애틀랜타 오듀본협회의 니키 벨몬테와 아담 베츄엘을 만났다. 공원은 사람뿐만 아니라 도시를 통과하는 새들에게도 중요하다. 공원에서 본 새만 최소 175종이 되는 듯했다. 베츄엘은 소리만 듣고 29종의 새를 구분해 냈다. 우리는 굽이치는 개울 근처에 서 있었고 개울에는 정말 다양한 새들이 있었다.

"여기는 새들에게 최고의 장소예요. 도시 안의 그린 오아시스죠."

시카고에서 가장 인상 깊었던 것 중 하나는 서서히 새를 위한 서식지로 변해 가는 호수 공원의 모습이었다. 주디 폴락은 철새가 이동하는 시기에 호수 앞에 잔뜩 모여드는 새를 볼 수 있다고 이야기했다. 폴락은 시카고 공원관리단(Chicago Park District)의 행보를 치켜세웠다. 시카고 공원관리단은 오랜 시간 공을 들여 호수 앞 메마른 잔디밭을 새들에게 중요한 서식지로 변화시켰다. 몬트로즈 포인트 조류보호구역(Montrose Point Bird Sanctuary)도 중요한 철새 도래지 중 하나다. 몬트로즈 포인트 조류보호구역은 300여 종의 철새가 찾아와 머무는 4만 제곱미터 크기의 조류 보호구역이자 나무와 덤불이 120미터 길이로 늘어선 '매직 생울타리(Magic Hedge)'가 있는 곳이다.[28] 미시간호 근처에 위치한 몬트로즈 포인트 조류보호구역은 풀밭, 숲, 덤불, 모래언덕을 포함해 다양한 자연환경으로 이루어져 있다. 덕분에 수많은 새가 찾아오는 매력적인 서식지가 됐다.

자동차와 충돌해 목숨을 잃는 새의 수도 적지 않다. 이 사실은 우리가 신경 쓸 부분이 건물의 유리창 말고도 더 있다는 걸 의미한다. 2014년 스콧 로스, 톰 윌, 피터 마라는 미국에서 교통사고로 목숨을 잃는 새가 매년 6200만에서 4억 마리 정도 된다고 추정했다.[29] 새에게도 안전한 도로를 만들기 위해서는 더 많은 연구가 필요하다. 다양한 선택지가 있지만, 우리는 도로를 만들 때 새에게 끼치는 영향을 과소평가하는 경향이 있다. 이들 연구진은 몇 가지 선택지를 제시한다.

수많은 새의 목숨을 앗아 가는 교통사고를 줄일 수 있는 방법을 소개한다. 새들이 자동차보다 높게 날도록 도로 가장자리에 반사판을 설치하거나 운전자가 볼 수 있게 조류 충돌 주의 경고판을 설치하면 된다. 새가 자주 출몰하는 지역은 자동차 제한 속도를 낮추고, 도로변에는 새의 서식지가 될 수 있는 곳

을 줄이고, 새를 향해 시각적, 청각적으로 경고하는 방법 등
다양한 해결책이 있다.

연구진은 새의 종류와 지역 등 다양한 요인에 따라 도로의 디자
인이 달라질 수 있을 거라 언급했다. 새를 위협하는 광범위한 문제
와 도로에서 일어나는 다양한 교통사고를 줄이기 위해서는 더 많
은 연구를 진행하고, 새를 위해 도로를 설계하고 효과를 검증하는
작업이 신속히 이루어져야 한다.

⌄

새를 생각한 디자인

앞서 살펴본 것처럼 북아메리카 전역에 새를 위한 디자인을 도입
하려는 긍정적인 움직임이 있다. 토론토와 샌프란시스코가 먼저 시
작한 이후로 포틀랜드, 오클랜드, 캘리포니아 그리고 최근에는 뉴
욕이 그 뒤를 잇고 있다.

새를 위한 디자인은 전국으로 뻗어 나가고 있다. 미국 그린빌딩
위원회의 LEED 인증 시스템 덕에 새를 위한 디자인은 이미 건축
시 고려하는 요소가 되었다.[30] 고무적인 점은 2020년 7월 하원에서
「조류 안전 건축법(the Bird-Safe Buildings Act)」(HR 919)이 통과됐다는
사실이다. 이 법률은 새롭게 건축하는 모든 정부 건물에 새를 위한
디자인 가이드를 적용해야 한다는 내용이 담겨 있다. 아직 상원에

서 통과되지는 않았지만, 새를 위한 디자인에 국가 차원의 관심도 높아지고 있는 듯하다.

다행히 건축가들의 생각도 변하고 있는 것 같다. 미국 건축가협회장 칼 엘레판테는 2018년 10월 버지니아 대학교 강의에서 건물을 디자인할 때 새를 염두에 두어야 한다고 언급했다. 이는 긍정적인 변화지만, 아직 새를 위한 디자인을 가르치는 대학은 거의 없다. 교육을 하지 않는 건 단순히 기회를 놓치는 것을 넘어서 일종의 직무유기다.

새를 생각하며 건물을 디자인해야 한다는 데에는 의심의 여지가 없다. 새를 위한 디자인은 나중에 추가하는 선택 사항이 아니라 건물을 설계하고 디자인할 때 최우선시해야 하는 부분이다. 제이컵 K. 재비츠 컨벤션센터와 캘리포니아 과학 아카데미의 사례는 이미 완공된 건물이라도 위험 요소를 효과적으로 줄이거나 거의 사라지게 할 수 있다는 사실을 증명한다. 새를 위한 디자인을 하지 않을 이유는 없다.

캘리포니아 과학 아카데미의 모 플래너리는 이제 건축 업계가 생각을 바꾸어야 한다고 말한다. 그리고 번지르르한 겉모습을 한 건물이 새와 야생동물, 그리고 사람에게 끼치는 영향을 반드시 고려해야 한다고 주장했다. 지금으로선 건축물의 미적인 요소와 시각적으로 독특하고 화려한 부분이 가장 우선시되는 것 같다.

희망적인 점은 새를 둘러싼 문제를 수면 위로 끌어올려 준 잔느갱 같은 건축가 덕분에 건축 업계에서도 변화가 일어나고 있으며 새에게 더 많은 관심이 쏟아지고 있다는 사실이다.

인터페이스 본사 건물
https://vimeo.com/371236174

9장

협곡의 도시

계절이 변하면서 새들도 변했다. 새들이 변하면서 나도 변했다.
나를 둘러싼 세계의 변화 하나하나가
내 경험의 순환 속으로 섞여 들었고, 그렇게 나는 세계에 연결되었다.
이것이 아마도 장소감일 것이다.

조 하크네스, 『버드 테라피』

5월이 되면 철새가 도시의 계곡, 공원과 정원에 물밀듯 밀려온다.
어느 날 아침, 식사를 마친 아이들과 나는 목련솔새 한 마리가
라일락 나무에 우아하게 앉아 있는 모습을 마주했다.
우리는 발코니 문가에 옹기종기 앉아
노란 가슴에 까만 무늬가 있는 작은 목련솔새를 바라보았다.
펜 하나 정도 무게일 것 같았다.

쿄 맥클리어, 『새의 아름다운 생애』

철새가 이동하는 봄과 가을이면 수백만 마리의 철새가 온타리오 주 토론토를 통과한다. 그래서 토론토를 '철새를 위한 고속도로'라고도 부른다.

토론토는 도시의 건물과 건축 환경이 새에게 얼마나 큰 영향을 끼치는지를 가장 먼저 체계적으로 연구한 곳이기도 하다. 토론토가 새를 위한 도시가 된 데에는 앞서 소개한 시민 단체 '치명적인 빛 인식 프로그램(FLAP)'의 공로가 컸다. 마이클 메주어는 1980년대 말부터 도시에 서식하는 새들이 겪는 문제를 해결하기 위한 활동을 해왔고, 1993년 공식적으로 FLAP을 설립했다. 예술가이자 갤러리 소유주인 메주어는 새들의 충돌 문제를 해결하는 데 일생을 바쳤다.

그는 대중을 상대로 건물의 유리창이 새에게 얼마나 위험한지를 알리는 데 앞장섰고, 토론토 행정 당국이 새를 위한 디자인에 관심을 가질 수 있도록 도왔다. 메주어는 2019년에 진행한 인터뷰에서 도시를 더 안전하게 만드는 일이 자신의 임무이며, 직업이라기보다는 소명에 더 가깝다고 말했다.

"제 안의 목소리를 들었어요."

그가 설립한 FLAP은 환경 단체 중 가장 먼저 유리창 충돌 문제를 제기했다. 철새 이동 시기가 되면 FLAP의 자원봉사자들은 건물 사이를 돌아다니며 죽거나 다친 새들을 찾는다. 메주어는 새를 구조하고 사체를 수거하는 활동을 하다 보면 힘 빠지는 일이 많다고 말했다. 야생에서는 거의 마주하지 못할 새가 죽거나 심각하게 다친 모습을 목격할 수밖에 없기 때문이다. 그럼에도 FLAP의 자원봉사자들은 높은 참여율을 보였고, 메주어는 이를 자랑스러워했다. 비영리 단체에 자원봉사자 이탈은 큰 걱정거리기 때문이다. 그리고 그는 유리창 충돌을 살피는 활동은 심적으로 힘든 일이며, 그렇기 때문에 누구나 할 수 있는 일은 아니라는 말을 덧붙였다.

FLAP 덕분에 그전까지는 관심을 받지 못했던 유리창 충돌 문제에 사람들의 관심이 쏠릴 수 있었다. 게다가 유리창과 건물로 인해 다치거나 목숨을 잃은 새의 수를 체계적으로 파악할 수 있었다.

FLAP의 활동은 자원봉사자 없이는 불가능하다. 상근 활동가는 메주어를 포함해 세 명뿐이지만 철새가 돌아오는 시기가 되면 백여 명의 자원봉사자들이 도시 구석구석을 살핀다. 금융가는 새들에게 특히 위험한 장소다. 밤에는 건물의 불빛이 새들을 유혹하고, 낮에는 유리창 충돌 사고로 새들이 목숨을 잃는다. 게다가 금융가에는 지역을 속속들이 살필 만큼 자원봉사자의 수도 충분하지 않다.

목숨을 잃은 새들은 표식을 달고 냉동 보관된다. 철새 이주 시기가 끝날 즈음 FLAP은 모아 둔 사체를 로열 온타리오 박물관에서 전시한다. 이 전시는 보통 늦봄 무렵에 열린다. 메주어는 전시를 이렇게 설명했다.

"이 전시는 사람들에게 문제의 규모가 얼마나 큰지 알려 주는 가장 유용한 방법 중 하나입니다. 목숨을 잃은 새를 사람들에게 보여 줄수록 더 많은 사람이 유리창 충돌 세계에 눈뜰 수 있기 때문이죠. 이렇게 많은 새가 한 장소에 모여 있는 걸 본 사람은 거의 없을 거예요. 그뿐만 아니라 엄청나게 다양한 종류의 새가 한데 놓인 모습은 정말 두 눈을 의심할 만한 광경이죠."

언론 보도를 통해 FLAP의 전시는 더 유명해졌다. 매년 열리는 전시는 유리창 충돌로 목숨을 잃은 새의 수와 종류가 얼마나 되는지 시각적으로 강렬하게 보여 주었다. 메주어는 이 아이디어를 매우 마음에 들어 했다. 큰 소리로 고함치는 시위를 하지 않고도 건물 소유주와 개발자 들을 설득할 수 있는 데다 한층 더 많은 사람에게 유리창 충돌의 위험성을 알릴 수 있기 때문이다. 무엇보다 메주어는 늘 시민과 함께할 수 있는 활동을 원했다.

우리는 새 사체를 사람들의 집 앞에 놓아 두는 대신 중립적인 공간을 찾았다. 그해 목숨을 잃은 모든 새를 전시해 도시에 살고 있는 시민과 건물 소유주 들이 두 눈으로 볼 수 있게끔 만들었다. 우리가 개최한 전시회는 누구 하나 언성을 높이지 않고 생생한 이야기를 전달할 수 있는 가장 효과적인 방법 중 하나다.

FLAP의 활동 방법은 다른 여러 도시에서도 사용하고 있고 새

매년 FLAP은 토론토에서 유리창 충돌로 목숨을 잃은 새들을 전시한다.

FLAP과 자원봉사자들은 철새 이주 철인 봄과 가을, 다친 새를 구조하고 새 사체를 수거하는 활동을 펼친다.

를 사랑하는 여러 단체에 영감을 선사하는 좋은 선례가 되었다. 실제로 세이프 윙스 오타와(Safe Wings Ottawa)라는 단체에서도 비슷한 방법으로 사람들의 이목을 끌었다.

토론토의 노력

메주어와 FLAP의 노력 덕에 토론토는 다른 어떤 도시보다도 유리창 충돌을 줄일 수 있었다. 2007년 토론토는 녹색개발기준(Green Development Standard)의 일환으로 「조류 친화적인 개발 가이드라인(Bird-Friendly Development Guidelines)」을 제정했다. 이로써 토론토는 북아메리카에서 새에게 안전한 건물 가이드라인을 법으로 제정한 첫 도시가 됐다. 이 규정에 따라 토론토에서 새로운 건물을 건축하려면 새를 위한 유리창을 설치하는 등 최소한의 기준을 충족해야 한다.

수년에 걸쳐 수집한 자료를 분석한 메주어의 말에 따르면 밤보다 낮에 유리창 충돌이 더 많이 발생하고, 대부분의 충돌은 6층 이하의 낮은 층에서 일어난다고 한다. 실제로 유리창 충돌의 90퍼센트는 지상 16미터 이하에서 발생한다.

메주어는 최근 유리를 많이 사용하는 건축 흐름이 변하고 있다고 말하며 토론토에서 가장 독특한 건물인 라이어슨 학생회관을 소개해 주었다. 스뇌헤타가 디자인한 라이어슨 학생회관 건물은 유리

창의 무늬를 이용해 태양열을 최소화하고 건물 내의 빛을 다양하게 조절한, 눈에 띄는 멋진 건물이다.[1]

"이런 건물을 바라보면 정말 기분이 좋아져요."

메주어는 이렇게 말하면서 최근 들어 사람들의 인식이 변했고, 그와 더불어 새를 위한 디자인이 탄력을 받고 있다는 사실에 용기를 얻고 있다고 했다. 그는 유리창 충돌 문제에 맞서 싸워 온 25년이 넘는 세월을 보상받은 것 같다고 표현하며 지난날 자신과 FLAP이 어떻게 여론을 바꾸어 놓았는지도 자랑스레 설명했다.

"동이 트기도 전에 한 손에 그물망을 들고 건물 주변을 어슬렁거리는 우리가 사람들 눈에는 정신 나간 사람들처럼 보였을 거예요."

하지만 이제 상황이 변했다. 공무원을 포함해 많은 사람이 FLAP의 행동에 관심을 가지면서 FLAP의 말은 신뢰를 얻었다.

"마침내 FLAP은 대중의 관심을 얻었고 대중은 진심으로 이 문제가 해결되기를 바라고 있어요."

토론토 시민들과 메주어의 노력 덕분에 새를 위한 건축 가이드라인이 빠르게 제정될 수 있었다. 꽤 광범위한 부분까지 포함된 토론토의 가이드라인에서는 특히 새를 위한 유리창의 기준을 엄격하게 제시한다.(214~215쪽 표 참조) 이 가이드라인을 참고해 다른 도시에서도 나아갈 방향을 정할 수 있었다.

새에게 위험한 건물을 둘러싸고 진행된 두 건의 소송으로 새를 위한 디자인이 법적 근거를 얻을 수 있었다. 메주어와 FLAP은 직접 소송을 제기한 건 아니었지만 유리창 충돌 문제에 관한 다양한 자료를 제공했다. 덕분에 메주어는 개발 업자와 변호사의 공공의

『토론토 그린 스탠다드, 버전 3(Toronto Green Standard, Version 3』

조류 친화적인 유리창 규제: 다층 건물을 위한 토론토의 녹색 기준[2]

유리창 충돌 억제
1단계

EC 4.1 조류 친화적인 유리창

지상에서 16m까지의 건물 외부 유리창의 85%는 아래에서 언급하는 방법 또는 오래된 나무가 우거져 만든 캐노피를 혼합해서 가려야 한다. 적용해야 하는 곳으로는 발코니 난간, 투명한 유리창 곡면, 안뜰을 둘러싼 온실의 유리, 그리고 다양한 유리 외벽이 있다.

- 반사율이 낮고 불투명한 유리를 사용한다.
- 50mm × 50mm 이하의 간격으로 눈에 잘 띄는 무늬를 넣는다.
- 건물 일체형 구조물에 유리가 포함될 경우 반사율을 낮춘다.

발코니 난간: 지상에서 12m 높이까지의 발코니 난간 유리에는 100mm × 100mm보다 좁은 간격으로 무늬를 넣어야 한다.

비행 중 지나칠 수 있는 구조물: 새가 비행 중에 지나칠 수 있는 구조물은 어느 높이에 있든 100mm × 100mm 보다 좁은 간격으로 무늬를 넣어야 한다. 이에 해당하는 구조물은 아래와 같다.

- 유리창 곡면
- 평행한 유리창
- 건물 일체형 혹은 독립적으로 설치된 수직 유리창
- 평면 유리 가드레일
- 유리 난간

EC 4.2 옥상 초목

초목을 기준으로 위로 4m, 좌우로 2.5m 안에 있는 유리창은 EC 4.1의 기준을 적용한다.

EC 4.3 환풍구

1층 환풍구 구멍은 20mm × 20mm 혹은 40mm × 10mm보다 작아야 한다.

빛 공해
1단계

EC 5.1 외부 불빛

건물 외부 조명은 모두 다크 스카이(Dark Sky)®를 준수해야 한다.

적이 돼 협박을 받기도 했다. 하지만 메주어는 이들을 적으로 돌리기보다는 함께 행동하는 것을 원했다. 그는 새가 겪는 위험을 줄이기 위해서는 결국 개발자 및 건축 업체와 함께 행동해야 한다고 굳게 믿고 있다.

소송을 통해, 오염 배출을 제한하는 「온타리오 환경 보호 규약(Ontario Environmental Protection Act)」에 따르는 법적인 의무 사항을

● 국제다크스카이협회(International Dark-Sky Association)의 기준을 만족하는 정도로 오염되지 않은 밤하늘을 의미한다.

확립하는 수확을 얻었다. 이 규약에서는 열이나 에너지의 방출도 오염으로 규정하는데, 유리에 반사되는 햇빛이 새를 해친다면 이 역시 법으로 제한해야 한다고 법원은 판결했다. 법원의 판결은 정말로 강력한 힘을 갖고 있어서, 토론토에 있는 건물 소유주들을 순식간에 범법자로 만들었다. 또한 새 보호를 위한 대단한 영향력을 끼쳤다. 다만 온타리오 환경보호 및 공원관리부(Ontario's Ministry of the Environment, Conservation and Parks)가 실제로 법을 집행하는 건 어려웠다고 한다.

실제로는 거의 집행되지 않았지만, 판결이 내려진 뒤 유리창 충돌을 막을 수 있는 제품이 쏟아져 나왔다는 점은 꽤 만족스러운 결과다.

"그전까지 다양한 유리 세공 기업과 유리창 필름 기업이 흥미를 보였지만, 수요가 없는 제품을 개발하는 데 투자할 여력이 없는 상태였어요."

그런데 법원의 판결이 많은 회사에 새로운 방향을 제시했고, 그렇게 새로운 상품이 시장에 쏟아졌다.

메주어는 유리창 충돌이 얼마나 위험한지를 알려 줄 수 있는 빌딩이 토론토에만 수백만 개나 있을 것으로 추정한다. 수백만 개의 건물을 변화시키려면 얼마나 힘겨운 과정을 거쳐야 할지는 쉬이 짐작할 수 있다.

사람들을 설득하는 데는 날카로운 말보다 부드러운 말이 효과적이라는 철학을 갖고 있는 메주어와 FLAP은 변화를 만들기 위해 또 다른 방법을 찾아야 했다. 최근에는 메주어가 기술위원회 일원으로 활동하고 있는 캐나다 표준협회(Canadian Standards Association)

에서 자체 기준을 개발하기도 했다. 만약 캐나다 표준협회의 기준의 내용이 법안에 담긴다면 더 강한 건축 규범이 될 수 있을 것이다.

메주어는 기존 건물을 어떻게 바꾸어야 하는지가 더 큰 문제라 이야기한다. 토론토의 녹색 기준에 따라 새로운 건축물은 새를 위한 구조물을 설치할 것이다. 그렇다면 이미 건축된 건물은 어떻게 해야 할까? 메주어는 목숨을 잃는 새 중 99.9퍼센트는 기존 건물에 충돌한 경우라고 말한다.

"감당할 수 없을 만큼 건물이 많죠."

FLAP은 가장 위험한 건물을 선별해 모니터링하는 방법을 택했다.

토론토의 건축 기준을 만족한 건물 중 하나로 블루어스트리트에 위치한 하이파크 콘도를 들 수 있다. 나는 그곳에서 FLAP의 상근 활동가 중 한 명인 수잔 크란츠를 만나 FLAP에서의 경험을 들었다. 크란츠는 상근직이 되기 전 자원봉사자로 활동하던 때 유리멧새(*Passerina cyanea*)가 유리창에 부딪히는 모습을 목격한 일화를 들려주었다.

"유리멧새는 혼란스러워 보였어요."

크란츠는 자신의 손안에서 목숨을 잃는 새를 보면서 무력감을 느꼈다고 말했다.

이곳 하이파크 콘도는 토론토의 녹색 기준을 따라 어떤 건물을 건축할 수 있는지를 보여 줬다. 빌딩은 기준에 명시된 대로 가로세로 10센티미터 간격의 격자무늬가 있는 유리창을 사용했다. 하지만 크란츠는 규제가 더 강력해야 한다고 지적했다. 2020년부터는 격자무늬의 간격이 5센티미터로 더 빽빽해지고 시청 같은 공공 건물에도 기준을 적용하는 등 더 엄격한 개정안이 시행되고 있다.

크란츠는 무늬가 있는 유리창의 위치 역시 문제가 될 수 있다고 이야기했다. FLAP의 활동가들은 여러 겹으로 이루어진 유리창 안쪽에 무늬를 넣으면 새의 눈에 잘 띄지 않는다는 사실을 발견했다. 유리창 가장 바깥쪽에 무늬가 있어야 새들의 눈에 잘 띈다. 다행히 유리 세공 업자와 유리창 제조 업체가 만드는 제품이 점점 더 다양해지고 있기 때문에 기준을 만족하는 일은 어렵지 않을 것 같다.

대중 교육도 FLAP에서 공들인 부분 중 하나였다. FLAP에서는 빌딩 로비에 안내판을 설치하고 영어와 프랑스어로 제작한「새에게 안전한 집(Homes Safe for Birds)」이라는 브로슈어를 이용해 개인이 할 수 있는 일을 알렸다.[3] 간단한 브로슈어지만 많은 정보와 함께 다양한 예상 질문과 답변을 수록했다. 예를 들면 '다친 새를 발견하면 어떻게 해야 할까?' '새에게 안전한 집을 만들려면 어떻게 해야 할까?' '버드피더를 어디에 달아야 유리창 충돌을 막을 수 있을까?'와 같은 것들이다. 또한 가로와 세로가 모두 5센티미터인 사각형을 수록하여 직접 유리창 무늬의 간격을 확인할 수 있도록 했다.

"사각형을 유리창에 대 보세요. 조류 충돌 방지 테이프로 무늬를 만들 때 이 사각형보다 간격이 크면 안 돼요."

토론토뿐만 아니라 전 세계 도시에서 죽거나 다친 새를 온라인으로 기록할 수 있는 '글로벌 유리창 충돌 지도(Global Bird Collision Mapper)'와 '새의 안전을 위한 서약(BirdSafe Homes Pledge)'을 이용하는 것도 좋은 방법이다.[4] FLAP에서는 철새 이주 시기가 되면 불 끄기 프로그램에 동참을 권유하며 건물 소유주들에게 철새의 이주 시기임을 알리기도 한다.

하이파크 콘도 가까이에 살았던 크란츠는 하이파크 콘도의 명확한 단점도 지적했다. 가장 논란이 많았던 내용은 하이파크 콘도의 크기였다. 주민들이 느끼기에 건물이 너무 거대하다는 것이 문제였다. 크란츠는 도시에는 고층 건물이 아니라 중간층 건물이 늘어야 한다고 말한다.

건물을 건설하면서 발생하는 벌목도 뜨거운 쟁점이었다. 하이파크 콘도 건설 업체는 마지막 남은 흑참나무 숲 일부를 벨 수 있도록 허가를 받았는데, 심지어 새들이 둥지를 짓는 기간에도 벌목이 이루어졌다. 크란츠는 하이파크 콘도에 옥상 녹지가 있다는 점은 긍정적으로 평가하면서도 왜 인근의 하이 공원과의 연계 속에서 옥상 녹지를 조성하지 않았는지 의문을 표했다. 나와 이야기를 나눈 다른 토론토 시민들도 비슷한 의견이었다. 하이 공원은 협곡의 일부로서 마지막 남은 흑참나무 서식지 가운데 하나다. 만약 흑참나무 숲을 베지 않고, 또 길을 따라 흑참나무를 심어 나무의 네트워크를 확장했다면, 하이 공원이 생태적으로 더 연결되어 그 기능이 강화되었을 것이다.

또 하나 짚고 넘어가야 하는 사실은 유리창 충돌로 인한 새의 죽음이 도심의 상업 지구나 주거지 밀집 구역보다 교외에서 더 많이 일어난다는 점이다. 이러한 이유로 FLAP에서는 주택 소유자를 대상으로 캠페인을 벌이고 있다.

협곡의 녹지를
도심으로 넓힐 수는 없을까?

토론토의 가장 큰 특징으로 도시를 가로지르는 협곡의 존재를 꼽을 수 있다. 그래서 토론토를 '협곡의 도시'라고도 부른다. 도시 면적의 17퍼센트가 협곡이며, 이 가운데 60퍼센트가 공유지다. 토론토의 중요한 지질학적, 생태학적 특징은 협곡 때문에 나타나는 경우가 많다. 숲이 우거진 협곡 주변은 철새가 이동할 때 특히 중요한 통로가 된다.

최근 몇 년 동안 협곡에 많은 사람이 관심을 갖기 시작했고, 협곡이 토론토의 정체성 중 하나라는 인식이 생겨났다. 토론토 행정 당국도 협곡이 시민들의 건강과 행복한 삶을 지켜 주는 중요한 의지처임을 인식하여 협곡을 보호하고 관리하며 협곡에 대한 교육을 진행하려는 야심찬 비전을 세웠다.[5]

처음 토론토를 방문한 2019년 10월, 나는 돈강의 유명한 협곡 중 한 곳을 찾았다. 그곳에는 버려진 벽돌 공장 건물을 리모델링해 놀라운 일들을 벌이는 기지로 사용되고 있는 에버그린 브릭 워크스(Evergreen Brick Works)가 있었다. 라이어슨 대학교 도시계획학과 교수 니나-마리 리스터와 에버그린의 CEO 캠 콜리어가 안내를 맡아 주었다.

에버그린 브릭 워크스에서 가장 먼저 눈에 띈 것은 한쪽 벽면 전체를 가득 채운 조형물이었다. 페루치오 사델라의 작품으로 토론토에 있는 수많은 협곡을 생생하게 묘사한 수직 정원이었다. 워낙 눈에 띄는 작품이어서 그런지 작품 앞은 사람들의 만남의 장소가 됐다.

에버그린 브릭 워크스는 토론토의 협곡에 대한 이야기를 나눌 완벽한 장소였다. 이제는 새로운 공간으로 완전히 변모했지만 백년 전만 하더라도 이곳은 토론토 전역의 건축물에 사용할 벽돌 생산을 도맡았던 공장이었다. 옛 시청과 매시 홀을 포함해 토론토의 역사적 건축물은 대부분 이 공장에서 생산한 벽돌로 건축했다.

그러나 벽돌의 원재료인 모래가 고갈되면서 공장은 문을 닫을 수밖에 없었다. 서식지 복원 활동 단체 에버그린은 20년 동안 비어 있던 이 공간에 다시 생명력을 불어넣었고, 이제 이곳은 지역 환경 활동의 중심지이자 사람들이 즐겨 찾는 명소가 되었다. 과거 채석장은 연못과 공원으로 탈바꿈했고, 농산물 직판장과 식당도 생겨났다. 인근 학교에서는 에버그린 브릭 워크스의 어린이 수상 공원을 찾아와 다양한 행사를 진행한다. 가장 인상적인 것은 벽돌을 굽던 가마를 비롯한 공장 구조를 복원해 새로운 용도로 사용한다는 점이었다. 과거에 사용했던 긴 컨베이어 시스템을 가만히 들여다보니 한창 벽돌을 찍어 내던 공장 모습이 보이는 듯했다.

벽돌 공장이 문을 닫은 건 1989년이지만, 1954년에 토론토를 덮친 헤이젤 허리케인으로 이미 계곡 주변의 많은 것들이 사라졌다. 협곡을 따라 토론토 중심을 가로지르는 강이 범람하면서 그 일대는 침수 피해를 볼 수밖에 없었다. 허리케인이 휩쓸고 간 뒤 토론토 당국은 무분별한 개발로부터 협곡을 보호해야 한다는 사실을 깨달았다. 그날 이후로 토론토는 개발제한구역을 지정하고 대부분 땅을 토론토 지역보전당국(TRCA, Toronto and Region Conservation Authority)을 통해 직접 관리하기 시작했다. TRCA는 지금까지도 협곡 근방 지역을 관리한다.

나는 아름답고 거대한 협곡을 따라 산책했다. 에버그린 브릭 워크스에서 나와 돈강 하류를 따라 토론토 시내까지 느긋하게 걸으며 중간중간 길가에 핀 야생화 사진을 찍기도 했다. 이 협곡은 다른 어떤 도시의 협곡보다 많이 개발됐다. 강을 따라 걷다 보면 혼자 사색할 수 있는 한적한 공간도 많지만, 근처를 지나는 고속도로의 소음이 들리거나 홍수 조절 시설 같은 다양한 인공 구조물도 눈에 띈다. 나는 강을 가로지르는 퀸즈브릿지의 가파른 계단을 올라 시청으로 향했다.

토론토의 협곡이 새들에게 중요한 서식지일 뿐만 아니라 새들이 도시를 통과할 때 이용하는 통로가 된다는 사실은 분명하다. 하지만 환경이 좋지 못한 협곡도 있고, 과거 이곳을 생태적으로 잘 관리하지 못한 대가를 곳곳에서 치르고 있었다. 토론토 도시계획부 선임기획자이자 환경청 책임자인 제인 베닝어는 새에게 협곡이 얼마나 중요한지 설명했다.

"협곡은 철새가 이동하는 경로이자 중요한 서식지이고, 새들이 도시를 안전하게 지날 수 있게 안내해 줍니다."

베닝어는 협곡 가장자리에 새로운 건물의 건축을 금지하는 규정을 포함해 협곡 근방의 개발을 제한하는 규제를 설명해 주었다.

그러나 개발을 제한하는 것만으로는 불충분하다는 사실이 드러났다. 박사과정 학생 에릭 데이비스는 협곡이 생태적으로 건강하지 못하다는 사실을 담은 연구를 발표했다. 연구에 따르면 외래종인 노르웨이단풍이 협곡을 점령하면서 새들의 중요한 서식지인 히코리를 포함해 자생종 침엽수로 이뤄진 거대한 숲이 사라졌다고 한다. 데이비스는 노르웨이단풍이 '모든 것을 밀어내고 있다'고 표현했다. 그의 연구에 따르면 지난 40년 동안 토론토 협곡의 생물 다양성과 생태적 기능이 확연히 줄었다고 한다.[6]

조경가인 월터 켐은 데이비스의 평가에 어느 정도 동의하면서도 협곡 생태에 문제를 일으키는 근본적인 원인을 찾아내는 데는 실패했다고 비판했다. 나는 켐에게 토론토에서 협곡이 얼마나 중요한지 질문했다. 켐은 협곡이 이곳 생태계의 핵심이라는 답변과 함께 생물 다양성이 줄어들고 있다는 조심스러운 의견을 내놓았다. 그는 협곡이 점점 다양한 식물이 어우러진 다층식생이 아닌 고립된 골짜기로 변해 가고 있다고 지적했다.

"가장 큰 문제는 나무가 아니라 덤불 같은 하층식생이 부족하다는 점이었어요. 덤불을 심자 솔새, 개똥지빠귀, 가마새(*Seiurus aurocapilla*)가 봄에 다시 찾아 왔어요. 정말 놀라웠죠."

켐은 도시에 서식하는 여러 동물에게 중요한 관목과 하층식생을 복원하기 위해서는 협곡을 더 적극적으로 관리해야 한다고 말했다. 무엇보다 쓰레기와 여러 잔해를 비롯한 다양한 폐기물로 인해 협곡 바닥이 질식하고 있다고 이야기했다.

비록 켐은 현재 토론토 당국이 협곡을 관리하는 방법에는 비판적이지만, 새의 새로운 서식지가 되고 있는 몇몇 공원에는 긍정적인 평가를 내렸다. 단적인 예로 온타리오호 가장자리를 준설해 만든 토미 톰슨 공원을 꼽을 수 있다.(켐이 공원 디자인에 참여했다.) 100년 전에는 존재하지 않았던 이 공원은 오늘날에는 5제곱킬로미터 크기를 자랑한다. 버드라이프 인터내셔널에서는 토미 톰슨 공원을 '생태적으로 중요한 지역(Environmentally Significant Areas)'이자 '중요한 조류 서식지(Important Bird Area)'로 지정했다. 공원에는 캐나다 전국의 26개 조류연구소와 연계된 연구소도 위치해 있다. 연구소는 토론토 지역보전기금(TRCF, Toronto and Region Conservation Foundation)과 TRCA가 공동으로 운영한다.

켐은 토미 톰슨 공원을 통해 도시에 서식하는 새들을 보호하는 방법을 배울 수 있었다고 이야기했다.

"우리가 해야 할 일은 가능한 다양한 생태계를 보호하는 것입니다. 습지 가장자리부터 반습지, 그리고 더 건조한 지역까지 말이에요. 무언가를 더 심어서는 안 돼요. 다만 전반적인 흐름을 이해하는 게 중요해요. 새를 비롯한 다양한 동물이 자연스럽게 씨앗을 퍼트리도록 놔둬야 해요. 토미 톰슨 공원에는 이제 다양한 식물이 어우러졌어요."

켐은 토미 톰슨 공원이 끌어들이는 새들이 인상적이라며, 3년 전 처음으로 찾아온 이후로 매년 돌아와 둥지를 트는 큰흰죽지를 언급했다. 좋은 신호라는 말과 함께.

이 사례에는 중요한 교훈이 담겨 있다. 그건 우리가 도시에 다양한 풍경을 조성해야 한다는 것이다.

"도시는 오랫동안 한 가지 모습만 가득한 곳이었습니다. 뒷마당, 거리, 인도, 자전거길, 근린공원, 야구장을 어떻게 다양한 생태계로 만들 수 있을까요?"

이를 위해 우리는 도시의 모든 공간을 새로운 시선으로 바라봐야 한다.

켐은 협곡 그 이상을 상상해야 한다고 말했다. 협곡은 이미 토론토의 거대한 녹색 기반이 되어 주고 있지만, 이 녹색 통로 너머까지 자연을 이어서 넓혀 나가야 한다는 이야기다.

"협곡 주변으로 선을 잇는다고 보면 돼요. 협곡만 보지 말고 도시를 녹색 그물이라고 여기는 거죠."

켐은 협곡으로부터 뻗어 나온 나무들의 촉수, 풀들의 촉수, 서식지의 촉수를 넓혀 나가는 일이 핵심이라고 강조했다.

켐의 말을 듣자 하이파크 콘도가 떠올랐다. 하이파크 콘도의 사례는 개발 예정지였던 곳이 주거지로 바뀌며 도시의 밀도가 높아지는 과정을 보여 주었다. 토론토의 도시 계획에 따르면 하이파크 콘도가 자리한 블루어스트리트는 앞으로 더 많은 개발이 진행될 예정이다. 본래 블루어스트리트는 중간층 건물이 적당한 밀도로 들어선 장소였다. 그런 곳에 덩치가 큰 하이파크 콘도가 건설되었다. 비록 새를 위한 유리창을 사용하고 옥상 녹지를 조성했지만, 뭔가 더 많은 것을 했어야 한다는 생각이 든다.

게다가 콘도를 건축하는 과정에서 흑참나무를 포함해 너무나도 많은 나무를 베었다. 지역 칼럼니스트 조 피로리토와 삼림감독관 에릭 데이비스는 건설 현장을 방문한 후 토론토 일간지인《토론토 스타(Toronto Star)》에 신랄한 논평을 기고했다.

공사장 옆 저 나무들이 공원에 있는 흑참나무의 유전적 다양성에 중요한 영향을 끼친다는 사실, 신경 쓰지 마세요. 공원의 흑참나무가 북아메리카 대륙 자연의 보고라는 사실도 신경 쓰지 마세요. 지금이 새들이 둥지를 짓는 시기라는 사실도 신경 쓰지 마세요. (…)

가장 슬픈 일이요? 새 한 마리가 근처 전깃줄에 앉아 있었어요. 부리에 애벌레를 물고 말이죠. 에릭 데이비스가 말했어요. "저 새 보이세요? 새끼를 키우는 시기가 아니면 새는 부리에 먹이를 문 채로 다니지 않아요."

당연히 지금은 새끼를 키우는 시기니까요. 새끼에게 먹이를 주러 가는 길인 것 같았죠. 둥지가 있는 나무를 찾고 있어요. 하지만 이제 둥지는 자리에 없어요. 어린 새들은 톱을 피해 날아가기엔 너무 어렸죠. 아마 땅에 떨어졌을 거예요.

나무에 새와 곤충을 비롯해 얼마나 다양한 동물이 사는지에 대한 연구나 조사는 없었어요.

새는 부리에 애벌레를 물고 날아올랐어요. 마치 둥지와 새끼가 어디선가 나타날 것처럼 말이죠.

저 너머로 새로 짓는 콘도 간판이 보여요. "여러분의 공간을 사랑하세요."

네, 그게 뭐든 간에요.[7]

개발 때문에 커다란 나무가 급속도로 사라지는 일은 정말 안타깝다. 특히 토론토에서 흑참나무가 사라지는 일은 더욱 그렇다.

나는 제인 베닝어에게 길 건너편에 있는 하이 공원의 아름다운 생태계를 토론토 전역으로 확장할 방법이 있을지 물었다. 흑참나무가 아니더라도 토론토에 알맞은 품종을 토론토 전역으로 퍼트릴 수 있을까?

베닝어는 녹지를 늘릴 토론토만의 계획이 있다고 답했다. 당장 많은 녹지를 조성하기는 어렵지만 멋진 계획들이 수립되고 있으며, 실제로 구현된다면 새뿐만이 아니라 사람에게도 좋은 소식일 것이라고 말했다.

하이파크 콘도는 토론토의 생태 중심지인 하이 공원 북쪽에 있다. 녹지를 확장하며 하이 공원과 생태적으로 연결되어야 할 필요성과 그 기회가 분명해 보인다. 하이 공원 인근 주민들은 블루어스트리트를 따라 일어나는 개발로 소중한 흑참나무를 포함해 다양한 고목이 사라지는 변화를 탐탁지 않아 했다. 하이 공원은 토론토에 마지막 남은 흑참나무 서식지다. 매년 토론토 당국에서는 흑참나무 서식지를 보호하고 되살리기 위해 통제발화°도 진행하고 있다.

또한 하이 공원은 토론토 시민들이 새를 관찰하는 주요 장소 중하나다. 토론토 맹금류 탐조단체(Greater Toronto Raptor Watch)에서 하이 공원 내 탐조 포인트 세 군데를 선정했는데, 가장 유명한 장소는 호크 힐이다. 호크 힐에서는 이동하는 맹금류를 18종이나 볼 수 있다. 쏙독새를 관찰하기에도 최적의 장소다. 시민들은 쏙독새의 개체 수

° 숲에 의도적으로 불을 지르는 행위로 외래종의 성장을 억제해 자생종이 더 잘 자랄 수 있도록 돕는다.

를 측정해 캐나다 조류 연구(Bird Studies Canada)에서 운영하는 모니터링 프로그램인 '하이 공원 쏙독새 탐조(High Park Nighthawk-Watch)'에 도움을 줄 수도 있다.[8] 이를 위해 탐조인들은 매년 8월 중순부터 9월 초까지, 저녁 6시가 되면 호크 힐을 찾아온다.

나는 가을에 하이 공원을 다시 찾았고, 아일랜드계 캐나다인 식물학자 다이애나 베레스포드 크로거가 운영하는 건강 산책 프로그램에 우연히 참여할 수 있었다. 이 프로그램을 통해 매력적이고 독특한 시선으로 숲을 바라볼 수 있었다. 베레스포드 크로거는 어렸을 때부터 나무를 사람처럼 대하고 나무에 얽힌 고대 비밀과 나무를 이용해 약을 만드는 방법을 배웠다고 한다. 훌륭한 과학자인 그는 다른 과학자들과는 다르게 과학 정보에 어릴 적 배운 고대 비밀을 더해 들려준다.

그날도 베레스포드 크로거는 나무에 얽힌 놀라운 이야기를 풀어놓았다. 이야기에는 하이 공원에서 우리가 만지고 껴안은 나무뿐만 아니라 저 멀리 아한대 숲속의 나무도 등장했다. 베레스포드 크로거는 육지의 건강한 숲이 어떻게 해양의 먹이사슬을 만드는지 이야기해 주었다. 나뭇잎에 들어 있는 풀브산(fulvic acid)이 해양 플랑크톤에 꼭 필요한 철을 공급한다는 것이었다. 다양한 장소의 생명체들이 서로 연결돼 있다는, 나무와 새를 포함한 모든 생명체의 신비와 경이로움에 관한 이야기였다.

그는 『나무를 대변해서 말하다(To speak for the Trees)』에서 참나무를 '곤충과 나비를 포함해 꽃가루를 옮기는 모든 생물을 위한 대도시'라고 묘사했다.[9] 베레스포드 크로거의 이야기는 우리가 귀담아들어야 하는 많은 목소리 중 하나로, 도시의 이웃인 나무, 새, 그리고 다양한 생명체의 경이로움을 일깨워 줄 것이다.

오늘날 토론토는 현실에 안주하지 않고 새롭고 획기적인 공원과 도시 공간을 만들고 있다. 시내를 가로지르는 철로 위에 조성된 레일 덱 공원(Rail Deck Park)과 가디너 고속도로 아래를 정비하여 만든 1750미터 길이의 스케이트 코스 벤트웨이(Bent-way) 같이 다양한 공간이 태어나고 있다.

토론토의 또 다른 대표적 자연 공간이자 새들의 서식지로 국립 루즈 도시공원(Rouge National Urban Park)을 들 수 있다. 캐나다의 첫 국립 도시공원인 루즈 도시공원은 넓이가 약 80제곱킬로미터로 다른 도시까지 뻗어 있을 정도로 규모가 매우 크고, 많은 시민의 거주지와 가까워 새와 사람이 어우러져 살아가는 곳이다. 게다가 토론토에서 유일하게 캠핑을 할 수 있는 장소로, 공원 관리소에서는 가족 여행객을 상대로 캠핑 방법을 알려 주는 워크숍을 열고 있다. 게다가 247종의 새를 관찰할 수 있어서 탐조 장소로도 인기가 많다.

미도웨이(Meadoway)는 녹지와 공원을 연결하는 녹색 촉수의 한 예다. 거대한 송전탑이 지나는 길을 동물들의 서식지이자 시민을 위한 공원으로 바꾸는 TRCA의 프로젝트로, W. 가필드 웨스턴기금(W. Garfield Weston Foundation)의 후원금 2500만 달러를 포함해 필요 비용의 40퍼센트인 8500만 달러를 확보했다. 조성이 끝나면 길이 16킬로미터, 넓이 5제곱킬로미터의 기다란 공원이 탄생할 것이다. 미도웨이는 토론토 시내에서 루즈 도시공원까지 펼쳐져 있고, 많은 주택과 공원 그리고 적어도 네 개의 계곡과 연결돼 있으며, 다양한 용도로 사용할 수 있는 오솔길도 나 있다. 외래종인 페스큐로 가득한 땅을 생물 다양성이 풍부한 녹지로 바꾸는 노력이 한창이며, 현재 0.4제곱킬로미터 공간을 토종 식물이 자라는 초원으로 복원했다.

이러한 시도는 도시를 녹지와 연결하여 재자연화하는 창의적인 방법이다. 트레버 헤이우드는 자신의 블로그 '메트로스케이프 (Metroscapes)'에서 이 사례와 같은 협곡의 연장과 연결이 더 많이 이뤄질 수 있다고 쓰면서, 길이 160킬로미터, 넓이 14제곱킬로미터에 이르는 또 다른 송전탑 아래 공간을 소개했다.[10]

⌄

물이 흐르는 도시

앞에서 살펴보았듯 토론토는 새에게 도시가 얼마나 위험한지를 알리는 데 앞장섰다. 이 과정에는 마이클 메주어와 FLAP의 많은 자원봉사자의 노력이 있었다. 새의 입장을 대변하는 FLAP의 노력은 다양한 도시에 영감을 주었다. 이제는 많은 도시에서 동참하고 있는 유리창 충돌을 막기 위한 노력은 FLAP에서 가장 먼저 시작했고, 토론토에서 처음으로 실현됐다. FLAP의 노력 덕에 토론토는 조류 친화적인 디자인 기준을 적용한 첫 도시가 됐다. 토론토의 공원과 녹지, 특히 이 도시 녹지의 뼈대라 할 수 있는 협곡을 관리하는 새롭고 창의적인 모습은 정말 인상적이다.

그러나 이 책에 나온 모든 도시가 그렇듯 토론토도 성공적이지만은 않았다. 조류 친화적인 디자인을 제도화하는 데는 성공했지만, 이걸로 충분한 걸까? FLAP의 수장 크란츠는 모니터링 결과 여전히 새의 수는 감소하고 건물은 증가하고 있다고 말한다. 강 주변에서도 계속해서 개발이 진행되고 있다.

"또 다른 벽이죠. 우리는 정말로 많이 걱정돼요."

크란츠는 새들이 남쪽으로 이동할 때면 전파를 통해 이동 경로를 추적한다.

"우리는 숨죽이며 기다리고 있어요."

그나마 새들이 토론토에 머무는 동안은 괜찮을지도 모른다. 하지만 철새는 새에 별 관심이 없는 다른 도시까지 먼 거리를 이동해야 한다.

새를 위한 토론토의 노력은 완벽하지 않다. 특히 새들의 중요한 서식지인 토론토의 협곡을 보존하고는 있지만 적절하게 관리하지 못한 탓에 생물 다양성이 줄어들고 있다는 문제가 있다.

그렇지만 중요한 건 토론토가 이런 문제를 해결하기 위해 노력하고 있다는 사실이다. 국립 루즈 도시공원과 미도웨이 같은 공원을 조성하는 노력을 통해 토론토는 앞으로도 새에게 안전한 도시를 만드는 데 가장 힘쓰는 도시가 될 것이다.

10장

검정앵무가 사는
숲을 지켜라!

한 무리의 새가 하늘 위를 맴돈다.
그저 한 무리의 새들,
그게 당신이 사랑을 생각하는 방식이지.

콜드플레이, <Fly On>

도시에 남아 있는 자연은 도시에 사는 새의 서식지이고, 생물 다양성을 지키기 위해 꼭 필요한 곳이다. 하지만 지켜 내는 일은 쉽지 않다. 자연이 훼손되는 가장 흔한 이유는 고속도로 개발이며, 여기에는 상당한 재원과 공력이 뒷받침된다. 따라서 소중한 것을 지켜내기 위해서는 뭔가 미심쩍은 일이 일어나지 않는지 잘 살피고, 공동체가 효율적이고 끈끈하게 연결되어 있어야 한다.

⌄

숲을 지켜 낸 사람들

웨스턴오스트레일리아주 커틴 대학교의 피터 뉴먼은 새와 동물이 좋아하는 덤불 지대를 살리기 위해 힘을 모은 공동체 이야기를 들려줬다.[1] 그의 이야기는 한 편의 드라마 같았다. 보수적인 주 정부와 주 총리 콜린 바넷은 수년 동안 8번 고속도로를 연장해 프리맨

틀 항구까지 연결하는 화물 운송로를 뚫으려 했다. 처음 구상부터 잘못되었고 예상보다 많은 비용을 필요로 한 8번 고속도로 연장 공사는 부적절하고 불필요해 보였다. 게다가 이 공사로 인해 남아 있는 숲 지대와 뱅크셔나무 군락, 그리고 얼마 안 남은 습지까지 몽땅 사라질 위기에 처했다.

나는 남은 숲 지대를 방문해 이 자연 보호 드라마의 주역 몇몇을 인터뷰할 수 있는 영광스러운 기회를 얻었다. 아름다운 자연을 사진으로 담아낸 린다 블라그를 만났고, 피터 뉴먼과 함께 이 일화를 다큐멘터리로 만들었다. 이 드라마는 몇 년에 걸쳐 펼쳐진 이야기다. 법원에서 진행된 싸움에 관한 내용도 있지만 대부분은 지역 사회가 어떻게 한데 뭉쳐 포기하지 않았는지를 들려준다. 수천 명의 주민이 참여했고 많은 사람이 신변의 위협을 받았으며 체포된 사람도 많다. 이 드라마에서 가장 중요한 두 사람은 '빌라이어 습지 살리기(Save Beeliar Wetlands)'를 운영하는 케이트 켈리와 '운송로를 재고하라(Rethink the Link)'의 킴 드라브니엑스였다. 당시 공사에 반대하는 캠페인을 주도한 사람은 대부분 여성이었으며, 그 가운데 켈리와 드라브니엑스는 가장 확고하고 열정적인 인물이었다.

케이트 켈리를 인터뷰하면서 남은 숲 지대를 직접 볼 수 있었다. 켈리는 사람들과 함께 이 숲 지대를 걸은 경험을 바탕으로, 습지와 삼림이 사람들에게 끼친 마법 같은 영향을 이야기해 주었다. 숲 지대를 걸으면서 사람들은 마음을 누그러뜨리고 나긋한 말투로 대화했으며 관계를 맺는 데 더 마음을 쏟았다고 한다. 한마디로 숲은 우리가 더 나은 사람이 될 수 있도록 도와주었다.

퍼스 지역은 놀라울 만큼 다양한 생명체가 가득한 곳이다. 켈리와 인터뷰를 진행한 자투리 숲에서도 반디쿠트, 푸른혀도마뱀 같은 동물뿐만 아니라 난초부터 거대한 뱅크셔나무까지, 다양한 생명체를 마주할 수 있었다. 이곳에서 만난 새 역시 환상적이었다. 덤불을 지나면서 오색앵무(*Trichoglossus moluccanus*), 붉은꿀빨기새(*Anthochaera carunculata*), 뉴홀란드꿀빨기새(*Phylidonyris novaehollandiae*), 그리고 내가 좋아하는 소리를 내는 호주큰까마귀(*Corvus coronoides*)를 목격할 수 있었다. 운이 좋다면 붉은꼬리검정관앵무(*Calyptorhynchus banksii*)의 시끄러운 소리나 쉽게 마주하기 힘든 짧은부리검은유황앵무(*Zanda latirostris*)의 소리를 들을 수 있을지도 모른다. 두 종의 검정앵무 모두 이곳 퍼스 지역에 서식한다. 이곳에 살고 있는 또 다른 검정앵무인 긴부리검은유황앵무(*Zanda baudinii*)는 웨스턴오스트레일리아의 남서쪽에서 서식하는데 개체 수도 적고 숲이 우거진 곳에서만 볼 수 있다. 붉은꼬리검정관앵무, 짧은부리검은유황앵무, 긴부리검은유황앵무 등 세 종의 검정앵무 모두 위험한 상황이다. 「웨스턴오스트레일리아 생물 다양성 보전법(Western Australia's Biodiversity Conservation Act)」에서는 짧은부리검은유황앵무는 멸종 위기종(EN, endanagered)으로, 붉은꼬리검정관앵무과 긴부리검은유황앵무는 취약종(VU, vulnerable)으로 분류한다.[2] 이 새들의 개체 수가 감소하는 이유로는 앞서 이야기했듯이 오랜 역사를 자랑하는 뱅크셔 숲 같은 서식지가 꾸준히 감소하는 것을 꼽을 수 있다. 이 때문에 고속도로 건설 반대 캠페인 마스코트로 검정앵무가 선정됐다.

지역사회에서 오랫동안 진행한 캠페인 덕분에 고속도로를 연장해 화물 운송로를 만들려는 계획은 어그러졌고 정권이 바뀌면서 남은 숲을 지킬 수 있었다. 하지만 선거를 앞둔 몇 달 동안 임기가 끝나 가던 주 총리가 개발을 서둘렀고, 이로 인해 원시림의 절반 정도가 사라지는 비극이 일어났다. 시민들은 평화적인 시위를 벌였지만 웨스턴오스트레일리아 지방 정부의 반응은 격렬했다. 지역사회의 극심한 반대에 부딪히자 개발을 빠르게 진행해 버리기로 결정을 내렸다는 점에서 비열하다고도 할 수 있다. 말을 탄 경찰은 시위하는 사람들을 과격하게 진압하고 많은 사람을 체포했다. 이 과정에서 사람들은 법적 그리고 윤리적으로 평화 시위를 할 수 있는 권리가 무시될 수 있는지 의문을 제기했다.

많은 지역민들이 이 사태에 관한 토론을 벌였고, 숲과 습지를 걸으며 개발로 사라질 환경을 직접 목격했다. 시위대는 터전을 잃을 위기에 처한 알록달록한 동식물 사진을 들고 행진에 나섰다. 한 운동가는 위기에 처한 숲 지대를 새의 시선에서 담아내기 위해 드론을 띄워 촬영했는데, 그 덕분에 숲 지대의 아름다움과 곧 사라질 범위가 얼마나 넓은지를 분명하게 확인할 수 있었다.

드라브니엑스는 시위 도중 사람들이 보여 준 비폭력 직접 행동들에 대해 들려주었다. 사람들은 점차 안주하던 태도에서 벗어나 다양한 방법으로 시위에 첫걸음을 내디뎠고, 그들은 도울 수 있는 일이라면 무엇이든 함께해 주었다고 한다. 전날 밤 문자를 받은 수백 명이 시위 장소에 나타나기도 했다. 한번은 직업을 드러내는 유니폼을 입고 모이자는 이야기가 나왔고, 청진기를 목에 건 의사 행렬이 시위에 동참하기도 했다. 나무를 며칠 동안 점거한 청년들도 있었다.

드라브니엑스와 사람들은 평화롭게 시위할 수 있는 여러 기발한 방법을 이용해 사안을 널리 알렸다. 음악가들이 함께한 현장에서는 음악이 흘렀고, 사람들은 시를 쓰고 낭송했다. 드라브니엑스는 시위 과정에서 이런 재치가 결정적으로 많은 사람의 공감을 이끌었다고 말했다. 검정앵무 복장을 입고 쇼핑센터에서 총리에게 이런 질문을 한 사람도 있었다.

"저는 어떻게 보상을 받을 수 있죠?"

그 무엇으로도 대체할 수 없는 숲 지대를 다른 것으로 대신하거나 보상하면 된다는 지방 정부의 터무니없는 계획을 비꼬는 행동이었다. 해변에서 비키니를 입고 팔에 항의 문구를 적은 사람도 있었다. 총리는 보지 못했지만 이를 발견한 눈치 빠른 사진 기자들은 많은 사진 기사를 내보냈다.

"이 모든 것이 캠페인이었어요. 사람들은 머릿속을 스친 생각을 그대로 행동으로 보여 줬어요."

가장 창의적이었던 방법은 한 시간 동안 조용히 서 있는 것이었다. 천 명 가까이 되는 사람들이 퍼스 시내에서 침묵 시위를 하기 위해 모습을 드러냈다. 파란색 천으로 남은 숲 지대를 표현하자는 아이디어가 채택되었고, 시위하는 사람들은 옷에 파란색 천 조각을 달고 나왔다. 오늘날까지도 많은 사람이 연대의 의미로 셔츠나 코트에 작은 파란색 천 조각을 단다.

드라브니엑스는 자신이 굳게 믿는 진실을 위해 함께 맞서는 행동의 가치가 지역사회의 오랜 유산이라고 말했다. 부당한 일에 반대하는 행동은 100년 전 여성 참정권 운동가만의 것이 아니다. 퍼스의 사례는 오늘날에도 시민 불복종 운동이 가능함을 보여 주었다. 드라브니엑스는 사람들이 잘못된 일에 맞서며 자신감을 얻었고, 자신의 행동에 자부심을 느낀다고 이야기했다.

"아이들은 부모님의 행동을 매우 자랑스러워했어요."

특히 도시에서 자연의 힘을 느낀 사람들이 많다는 사실은 이 이야기에서 가장 중요하면서 희망적인 부분이다. 시위를 통해 사람들은 우리를 둘러싼 자연의 아름다움에 관심을 갖게 되었고, 소중한 것을 지키기 위해 맞서는 일의 중요성을 깨달았다. 이 캠페인을 통해 많은 사람이 자신만을 위하는 근시안적인 태도에서 벗어나 더 큰 세상에 관심을 쏟는 마음을 기를 수 있었다.

불도저가 몇 분 만에 수백 년 된 나무를 쓰러뜨리는 장면은 정말 폭력적이었다. 많은 이들이 반디쿠트와 개구리입쏙독새(*Podargus strigoides*)를 비롯한 수많은 동물이 삼림 벌채로 쫓겨나거나 목숨을 잃는 장면을 코앞에서 목격했다. 야생동물이 고통받는 상황을 목격하는 건 굉장히 드문 일이다. 커틴 법학대학교 교수 휴 핀은《와일드라이프 리서치(Wildlife Research)》에 실린 논문에서 8번 고속도로 개발을 '보이지 않는 위험'이라 표현했다. 핀과 함께 연구를 진행한 나히드 스티븐스는 퀸즐랜드와 뉴사우스웨일스에서 일어나는 삼림 벌목으로 매년 5000만 마리 이상의 동물이 목숨을 잃는다고 추정했다.[3]

빌라이어 습지 살리기 캠페인과 정권 교체가 장기적으로 어떤 영향을 끼칠지는 지켜봐야 한다. 그렇지만 시민들은 정권 교체로 자신감을 얻었고, 이는 앞으로 환경 보호 활동을 펼치는 데 긍정적 영향을 줄 것이다. 환경 보호 의식을 가진 시민들이 어떻게 미래를 계획하고 헤쳐 나갈지를 지켜보는 일은 흥미로울 뿐만 아니라 훌륭한 연구 주제가 될 것이다. 사람들이 자연에 관심을 갖고 자연과 연결됐다고 느낀 이 사건이 전 세계적으로 벌어지는 삼림 벌목과 서식지 파괴를 막는 데 도움이 될지도 궁금하다. 빌라이어 습지를 살리기 위한 캠페인이 보르네오섬이나 사하라 사막 남부 지역, 혹은 호주 다른 지역에서 벌어지는 무자비한 벌목을 막는 원동력이 될 수 있을까? 사람들에게 환경을 보호해야 함을 알리고 환경 보호 운동이 여러 지역에서 일어나야 한다는 데에는 의심할 여지가 없다. 단지 그러한 활동이 일어나는 원리와 과정이 명확하지 않을 뿐이다. 최근 도시의 나무와 숲, 그곳에 서식하던 야생동물이 사라지는 것을 막기 위해 인도와 미국, 영국 등 전 세계 시민들이 비슷한 노력을 펼치고 있다. 영국의 셰필드부터 인도의 뭄바이에 이르기까지 시민들은 도시 개발은 이제 충분하다며 도심 속 자연이 사라지는 데 문제를 제기하는 새롭고 희망찬 활동을 벌이고 있다.

다시 웨스턴오스트레일리아로 돌아와서, 선거는 승리로 끝났지만 숲 지대를 도로교통부가 아니라 공원녹지부가 관리해야 한다는 점을 포함해 몇 가지 중요한 문제가 남았다. 이미 파괴된 지역을 대대적으로 복원하고 재녹화하는 과정도 필요하다. 오프로드 자동차가 자라나는 식물을 짓밟는 안타까운 일이 벌어지긴 했지만, 길게 봤을 때 복원 작업은 순조로이 진행되고 있다.

빌라이어 습지에서 시작해 해변으로 이어지는 생태 통로를 만드는 '습지에서 바다까지(Wetlands to Waves)' 프로젝트를 포함해 남은 숲 지대를 더 큰 생태계와 연결하려는 아이디어가 쏟아지고 있다. 공원과 다양한 녹지 공간을 훨씬 거대한 규모의 숲 지대와 어떻게 연결할 수 있을지 의문이 들기도 하지만, 어쩌면 인도양까지, 다시 말해 해양 생태계까지 아우르는 광범위한 자연을 총망라하는 계획이 될 수도 있다.

뉴먼은 지방 정부가 고속도로 개발을 멈추겠다는 확고한 태도를 보였다고 말한다. 초목을 복원하는 움직임도 이미 진행 중이다.

"우리가 영상을 찍은 지점에서 보면 정말 인상적입니다."

나는 다시 방문해 그 풍경을 직접 확인하고 싶었다. 당연히 녹지가 사라진 그 지역이 원래의 깊은 아름다움과 생명력을 되찾으려면 오랜 시간이 걸릴 것이다.

검정앵무 이야기는 8번 고속도로 넘어서까지 알려졌다. 검정앵무 이야기에는 2050년에 인구가 350만 명까지 급격히 늘어날 대도시에서 사람들과 연약한 새들이 어떻게 공존할 수 있는지도 포함돼 있다. 붉은꼬리검정관앵무와 짧은부리검정유황앵무는 도시에서 다양한 위험을 겪고 있다. 도시화로 인해 녹지는 물론 나무 구멍처럼 둥지를 틀 수 있는 공간이 줄어든 데다 차와 충돌하거나 심지어 총에 맞아 목숨을 잃을 수도 있다.

이곳 퍼스에서는 앵무를 구조하는 프로그램이 시행 중이다. 다친 앵무는 퍼스 동물원에서 치료받고, 카라킨 검정앵무 보전센터(Kaarakin Black Cockatoo Conservation Centre in Perth)에서 재활 과정을 거친 후 다시 야생으로 돌려보내진다.

2018년 4월, 재활에 성공한 500번째 앵무가 야생으로 돌아갔다.[4]

이 인상적인 숫자는 다친 새를 구조하고 치료하는 일이 얼마나 중요한지를 보여 준다. 여기에는 퍼스 주민들의 적지 않은 도움이 있었다. 앵무를 위한 재활 시설도 있는데, 새들의 날개 근육을 강화하기 위한 64미터 높이의 새장이 대표적이다. 이 새장은 다친 앵무가 다시 나는 걸 연습하는 수영장 같은 곳이다.

머리에 총을 맞은 짧은부리검은유황앵무 스위티도 같은 과정을 겪었다. 스위티는 퍼스 동물원에서 치료를 받고 카라킨 보전센터에서 1년간 재활을 거친 뒤 마침내 야생으로 돌아갔다.[5] 차와 부딪혀 날개가 부러지고도 모든 과정을 견뎌 낸 핸섬이라는 앵무도 있었다.[6]

카라킨 검정앵무 보전센터 인근에 위치한 교도소 카넷 프리즌 팜(Karnet Prison Farm)의 수감자와 검정앵무가 특별한 관계를 맺는다는 사실도 흥미롭다. 수감자들은 보전센터의 울타리를 만들고 수리하며 새를 돌보는 활동에도 참여한다. 약 10년간 이어져 온 카라킨 보전센터와 카넷 프리즌 팜의 파트너십은 수감자에게도 새에게도 장점이 많다.[7]

지난 10년 동안 짧은부리검은유황앵무의 개체 수가 35퍼센트나 줄어든 웨스턴오스트레일리아 남서부지역에는 서식지 감소와 관련해 새로운 문제가 드러났다. 자생종인 뱅크셔 숲 크기가 꾸준히 줄면서 짧은부리검은유황앵무는 인근 잣나무 농장에서 열리는 잣을 주식으로 삼기 시작했다. 그 결과 농장의 잣나무를 벌목하는 일이 짧은부리검은유황앵무에게 매우 중요해졌다. 지방 정부는 농장의 나무를 벌목하는 데 일정 수준 제한을 두었다. 환경 운동가들은 규제가 충분하지 않다고 생각했지만 말이다.

앵무를 보호하는 일은 복잡하지만, 퍼스의 사례는 불가능한 일이 아님을 보여 준다. 8번 고속도로 사건을 통해 알 수 있듯이 잔존 삼림과 습지를 보호해야 한다. 이곳에서 주민들은 형형색색의 새를 마주했고, 이는 행동에 나서는 동기가 되었다. 개발 과정에서 망가진 자연이 하루 빨리 회복되기를 바란다.

눈가족과 무지개비둘기

나는 피터 뉴먼, 린다 블라그와 함께 텔레그래프 힐에서 호주 선주민 눈가족(Noongar)의 원로 노엘 난업을 만났다. 텔레그래프 힐은 프리맨틀 인근에 위치한 공원으로 나무가 사라진 지 120년 만에 원래 모습을 되찾은 곳이다. 난업은 호주 선주민의 전통, 위험에 빠진 숲 지대의 깊은 역사, 「선주민 유산 법(Aboriginal Heritage Act)」을 무시한 정부 프로젝트 등에 관한 이야기를 들려주었다.

"정부는 우리를 무시하고 괄시했죠."

눈가족에게 텔레그래프 힐은 성스러운 장소이며, 그들은 이곳에서 6만 년 이상을 살았다고 한다.

"이곳에는 영적인 힘이 흘러요. 우리 부족이 수천 년 동안 따라온 흐름이지요. 우리 부족 사람들은 여기에 잠들어 있어요. 많은 사람이 여기에서 태어나 여섯 계절의 순환에 따라 온전한 삶을 살아

갑니다. 그리고 해마다 태어난 곳으로 다시 돌아오죠."*

신성한 땅의 절반이 불도저로 사라졌지만, 난업은 낙관적이었다. 많은 사람이 마음을 모아 남은 땅을 지켜 냈기 때문이다. 그는 미래의 핵심 열쇠는 환경에 대한 사회적 투자에 있다고 말했다. 오랫동안 자연과 깊은 사회적, 정서적 유대를 맺어온 눈가족 사람들에게 이는 자연스러운 일이었다.

"우리는 수천 년 동안 나무 아래에 태반을 묻었어요. 그러니까 우리의 DNA가 나무 안에 있는 거죠. 우리가 '저 나무가 나고 내가 저 나무야.'라고 말할 때 그 말은 진실이에요."

환경과의 통합, 모두가 하나라는 감각은 환경 파괴를 막을 수 있는 최선의 방법일지도 모른다. 그렇다면 사람들에게 그런 마음을 어떻게 심어 줄 수 있을까? 우리 모두가 앞으로 답을 찾아야 하는 문제다.

퍼스의 이야기는 고속도로 건설로 환경이 파괴될 위험이 있는 나라나 도시의 환경 운동가와 환경 단체에게 희망을 불어넣는다. 캠페인을 통해 서로 다른 생각을 가진 사람들에게 자연에 관해서는 일치된 생각을 갖도록 하고, 선거로 미래를 바꿀 수 있다는 사실을 보여주었기 때문이다. 게다가 이를 뒷받침할 또 다른 계획과 정책도 있다.

8번 고속도로를 둘러싼 사건은 웨스턴오스트레일리아 사람들이 자연에 눈뜨는 계기가 되었고 그들의 삶에 새로운 행동 기준을 만들었다. 이는 희망적인 메시지다. '분노한 교수들' 그룹이 이 사태와

---

* 눈가족은 1년을 여섯 계절로 나누고 계절마다 다른 지역으로 이동하며 유목 생활을 한다.

관련해 펴낸『다시는 안 돼(Never Again)』라는 책 제목처럼, 지역 공동체는 앞으로 자연이 사라지는 일을 결코 허락하지 않을 것이다. 8번 고속도로 노선이 바뀌지 않고, 환경 법률이 강화되지 않고, 토지 보호 기준이 더 포괄적으로 보완되지 않는다면 사람들이 다시 들고일어날까? 단정 지을 수는 없지만, 나는 그러리라고 확신한다.

웨스턴오스트레일리아의 일화는 지역사회가 자연을 보호한 희망적인 이야기지만, 주의를 기울여 살펴야 할 점도 많다. 토지를 포함해 자연을 보호하는 법률은 굉장히 엉성하며 환경 법률과 규제가 매우 유동적이라는 사실이다. 고속도로 건설로 사라질 서식지를 대체하거나 벌충하는 방향으로 정책이 변하고 있지만, 숲 지대 특히 습지는 대체 불가능하다는 걸 우리는 깊이 새겨야 한다.

나는 노엘 난업에게 눈가족이 품고 있는 자연을 향한 깊은 유대감을 선주민이 아닌 웨스턴오스트레일리아 사람들도 느낄 수 있을지 물었다. 난업은 우리가 눈가족처럼 숲 지대를 자신과 동일시하는 마음을 품는다면 지방 정부가 마음대로 자연을 파괴하는 일은 상상할 수 없을 거라 이야기했다. 이를 넘어 자연과 일체감을 갖는 건 우리에게 더 큰 무언가를 가져다줄지도 모른다.

눈가족 전통 중 내가 가장 좋아하고 환경을 보호하는 데 실질적으로 도움이 될 수 있다고 생각한 것은 자신만의 토템을 갖는 것이다. 난업은 눈가족의 전통을 설명하면서 자신의 토템인 무지개비둘기(*Phaps chalcoptera*)가 얼마나 중요한 일을 하는지 이야기해 주었다. 그는 동물 혹은 식물 하나를 토템으로 삼으면 그 생물의 모든 것이 궁금해진다고 말했다. 그러면서 자신의 토템인 무지개비둘기

눈가족 아이들은 동물이나 식물을 토템으로 삼고 평생에 걸쳐 배우고 보호한다. 사진은 노엘 난엽의 토템인 무지개비둘기.

가 어떻게 체온을 낮추고 아카시아 씨앗을 저장하는 작은 구멍을 파는지 같은 흥미로운 이야기를 한가득 들려줬다.

　내 토템은 무엇으로 할지 고민이 됐다. 퍼스에는 다양한 동물과 식물이 있다. 퍼스에 도착한 지 얼마 되지 않았을 때 우리를 꼼꼼히 뜯어보던 검정앵무 한 쌍과 마주한 적이 있다. 나는 검정앵무에 홀딱 반했고, 호주에 머무는 동안 곳곳에서 검정앵무 무리를 볼 수 있어 즐거웠다. 검정앵무를 더 알아보기 위해서도 노력하겠지만, 내가 거주하는 버지니아에 서식하는 새를 토템으로 정하기로 마음먹었다. 거주하는 지역에 서식하는 동물이나 식물을 토템으로 삼는다면 여러분도 자연과 하나 된 마음을 지닐 수 있을 것이다.

11장

새를 위한 도시를
만들려면?

희망이란 날개 달린 것

에밀리 디킨슨, 「희망이란 날개 달린 것」

새를 위한 도시 '버드시티'는 도시에서 새에게 물리적인 위험 요소를 줄이기 위해 노력한다. 더 나은 서식지를 조성하거나, 건물을 건축하고 도시를 디자인할 때 따라야 할 기준을 만드는 방식으로 말이다. 하지만 더욱 더 많은 노력이 필요하다. 거기엔 눈에 띄지 않는 변화를 만드는 노력도 포함되어 있다.

　많은 도시에서 사람과 자연이 어우러지는 공간, 생물 다양성이 풍부한 장소를 만들기 위한 계획을 세우고 있다. 이런 계획은 새에게도 긍정적인 영향을 끼친다. 더 많은 그린벨트를 만들고, 토양을 보호하거나 공원과 뒤뜰을 자연 상태로 복원하는 활동이 새에게도 도움이 되기 때문이다. 이러한 도시들은 독립적인 버드시티 전략을 수립할 때 밴쿠버의 선례를 따를 필요가 있다. 그렇게 한다면 도시의 세밀한 부분까지 새를 위한 모습으로 만들고, 지역사회에 새를 보호해야 하는 이유를 설명하고 시민들의 의식을 일깨우는 데 유리한 점이 많다.

　밴쿠버는 전 세계에서 가장 푸른 도시가 되기 위해 '친환경 도시 사업 계획(Greenest City Action Plan)'을 수립했다. 이 계획에는 모든 시민이 걸어서 5분 안에 공원이나 녹지에 갈 수 있도록 하겠다는 자연 접근성 향상을 비롯한 다양한 목표와 서식지 복원을 위해 매년 나무 15만 그루 심기, 2050년까지 나무 캐노피 22퍼센트 늘리기 등 구체적인 행동 지침이 제시되어 있다. 이런 구체적인 목표는 새에게도 도움이 된다. 밴쿠버의 계획은 자연으로 가득한 도시로 가는 모범이라 할 수 있다.

이 사업 계획 중 가장 인상적인 부분은 '밴쿠버 조류 계획(Vancouver Bird Strategy)'이다. 2015년 1월 발표된 밴쿠버 조류 계획은 왜 도시가 새를 위해 노력해야 하는지에 관한 이유를 밝히고, 이를 실현하기 위한 다양한 목표, 중요 과제를 구체적으로 제시했다. 계획에 포함된 주요 과제와 목표는 도시의 규모나 지리적인 위치와 관계없이 대부분의 도시에 적용할 수 있다. 이 계획은 이런 생각에서 시작됐다.

"2020년까지 밴쿠버는 다양한 토종 새를 1년 내내 볼 수 있는 도시, 그리고 모든 시민의 집 근처에 공원이 있는 도시, 나아가 전 세계 관광객들이 가장 오고 싶어 하는 도시로 변모할 것입니다."[1]

밴쿠버 조류 계획은 새가 도시에서의 삶을 풍요롭게 만든다는 전제를 바탕으로 한다.

"새를 관찰하고 새소리를 듣는 활동을 통해 언제 어디서나 자연을 경험할 수 있습니다. 또한 새를 통해 시민들의 삶이 풍요로워지고 자연환경을 보호해야 한다는 책임감을 함양할 수 있을 것입니다."

밴쿠버의 계획안에는 서식지를 보호하고 복원하는 활동, 새를 생각한 개발, 탐조, 그리고 관광업 등이 포함되어 있다. 넘어야 할 산도 있다. 도시화로 인해 도시 숲이 급격히 줄어들면서 발생한 서식지 감소, 자생종을 위협하는 외래종의 증가, 반려동물의 사냥 활동, 그리고 유리창 충돌 등은 해결해야 할 주요 과제다.

밴쿠버 조류 계획에는 현재 상황에 대한 진단과 나아갈 방향이 녹아 있다. 핵심은 모든 건물에 새를 위한 디자인 기준을 적용하고 공원을 포함해 다양한 녹지에 새를 위한 조경 지침을 자발적으로 준수하도록 하는 것이다. 그리고 사람들의 인식 함양을 위한 교육, 조류 관찰과 연구 활성화, 관련 예술 분야 육성도 권고하고 있다. 마지막으로 새를 중심에 두고 경제 성장을 이루고, 새를 활용한 관광 사업을 확대해야 한다는 내용이 담겨 있다.

이러한 계획은 자원자들로 구성된 새를 위한 상설 자문위원회에서 마련한 것이다. 한 달에 한 번 모이는 이 위원회에는 여러 조류 단체 대표들도 참석했다. 밴쿠버 공무원으로 위원회에 참석했던 알란 던컨은 위원회가 도시에서 새의 인지도를 높여 주었다고 이야기했다.

특히 밴쿠버 당국과 사람들의 흥미를 끈 새는 큰푸른왜가리였다. 이 새는 2001년 스탠리 공원에 처음 둥지를 틀었고, 현재는 약 85개의 둥지가 스탠리 공원에 있다. 2006년 큰푸른왜가리 관리 계획이 세워졌고 이에 따라 관찰과 조사가 진행됐다. 2018년에 작성한 모니터링 보고서에 따르면 스탠리 공원의 둥지에서 98마리의 새끼가 부화했다고 한다. 한때 둥지 주변에 흰머리수리와 라쿤이 나타나 긴장감이 맴돌기도 했다. 시에서는 라쿤의 사냥을 방해하기 위해 둥지가 있는 나무 아래에 라쿤을 쫓는 특수 장치를 설치했다.

현장에서는 주민들을 대상으로 큰푸른왜가리의 특징과 습성에 관한 강연이 열리고, 온라인으로 접속해 큰푸른왜가리를 관찰할 수 있는 라이브캠도 설치되었다. 라이브 영상은 3월부터 번식기가 끝나는 7월 말까지 하루 종일 볼 수 있으며, 2015년 카메라가 설치된 이래 18만 명 이상이 시청했다.

밴쿠버의 업적 중 하나로 2018년 8월에 국제조류학회(International Ornithological Congress)를 유치한 것을 꼽을 수 있다. 74개국에서 1600명의 조류학자와 새 애호가가 학회에 참여했다. 논문 발표와 토론, 탐조 활동 가이드, 새를 주제로 한 예술 작품 등 다양한 볼거리가 가득했고, 지역 선주민 단체 퍼스트 네이션 멤버들의 개막 퍼레이드도 펼쳐졌다.

예술 작품 중에는 멸종 위기에 처한 새 678종의 그림이 그려진 30미터 길이의 벽화 <조용한 하늘(Silent Skies)>이 눈길을 끌었다. 이 작품은 '자연 보호를 위한 예술가 모임(Artists for Conservation)'에 속한 160여 명의 예술가의 협업으로 제작되었다. 벽화는 방수 처리를 마친 후 전 세계를 순회하며 전시 중이다.

도시를 대표하는 새를 뽑는 것도 사람들이 새에 관심을 갖게 할 수 있는 또 다른 방법이다. 시티 오브 밴쿠버(City of Vancouver)의 알란 던컨은 2014년 밴쿠버를 대표할 새를 뽑는 첫 투표에 70만 명 이상의 주민들이 참가하여 큰 주목을 끌었다고 말했다. 온라인으로 투표할 수도 있었지만, 운영진은 좀 더 창의적인 방법을 생각해 냈다. 두꺼운 도화지로 만든 새집 모양 투표함을 도서관과 복지관에 두어 시민들이 오가며 직접 투표할 수 있게 한 것이다. 그렇게 2014년 밴쿠버 올해의 새에 검은머리쇠박새(*Poecile atricapillus*)가 뽑혔다.

2017년에는 매해 선발하던 방식에서 벗어나 영구적으로 밴쿠버를 대표하는 새를 뽑기로 했다. '새를 위한 말들(Words for Birds)'이라는 이름으로 진행된 이 프로젝트는 사람들에게 밴쿠버 시민의 특징을 질문하는 것으로 시작됐다.[2] 전문가들은 이 특성을 반영해 네 종의 새를 후보로 선정했다. 8200명이 넘는 시민들이 투표했고, 그 중 42퍼센트를 얻은 애나스벌새(*Calypte anna*)가 선발되었다. 사람들이 더 이상 투표에 신선함을 느끼지 못하면서 2014년보다 투표자가 줄었다고 던컨은 설명했다. 현재 밴쿠버를 대표하는 새는 이전에 선정됐던 노스웨스턴까마귀(*Corvus brachyrhynchos caurinus*), 검은머리쇠박새, 매, 그리고 2017년 투표로 선정된 애나스벌새까지 총 네 종이다. 휴스턴 오듀본협회에서도 비슷한 과정을 통해 휴스턴을 대표하는 새를 선정했다. 약 60여 종의 새를 후보로 해 토너먼트 방식으로 진행되었고, 최종 투표에서 애트워터초원뇌조(*Tympanuchus cupido attwateri*)를 꺾고 노란이마해오라기(*Nyctanassa violacea*)가 영예를 안았다. 이 투표는 사람들의 이목을 끌었고, 휴스턴 오듀본협회의 창설 50주년을 기념하는 휴스턴 버드 위크(Houston Bird Week) 행사에서 선포식을 열어 널리 알렸다.[3]

새를 위한 도시, 버드시티

새를 위한 도시가 되기 위해 인증 시스템을 만들어 운용하려는 움직임이 점점 많아지고 있다. USA 트리시티(USA Tree City)를 본떠 만든 위스콘신 버드시티(Bird City Wisconsin)는 기준을 충족한 도시에 인증서를 발급해 주는 방법으로 새를 보호하는 활동을 독려하는 프로그램이다. 인증을 받으려면 서식지 보호부터 공교육까지, 다섯 가지 주요 카테고리의 22개 기준 중 적어도 일곱 개를 충족해야 한다. 프로그램에 동참하는 모든 도시는 국제 철새의 날(International Migratory Bird Day)을 알리고 기념해야 한다.

최소 기준을 달성한 도시는 눈길을 사로잡는 안내판과 시청 밖에 걸어 둘 수 있는 깃발을 받는다. 매년 재인증을 받아야 하며, 최소 기준 너머 더 많은 것을 달성하여 다음 단계 기준 이상을 충족한 도시는 하이 플라이어(High Flyers)로 선정된다.

위스콘신 버드시티의 대표 칼 슈워츠는 자신들의 캐치프레이즈를 소개했다. 하나는 '공동의 힘'이고 다른 하나는 '지역사회를 새와 사람 모두에게 좋은 곳으로 만들자'이다. 두 캐치프레이즈는 이 프로그램에 담긴 뜻을 분명히 드러낸다. 하나는 비록 개인이 할 수 있는 일은 작을지라도 지역사회가 함께 힘쓴다면 더 큰 성공을 거둘 수 있다는 것이고, 다른 하나는 우리 모두는 사실 함께 살고 있기 때문에 새의 개체 수가 줄거나 새가 위험에 빠지면 사람도 영향을 받을 수 있다는 것이다.

이런 프로그램으로 뭔가가 달라졌을까? 달라지지 않았다면, 도시는 새를 위해 무엇을 할 수 있을까? 위스콘신 버드시티는 의미 있는 프로그램일까? 명확히 답하기는 어려운 문제이지만, 슈워츠는

'버드시티'가 되기 위한 방법

버드시티가 되려면 이런 것들이 필요해요.

- 도시에 서식하는 새를 위한 계획
- 새에게 안전한 건물 기준
- 도시를 대표하는 새 선정 계획
- 새의 목소리를 대신할 수 있는 상설 위원회
- 조류 혹은 야생동물을 위한 다양한 재활 센터
- 새가 좋아하는 식물이 있는 공원, 숲, 녹지
- 도시에 서식하는 새를 관찰할 수 있는 다양한 장소(예: 오솔길, 가로수 길)
- 새를 실시간으로 관찰할 수 있는 프로그램(예: 라이브캠)

버드시티는 이런 곳이에요.

- 시민들이 다양한 새를 발견하고 관찰할 수 있습니다.
- 주민들은 새를 관찰하고 보호합니다.
- 체계적이고 다양한 탐조 활동과 같이 새를 보는 즐거움을 느낄 수 있는 다양한 행사가 열립니다.
- 매 관찰 카메라부터 탐조 산책에 이르기까지, 새를 관찰할 수 있는 다양한 방법이 있습니다.
- 곳곳에서 새를 위한 정원을 마주할 수 있습니다.
- 풍부한 시민 동참 과학 프로그램이 준비되어 있습니다.

새를 위한 행동이 도시에 용기와 힘을 북돋아 주었으며 의미 있는 방향으로 나아갈 수 있게 도와준다고 생각한다. 슈워츠와 프로그램 운영진은 여러 도시를 묶어 환경을 보호할 수 있는 방법을 서로 배우고 나누는 프로그램을 시행했다. 슈워츠는 위스콘신 버드시티는 최소한의 기준을 제시하는 정도이지만, 참가 도시들은 시간이 흐르며 더 많은 일을 하게 된다고 이야기했다. 여기에는 위스콘신 버드시티 조직의 독려와 자극도 한몫하고 있다. 도시 공동체는 버드시티 인증을 받기 위해 노력하는 과정에서 올바른 결정을 내릴 수 있게 되며, 이는 새를 보호하는 다양한 방법을 배울 좋은 기회이기도 하다. 버드시티 인증 프로그램은 긍정적인 미래를 만들 수 있는 기회이며, 많은 도시가 이에 동참하고 있다.

얼마나 많은 도시가 참가하느냐로 프로그램 성공 여부를 엿볼 수 있지 않을까? 현재 위스콘신 버드시티에는 54개 도시가 참여하고 있으며 하이 플라이어를 얻기 위해 많은 도시가 노력하고 있다.*

버드시티 인증 프로그램은 중요한 교육적 기능도 수행하고 있어서, 앞으로 사람들은 새와 새를 보호하기 위해 해야 하는 일에 대해 이야기를 나누게 될 것이다. 슈워츠와 함께한 하루 동안 우리를 스쳐 간 그 누구도 슈워츠의 모자와 티셔츠에 적힌 '위스콘신 버드시티'가 뭐냐고 묻지 않았다. 다들 이미 아는 눈치였다. 버드시티 안내판과 시청에 걸린 깃발이 사람들의 눈에 더 잘 띈다면 우리가 기대하는 일들이 일어날 것이다.

● 2021년 12월 현재, 112개 도시가 동참하고 있다.

새의 시선으로 상상하기

　건축가 빌 맥도너가 캘리포니아주 샌브루노에 있는 갭(Gap) 본사 건물의 물결치는 녹지 지붕을 묘사했던 기억이 생생하다. 맥도너의 설명을 듣고 하늘을 나는 새에게 그 건물이 어떻게 보일지 상상해 보았다. 맥도너의 설명대로라면 새는 그게 건물임을 알아보지 못할 것이다.

　맥도너의 말대로 우리가 새의 입장이 되면 정말로 새를 위한 도시가 어떤 곳인지 이해할 수 있을지도 모른다는 생각이 들었다. 당연히 우리가 진짜로 새와 동일한 경험을 할 수는 없을 것이다. 그럼에도 이런 상상은 분명히 큰 의미가 있다. 알도 레오폴드의 '산처럼 생각하라'는 말처럼 말이다. 새를 위한 도시를 만들기 위해 새의 시선에서 도시를 바라보면 어떨까? 하늘을 날며 마주할 위험과 장애물에는 어떤 것이 있을까? 도시를 통과하는 철새는 어디에서 쉬고 영양을 보충할까?

　앞서 소개했듯이 옥상 녹지부터 뒤뜰, 그리고 도심의 가로수까지, 도시에는 새를 위한 서식지로 탈바꿈할 수 있는 장소가 아주 많다. 특히 도시 속 자연 공간은 새들의 서식지이기도 하지만 홍수를 방지하고 도시의 열을 낮추며 탄소를 포집하고 대기 오염을 줄여주는 등 우리에게도 많은 도움을 주는 공간이다. 우리는 도심 곳곳의 자연 공간에서 쉬거나 산책, 탐조 같은 취미 활동을 즐길 수 있다. 이처럼 다양한 모습의 도시 속 자연에서 얻을 수 있는 정신 건강상 혜택은 상당하다.

녹지를 조성하는 건 경제적으로도 이득이 될 수 있다. 비영리 단체 시카고강 후원회(Friends of the Chicago River)가 의뢰한 연구에 따르면 강변 녹지를 되살리는 것만으로도 매년 1억 9200만 달러의 경제적 이익과 1600개 이상의 일자리가 생길 거라고 한다. 현재 시카고강에서는 세계 최초로 1.6킬로미터(1마일) 길이의 수상 생태 공원을 조성하기 위한 와일드 마일 시카고(Wild Mile Chicago)라는 강 복원 작업이 진행되고 있다.[4]

도시의 가장 큰 과제는 잔디밭, 작은 정원 그리고 건물 근처의 자투리 공간이 새를 위한 장소가 될 수 있다고 새롭게 상상하는 것이다. 나는 세인트루이스 캘버리 공동묘지의 감동적인 일화를 전해 들었다. 오래전 토종 식물이 가득한 초원 위에 공동묘지가 조성되었는데, 개발을 비껴 간 남은 지역을 보존하기로 결정했다는 내용이었다. 미주리주 자연보호국(Missouri Department of Conservation)의 에린 쉥크에 따르면 이 특별한 오아시스를 새와 곤충이 유용하게 이용할 수 있도록 통제발화도 진행했다고 한다.[5] 비록 대초원의 원래 면적 중 1퍼센트만 남았지만, 그곳은 도시의 생물 다양성을 보호하고 그 가치를 알아볼 수 있는 특별한 기회를 제공한다. 얼마나 많은 주민이 새를 보기 위해 캘버리 공동묘지에 갈지는 모르겠지만, 잘 관리한다면 새를 관찰하고 연구하기에 더없이 훌륭한 장소가 될 수 있다.

버드시티는 산책할 수 있는 공간이 많은 도시이기도 하다. 싱가포르와 뉴질랜드 웰링턴은 독특하고 인상적인 풍경을 감상할 수 있는 산책길이 도시 전체에 그물처럼 잘 조성돼 있다.

새의 개체 보전을 위한 공간을 조성하는 일과 더불어 사람들이 관심을 갖도록 다양한 행사와 프로그램을 운영하는 것도 중요하다. 이런 활동은 지방 정부의 공원 및 녹지 관리 부서 혹은 자연 보호 관련 민간단체를 통해 진행될 수 있다. 공공기관에서 시행하는 활동 가운데 매년 봄마다 진행되는 클리블랜드 메트로파크(Cleveland Metroparks)의 철새 맞이 전통을 예시로 꼽을 수 있다. 밀워키에서 활동하는 도시생태계센터(Urban Ecology Center)가 만든 체계적인 탐조 프로그램은 민간이 운영하는 우수 사례로 들 수 있다.

산책길은 다양한 결과를 만들어 낼 수 있다. 샌프란시스코만 해변을 따라 아홉 개 카운티와 47개 도시에 걸쳐 조성된 샌프란시스코 베이 트레일(San Francisco Bay Trail)은 그 좋은 사례다. 1989년 첫 삽을 뜬 샌프란시스코 베이 트레일은 현재 총 800킬로미터 구간 중 560킬로미터 구간이 완성됐다. 해안 서식지 근처로 이어진 산책로에서는 다양한 도요과 새와 물떼새과 새도 볼 수 있다. 공사를 담당하고 있는 샌프란시스코만 관리 연합(Association of Bay Area Governments)의 로라 톰슨은 새를 가까이에서 관찰할 수 있는 이 산책로의 중요성을 거듭 강조했다. 전 세계 탐조인이 참여하는 샌프란시스코만 철새 축제(San Francisco Bay Flyway Festival)가 바로 이곳 샌프란시스코 베이 트레일과 인근의 다양한 장소에서 열린다.

우울증을 비롯한 정신 질환 발병률이 전례 없는 수준으로 높은 요즘, 자연 속에서 자전거를 타는 활동이나 산책은 정말 효과적인 치유 수단이다. 영국의 한 연구진은 자연 속에서 걷는 것만으로도 정신 질환과 우울증을 치유할 수 있다는 결과를 내놓았다. 1500명 이상이 참여한 이 연구에 따르면 자연 속에서 걷는 활동은 스트레스와 우울감과 같은 정신 건강에 부정적인 지표는 눈에 띌 만큼 낮춰 주고, 행복감 등 긍정적 지표는 향상시킨다고 한다.[6]

자연 속에서 걷기만 해도 정신 건강에 긍정적이라는 사실은 정치인, 도시계획가, 그리고 시민들이 도시를 또 다른 용도로 사용할 수 있도록 안내한다. 오늘날 사람들을 힘들게 만드는 문제는 자연재해부터 이혼, 실직까지 다양하다. 영국뿐만 아니라 다른 나라에서 진행한 여러 연구에서도 자연 속 산책이 안정감을 주고 스트레스를 감소시키는 데 도움을 준다는 결과를 볼 수 있다.

도시의 공원은 새에게도 중요한 서식지이지만, 우리 삶의 질을 높이는 중요한 공간이기도 하다. 조지아주 애틀랜타에 있는 피드몬트 공원은 이런 점에서 완벽하다. 나는 니키 벨몬테, 아담 베츄엘과 함께 공원의 칼새 타워와 개울에서 들려오는 새소리를 감상했다. 크기를 점점 키워 가는 대도시 애틀랜타 한가운데 있는 12제곱킬로미터 넓이의 이 공원의 가치는 측정이 불가능할 정도로 높다.

우리에겐 거대한 도시공원이 필요하다. 도시공원은 새가 쉬어가는 경유지이자 주민들에게는 새를 보고 경험할 수 있는 멋진 기회를 선사하는 곳이다. 또 우리는 토론토의 협곡처럼 더 넓은 녹지 공간에서 일어나는 생태적 변화를 주의 깊게 들여다보며 외래종 식물 수를 조절하고 자생종 나무와 하층식생을 복원하여 새들에게 최고의 서식지를 제공해야 한다. 내가 사랑하는 숲지빠귀는 가을이 되면 애틀랜타에서 더 남쪽으로 이동하기 위해 영양분이 가득한 베리가 필요하다. 도시 속 공원에 이런 과일나무를 심는다면 숲지빠귀에게 큰 힘이 될 수 있다.

공공시설과 사회 기반 시설 등 도시의 건축물을 창의적으로 재사용해 새를 위한 서식지를 만드는 방법도 있다. 런던 월섬스토우 습지가 좋은 예시다. 급수 시설이 있던 공업용지가 이제는 인기 있는 탐조 장소이자 새의 서식지가 됐다. 런던에서도 가까워 지하철을 타면 금방 갈 수 있다. 수천 개의 염전을 자연적인 갯벌 습지로 되돌리려 한 샌프란시스코의 노력도 좋은 사례다.[7]

건물 외벽과 유리창 그리고 도시 불빛이 새에게 얼마나 위험한지는 최근 들어 중요한 이슈로 떠오르고 있다. 샌프란시스코와 시카고 같은 도시에서 새에게 안전한 건물 규제를 제정하려 한다는 사실은 매우 고무적이다. 새를 위한 유리창으로 건설한 밀워키 벅스의 파이서브 포럼과 같은 스포츠 경기장도 힘을 보태고 있다. 미국 오듀본협회가 수십 년간 노력한 덕분에 새를 위한 도시를 만들기 위한 많은 변화가 일어나고 있다. 최근 정부의 건물 혹은 정부의 지원을 받아 건설하는 모든 구조물은 새에게 안전해야 한다는 법안이 발의됐다. 이 법안이 통과된다면 정말 지대한 영향을 끼칠 것이다.

2019년 일리노이주 민주당 하원의원인 마이크 퀴글리와 버지니아주 공화당 하원의원인 모건 그리피스는 「조류 안전 건축법」(HR 919)을 발의했다. 이 법안은 역사적인 건축물을 제외하고 총무청(General Services Administration)에서 건설, 인수 혹은 재건축하는 건물은 반드시 새에게 안전한 재료를 사용하고 새의 안전을 고려해 디자인해야 한다는 내용이다. 12미터 이하 높이에 설치된 유리창의 90퍼센트, 12미터 이상 높이에 설치된 유리창의 최소 60퍼센트에는 새에게 안전한 재료를 사용해야 한다.[8] 건물 외벽에 그물을 달거나 유리창에 무늬를 넣거나 UV 반사 유리창을 사용하는 등 방법은 다양하다. 건물 외부 조명 기준과 관리 방안에 관한 조항도 있다. 2020년 7월, 이 법안이 미국 하원을 통과하는 놀라운 일이 벌어졌다. 제도 개선에 가속도가 붙었다는 희망찬 소식이다. 뉴욕주의회에서도 비슷한 법안이 통과했다. 이처럼 정부의 건축 기준을 개혁하는 것도 새를 보호하는 또 다른 방법이 될 수 있다.

위험한 건물과 유리창으로부터 새를 보호하는 것도 중요하지만 도시는 더 많은 일을 해야 한다. 점점 더 중요성이 강조되는 옥상 녹지는 인기가 많다. 온타리오주 토론토, 샌프란시스코, 오리건주 포틀랜드, 그리고 뉴욕까지, 여러 도시에서 옥상 녹지 조성을 의무화하는 규정이 만들어졌다. 긍정적인 소식이지만 옥상 녹지가 새를 위한 서식지가 되기 위해서는 디자인과 식재할 식물 종에 관한 연구가 더 필요하다. 새들의 서식지를 도시 어느 곳에 배치해야 할지도 지속적으로 연구할 필요가 있다. 뉴욕의 제이콥 K. 재비츠 컨벤션센터와 밴쿠버 컨벤션센터의 사례에서 봤듯이 거대한 옥상 녹지에도 야생화로 이루어진 풀밭을 성공적으로 조성할 수 있다.

지금까지 도시의 역할을 중점으로 살펴보았지만, 개인도 새를 위해 많은 일을 할 수 있다. 개인의 행동은 새에게 즉각적인 영향을 끼친다. 포틀랜드의 캐티오 투어 같은 멋진 프로그램은 개인이 새의 목숨을 살리는 데 중요하고 실질적인 구실을 할 수 있다는 사실을 보여 준다.

앞서 우리는 다니엘 클렘, 마이클 메주어의 이야기를 통해 도시의 건물, 특히 주택에서의 유리창 충돌이 새에게 얼마나 위험한지를 살펴보았다. 주택과 아파트에 사는 사람들은 새가 유리창과 유리문을 잘 볼 수 있도록 무늬를 만드는 아주 사소하면서도 중요한 일을 할 수 있다. 적은 비용으로 큰 효과를 볼 수 있는 방법이다.

공공 기반 시설의 서식지로서의 가치를 미미하게나마 고려하고 있다는 점도 희망적이다. 이런 흐름에서 교량은 박쥐의 서식을 염두에 두고 디자인되고 있고, 빌딩 외벽은 다양한 생명체를 불러들일 수 있도록 설계되고 있다. 특히 건축가 조이스 황이 건물 외벽을 서식지로 재해석한 '건축서식지(habitecture)' 작업은 정말 흥미롭다.* 건축 디자인 회사 테레폼 원(Terreform One)이 맨해튼의 오피스 건물 외벽을 나비 서식지로 디자인한 설계 모형도 흥미롭다.[9]

도시의 모든 공원과 녹지 공간에는 새에게 도움이 되는 식물을 심고 열심히 가꿔야 한다. 공원을 재자연화하는 것이 중요하다. 예를 들어 풀을 깎지 않는 공간을 배치한다면 곤충의 개체 수 증가에 도움이 될 것이다. 공원과 녹지에 토종 식물이 자라도록 관리하는 일도 중요하다. 최근 발표된 연구 결과에 따르면 외래종을 제한하면 할수록 토종 하층식생이 빠르게 회복된다고 한다.[10] 교외 주택 단지에 서식하는 도가머리딱다구리 연구를 통해 지피식생**이 땅의 최소 20퍼센트는 덮어야 하며 공공 녹지 그리고 뒤뜰에 거대한

---

*   서식지(habitat)와 건축(architecture)의 합성어.
** 이끼와 같이 일정한 지역의 땅을 덮고 있는 식물.

활엽수와 그루터기가 필요하다는 사실을 알 수 있었다.[11] 정원이 있는 주택에 사는 사람들은 포틀랜드에서 운영하는 뒤뜰 서식지 인증 프로그램에 동참할 수 있다.

공원이나 옥상 녹지 같은 공간에는 새의 서식지와 먹이사슬을 형성하는 데 도움이 되는 토종 식물을 심어야 한다. 델라웨어 대학교 교수 더그 탈라미는 적극적으로 토종 식물을 심어야 한다고 주장한다. 또 새를 사랑한다면 자생종 베리류 나무와 새끼 새의 주요 식단인 애벌레가 좋아하는 식물을 심어야 한다고도 덧붙였다. 은행나무같이 북아메리카의 자생종이 아닌 나무는 보기에는 좋지만 새의 먹이인 애벌레가 살지 않기 때문에 새에게는 아무런 가치가 없다. 토종 식물과 그 지역에 서식하는 야생동물 사이의 특별하고 상호의존적인 관계는 오랜 진화를 통해 맺어졌다. 예를 들어 거의 모든 나비와 나방은 종마다 특정한 식이식물이 있다.

은행나무와 달리 미국 동부 토착종 가운데 하나인 참나무는 500종이 넘는 새와 관계를 맺고 있으며, 새끼 새가 자랄 때 필요한 먹이와 그 밖의 것들을 엄청나게 제공한다. 탈라미는 토종 식물을 심되 그중 5~7퍼센트는 생태적으로 생산성이 높은 핵심종을 심어야 한다고 이야기했다. 그에 따르면 핵심종 식물이 새 먹이의 75퍼센트 이상을 생산하고 있다.

"자생종이 다 똑같은 건 아니에요."

오듀본협회의 토종 식물 데이터베이스(Audubon's Native Plants Database) 같은 온라인 데이터베이스는 자신이 사는 지역에 어떤 종이 자생하는지 알려 주고, 어떤 식물을 심을지 선택할 때 도움을 준다.[12]

탈라미는 우리가 할 수 있는 일이 무궁무진하다고 이야기했다. 나무 아래 땅속에서 번데기 상태로 일생의 일부를 보내는 애벌레를 위해 우리는 뒤뜰과 공원을 더 다양한 생물이 살 수 있는 장소로 만들어야 한다. 나무 아래는 꽃생강 같은 자생종이 자라기에 최적의 장소이기 때문에 잘만 관리한다면 다층식생지가 될 수 있다.

"지금까지 도시의 공원은 관리하기 수월한 모습으로 디자인했어요. 생물 다양성은 전혀 고려하지 않았죠."

탈라미는 참나무 아래에까지 다른 곳과 똑같이 잔디를 심을 필요는 없다고 이야기했다.

교외 잔디밭을 관리하는 방식도 변하고 있다. 새 친화적인 식물을 늘리고 잔디도 덜 깎는 것이다. 탈라미는 주택에 사는 사람은 정원을 '서식지'로 생각해야 하며, 적어도 정원 면적의 절반 정도에는 자생종을 심어야 한다고 주장했다. 그렇게 된다면 자생종으로 이루어진 서식지가 약 8만 제곱킬로미터까지 늘어나 새에게 정말 큰 도움이 될 것이다. 그는 이런 정원을 '홈메이드 국립공원'이라고 부를 수 있을 거라 말한다. 이는 새에게 중요한 서식지가 될 수 있을 뿐만 아니라 다양한 생명체에게 생물학적 통로가 될 수 있다.

새들에게 심각한 문제인 외래종 식물은 북아메리카에만 약 3300종이 있다. 우리 집에서 한 블록 떨어진 곳에 있는 공원에는 미나리아재비 같은 외래종이 빼곡하다. 미나리아재비는 예쁜 노란색 꽃이 피지만 독성이 있어 야생동물의 먹이가 될 수 없다. 외래종은 중요한 자생종을 몰아내기도 한다. 새들이 외래종 식물의 열매를 먹기도 하지만 토종 식물의 열매에 비해 지방을 비롯한 여러 영양 성분이 부족한 경우가 많다.

탈라미는 인공 불빛이 많아지는 현상에도 대책이 필요하다고 말한다. 도시의 공원이나 녹지에 토종 식물이 있더라도 조명이 너무 많다면 다양한 생물이 살 수 없다. 그리고 우리 인간에게도 새와 곤충만큼이나 어두운 하늘이 필요하다.

"불빛이 문제예요. 인공 불빛에 나방은 쉽게 목숨을 잃습니다. 하루 종일 켜 놓는 불빛이 근처에 있다면 새의 먹이인 나방은 급감할 수밖에 없습니다. 그러면 핵심종 식물 역시 제 기능을 못 하게 됩니다."

교외뿐만 아니라 도시에도 야외의 불빛은 신중하게 설치해야 한다. 탈라미는 곤충의 이목을 덜 끄는 노란색 LED 조명을 추천한다.

"여름 내내 수많은 곤충의 목숨을 앗아 가는 불빛을 지금 당장 멈춰야 합니다."

전 세계의 여러 도시에서 나무를 보호하기 위한 새로운 시도들이 펼쳐지고 있다. 그런 시위나 활동에서는 새가 좀처럼 언급되지 않는다. 나무를 기쁨의 대상으로 거론할 때조차 그러한데, 새가 나무에 생기를 불어넣는다는 점을 떠올리면 의아한 일이다.

기후 변화가 계속되면서 도시는 점점 더 더워질 것이다. 도시에서 새를 보호하고자 한다면, 도시에 서식하는 다른 야생동물들이 심각한 수준의 더위 속에서 살아남을 수 있도록 도시를 디자인하고 계획해야 한다. 도시의 지피식생을 보호하고 넓혀 나가는 것도 기후 변화에 대응하는 중요한 방법 가운데 하나다. 독일처럼 산들바람과 풍향을 연구해 거대한 자연 에어컨을 만들어 열을 식히는

것도 좋은 방법이다.[13]

텍사스주 댈러스는 좋은 예시를 보여 주었다. 코넬 대학교 조류 연구소에서 선정한 철새에게 가장 위험한 도시로 세 손가락에 드는 이 도시에서는 새를 위한 인상적인 계획을 세웠다.[14] 미국에서 처음으로 도시의 열에 관한 종합적인 연구를 한 댈러스는 나무 25만 그루를 더 심을 예정이다.[15] 나무는 열에 대응할 수 있는 가장 효과적인 방법이다. 나무 캐노피는 도시의 여름 평균 기온을 9도 정도 낮춰 사람과 새가 더 쾌적하게 여름을 날 수 있도록 도와준다. 자생종을 심는다면 더 좋을 것이다.

도시에 흐르는 물도 새에게는 중요하다. 도시를 가로지르는 강을 복원하고 지하에 묻혀 있는 배관과 수로를 지상으로 끌어올리는 방법을 포함해 다양한 방법을 선택할 수 있다.

도시에서는 오랫동안 분수나 인공 폭포 혹은 연못을 설치하는 방법으로 물을 관리해 왔다. 그러나 이런 시설을 만들 때 새나 도시에 사는 야생동물은 염두에 두지 않는 경우가 많다. 어쩌면 이런 시설은 새에게 위험할 수도 있다. 에드워드 메이어는 런던의 검은등칼새에게 닥친 위험을 설명하며 영국의 인공 폭포에 사용하는 물에는 레지오넬라증을 예방하기 위한 브로민이 필수적으로 첨가돼 있다고 언급했다.

"브로민이 녹아 있는 공공장소의 분수는 사실상 유독합니다."

설사 브로민을 첨가하지 않더라도 새가 물을 마시기에 구조가 적합하지 않은 경우도 많다.

웨스턴오스트레일리아주 퍼스에서는 염소로 소독한 물을 사용

도심 속 작은 습지로 탈바꿈한 분수대.

하고 에너지를 많이 소비하는 분수를 습지로 전환하는 작업을 진
행했다. 그 결과는 정말 놀라웠다. 습지 덕분에 퍼스 도심에 다양
한 야생동물이 찾아왔다. 게다가 습지에 자생종 물고기를 풀어놓
으면서 모기 수도 자연스럽게 조절할 수 있었다. 습지 근처에는 콘
서트 같은 다양한 행사를 할 수 있는 공용 무대도 있다. 디자이너
인 조시 번은 이 공간을 '정말 마법 같다'고 표현했다. 습지는 큰 성
공을 거두었고, 새를 위하면서 동시에 사람에게도 도움이 되는 새
로운 방법을 보여 줬다.

새를 생각하는 마음을 건축에 담다

나는 대학에서 30년 넘게 건축학을 가르치면서 학생들에게 새를 위한 디자인과 도시에 서식하는 새가 얼마나 중요한지를 교육하는 내용이 거의 없다는 사실에 놀라곤 했다. 건축가, 조경사, 그리고 도시설계사는 도시를 디자인하고 건축하는 과정에서 새를 위한 요소를 적용할 수 있는 특별한 기회를 가진 사람들이다. 하지만 '도시+자연(Cities+Nature)'이라는 내 수업을 제외하면 버지니아 대학교에 새와 관련한 수업은 없는 것 같다.

그러나 이제는 학계나 업계나 할 것 없이 달라지고 있다. 2017~2018년 미국 건축가협회장을 지낸 칼 엘레판테는 새를 꾸준히 언급하고 있다. 버지니아 대학교에서 열린 초청 강연에서 엘레판테는 다양한 생물을 위한 디자인에 관한 질문을 받았다. 그의 대답은 사려 깊으면서도 힘이 느껴졌다. 우리가 지구에 사는 생명체임을 이해한다면 사람이 잘 살 수 있도록 디자인하는 것도 중요하지만, 자연의 일부가 되는 것이 더 중요하다는 내용이었다.

오늘날 도시는 수백만 마리 새의 목숨을 앗아 가고 있습니다. 이는 우리가 전혀 의도하지 않은 결과입니다. 그 누구도 어떻게 건물을 디자인해야 최대한 많은 새를 죽일 수 있는지 알아보자고 하지 않았어요. 하지만 우리가 만든 건물 때문에 말 그대로 매년 수백만 마리의 새가 목숨을 잃고 있습니다. 이 모든 건 우리의 무지 때문에 벌어지는 일입니다.

엘레판테의 대답은 잘못을 강력하게 시인하는 동시에 행동을 촉구하는 신호탄이 됐다. 모든 건축가와 디자이너는 건축을 시작할 때부터 새를 생각해야 하고, 자신의 디자인이 새에게 긍정적으로든 부정적으로든 영향을 끼친다는 사실을 인지해야 한다. 새를 위한 디자인은 지엽적이거나 나중에 덧붙여야 하는 것이 아니라 최우선으로 삼아야 하는 목표다.

잔느 갱과 브루스 파울 같은 디자이너들 덕에 건축가 세계도 긍정적으로 변하고 있다. 뉴욕 오듀본협회의 수잔 엘빈은 미국 건축가협회가 새의 안전을 위한 조례를 제정하고 채택하기 위해 얼마나 많은 노력을 했는지 이야기해 주었다.

새로운 디자인을 개발하고 홍보하는 일도 중요하다. 반짝이는 유리창으로 둘러싸인 밀폐된 건물은 새를 죽이는 기계일 뿐만 아니라 에너지를 먹어 치우는 하마이자 온실가스를 방출하는 주범이다. 유리벽이 가득한 건물을 향한 우리의 열망을 다시 생각해 볼 필요가 있다.

근래에 건축된 흥미롭고 멋진 건물 중 일부는 새를 보호하는 구조를 디자인의 핵심으로 삼았다. 스튜디오 갱(Studio Gang)에서 디자인한 시카고의 아쿠아 타워와 퍼킨스 앤 윌(Perkins and Will)에서 디자인한 애틀랜타의 인터페이스 본사 건물이 좋은 예시다. 게다가 이런 건물은 새의 목숨을 앗아 가는 건물보다 더 아름답고 눈길을 끈다. 새는 훌륭한 디자인 주제다. 건물을 디자인할 때 새를 염두에 두면 더 흥미롭고 독특한 건물을 만들어 낼 수 있다. 새를 위한 도시는 참신하고 개성 넘치는 디자인을 뽐낼 수 있는 장소다.

건축 업계가 새에게 점점 더 많은 관심을 쏟고 있다는 긍정적인 소식도 있다. 4장에서 소개한 영국 버킹엄셔의 킹스브룩을 대표적인 예시로 꼽을 수 있다. 주택 건설회사 바라트와 왕립조류보호협회의 협업으로 킹스브룩에 수천만 마리의 새와 야생동물을 위한 보금자리가 만들어질 예정이다. 앞으로 이와 같은 부동산 개발 업체와 야생동물 보호 단체의 협업이 더 적극적으로 이루어져야 한다.

하지만 여전히 새는 장식용으로 취급된다. PC 프로그램으로 건물을 디자인할 때 배경에 날아다니는 새를 넣는 정도에 그치는 것이다. 디자인을 판매하기 위해 새 그림을 사용하는 건 납득할 수 없다. 이제 진정으로 새를 보호하고 새에게 필요한 공간을 만드는 디자인을 해야 한다. 그리하여 새에게 더 안전한 미래를 선사해야 한다.

새소리가 들리는 도시

나는 도시의 발전과 성공을 새소리로 판단해야 한다는 발상을 참 좋아한다. 이른 아침 들려오는 새들의 합창소리뿐만 아니라 일상에서 마주하는 은은한 새소리는 우리의 삶을 행복하게 만든다.

어디에 살든 새소리를 들을 수 있어야 한다. 내가 숲지빠귀의 노랫소리를 즐기는 것처럼 말이다. 이에 부합하는 예시로는 질란디아

야생 보호구역을 꼽을 수 있다. 3장에서 소개한 질란디아는 뉴질랜드 웰링턴에 조성된 독특한 보호구역이다. 질란디아의 적절하고 진취적인 목표를 담아낸 슬로건 '웰링턴에 돌아온 새소리'는 이 도시에서 무슨 일이 일어나고 있는지를 정확히 보여 준다.

웰링턴뿐만 아니라 전 세계 곳곳에서 새의 세계와 우리를 이어 주는 새소리를 보호해야 한다는 사실을 깨닫고 있다. 인도 아마다바드의 논평가 사미르 슈클라는 새소리가 얼마나 중요한지, 그리고 그 중요한 새소리가 도시에서 어떻게 줄어들고 있는지를 수년 동안 기사로 풀어냈다. 「새소리와 도시 계획(Birdsongs and Urban Planning)」이라는 기사에서 그는 도시를 평가하는 새로운 기준이 필요하다고 이야기했다.

> 창밖을 내다보며 겨울 아침은 어떠해야 할까를 생각하던 중, 건축 학교에서 만난 건축가 아메다바드가 떠올랐다. 그의 영향으로 나는 모든 도시 계획의 기준이 다음의 간단한 테스트로 바뀌어야 한다고 생각한다.
> 정원이나 대학 캠퍼스를 걸으며 눈을 감고 새소리에 귀를 기울여 보자. 만약 당신이 새소리를 듣고 무슨 계절인지 알 수 있다면 그 도시는 살 만한 곳이다.[16]

이런 목표는 도시 안의 소리를 조화롭게 만드는 사운드스케이프*

---

* 소리(sound)와 풍경(landscape)의 합성어.

계획에 더 관심을 갖도록 한다. 우리는 도시를 디자인할 때 소리의 부정적인 면만 강조하는 경향이 있다. 소음이 우리가 생각하는 것보다 우리의 건강에 훨씬 더 부정적인 영향을 끼친다고 말이다. 이제 우리는 도시에 가득한 소음을 줄이고 자연의 소리를 더 잘 들을 수 있는 환경을 조성해야 한다. 뉴욕은 전기드릴 같은 건설 장비를 더 조용한 장비로 교체하라는 가이드라인을 마련했다. 많은 도시에서 조용하고 한적한 장소를 체계적으로 조성하고 있고, 명상할 수 있는 공원과 산책로를 만들고 있다. 이런 노력 덕분에 내가 사랑하는 숲지빠귀의 노래를 비롯해 도시의 소음에 가려져 있던 경이로운 새소리를 들을 수 있게 되었다.

하지만 우리는 새소리를 포함한 자연의 소리가 우리에게 힘을 주며, 따라서 우리가 관리하고 추적하고 키워 나가야 할 자산이라고 이해하는 데까지는 이르지 못했다. 이 책에서 소개한 도시에서 새들의 서식지를 조성하는 방법을 이용한다면 더 풍부한 자연의 소리를 얻을 수 있을 것이다. 예를 들어 공원에 풀을 베지 않는 공간을 남겨 두면 절지동물의 수가 늘 것이고, 결과적으로 자연의 소리는 더 다양해질 수 있다.

시민 단체 바이오필리는 필라델피아에서 자연적인 기온 조절 시스템의 필요성에 관한 콘퍼런스를 열었다. 에어컨 산업 규모는 계속해서 커지고 있다. 국제에너지기구(International Energy Agency)는 2016년 전 세계에서 사용 중인 에어컨은 16억 대에 이르며, 2050년에는 37억 대로 증가할 것으로 예상한다는 내용을 담은 보고서를 발표했다.[17] 나는 대학 입학 전까지 생활했던 버지니아주 알렉산드리아를 떠올렸다. 우리 집에는 에어컨이 없었다. 대신 나무의 그늘과 증발 및 증산 작용으로 작동하는 자연 냉방 장치가 있었다. 날씨가 더울 때면 오래된 여닫이창을 열어 새소리와 산들바람이 들어오게 했고, 밤에는 귀뚜라미, 베짱이, 청개구리의 멋진 소리를 집 안에서 들을 수 있었다. 집에서 새소리를 즐기다 보면 옛날 건물의 디자인을 재발견할 수 있을 뿐만 아니라, 도시에 나무를 심는 일이 자연적 기온 조절에 필요한 투자라는 걸 깨달을 수 있다.

최근 영국에서 새소리의 대중적인 힘과 매력을 확인할 수 있는 일이 벌어졌다. 2019년 4월 왕립조류보호협회에서 <렛 네이처 싱(Let Nature Sing)>이라는 제목의 새소리로 구성된 2분 30초 길이의 싱글 음원을 발표했는데, 영국 싱글 차트에서 18위를 기록했다. 25종의 새소리를 녹음한 이 음원은 2020년 베이징에서 열리는 환경정상회의를 앞두고 아드리안 토마스가 새들이 겪는 어려움을 알리기 위해 만든 것이다. 토마스는 "사실에 기반한 주장 역시 중요하지만, 사람들의 정서를 건드리는 일 역시 필요하다."라며 이 역할을 새소리가 할 수 있다고 이야기했다. 실제로 왕립조류보호협회 120만 회원이 음원을 구매해 힘을 보탰고, 이로 인해 이 음원이 싱글 차트에 오르게 된 이야기는 핫한 기삿거리가 되어 사람들의 관심을 끌었다.

최근 몇 년간 연구와 실험을 통해 새소리가 긴장을 푸는 데 도움이 되고 스트레스도 낮춰 준다는 사실이 증명됐다. 덕분에 병원, 학교, 그리고 더 나은 환경이 필요한 곳이라면 어디서든 새소리를 이용하기 시작했다. 영국 서리 대학교의 엘리너 랫클리프와 연구진은 새소리의 효과를 다양한 방법으로 분석했다. 성인 20명을 대상으로 진행한 심층 인터뷰를 통해 연구진은 "새소리가 스트레스를 줄여 주고 주의력을 회복하는 데 도움이 되는 자연의 소리"라는 사실을 알아냈다.(꽥꽥거리는 소리나 긁는 고리와 비슷한 몇몇 새소리는 덜 긍정적이었다.)[18]

새소리의 치유 효과가 어떻게 그렇게 대단할 수 있는지 정확히는 알 수 없지만 랫클리프와 연구진은 새소리와 함께 떠오르는 연상과 기억 때문일 것이라 이야기한다. 나도 경험한 적이 있다. 어렸을 때부터 숲지빠귀와 북부흉내지빠귀의 소리를 들으며 자랐기 때문에 새소리를 들으면 얼마간 마음이 평안해진다. 새소리는 우리 인생 전반에 깔려 있는 배경음악이다. 혹시라도 새소리를 듣지 못하게 된다면 우리는 새소리를 정말로 그리워하게 될 것이다.

암스테르담 스키폴 국제공항에서는 휴게 공간에 새소리를 틀어 놓았다. 공항은 새소리를 이용할 때 특히 좋은 치유 효과를 거둘 수 있는 장소인 것 같다. 이와 관련해 미국에서 가장 붐비는 하츠필드-잭슨 애틀랜타 국제공항의 대형 설치 예술 작품이 가장 기억에 남는다. 나는 환승하러 가는 도중에 이 작품을 발견했고, 여러 번 오가며 감상했다.

스티브 왈덱이 만든 <플라이트 패스(Flight Paths)>라는 이름의 이 설치 예술 작품은 A터미널과 B터미널 사이에 있는데, 140미터 길이의 지하 복도 천장에 설치된 스크린에서는 조지아 숲과 하늘을 날아다니는 새 영상이 재생되고 48개 채널로 구성된 스피커에서는 천둥소리, 빗소리와 함께 새소리가 들려오는 독특한 작품이다. 이미지가 실제가 아니라는 사실은 누구나 알 수 있지만, 빔 프로젝터로 보여 준 새와 자연은 깜빡 속을 만큼 진짜 같았다. 복도를 걷는 동안 진짜 숲을 지나는 것처럼 머리 위로 날아가는 새를 볼 수 있다. 한 소식지 기사는 이미지와 소리의 일체감이 이 작품의 핵심이라고 짚었다. 화면에서 비가 점점 더 많이 내리면 후두둑 소리가 점점 커지고, 새가 머리 위를 날아가면 새소리가 들린다.[19] 내가 발견한 유일한 문제점은 이를 즐기기 위해 통로를 왔다 갔다 하느라 항공편을 놓치게 될 수도 있다는 것이었다.

이 작품은 시의 공공 예술 지원 사업을 통해 설치되었는데, 사업 기금은 대부분 공항 임대료와 주차비에서 나왔다. 설치 비용이 400만 달러라는 사실에 말이 오가기도 한다. 한 가지 바람이 있다면 이런 공공 예술 작품이 사람들로 하여금 더 많이 걷고 공항을 즐기며 탑승구까지 이동하게 했으면 하는 점이다. 승객의 약 80퍼센트가 터미널을 연결하는 기차를 타고서 공항을 그저 통과해 버리기 때문이다.

새소리의 힘을 보여 주는 중요한 예로 리버풀의 알더 헤이 어린이병원을 들 수 있다. 이 병원에서는 예방 접종을 하거나 수술 직전과 같이 어린이 환자들이 스트레스를 받는 상황에 공원에서 녹음한 새소리를 들려주는 프로젝트가 진행되고 있다.

몇몇 병원에서는 녹음된 소리가 아닌 실제 새소리를 들려주는 방법을 택했다. 조지아주 애틀랜타의 에모리 대학병원에는 핀치(*Fringillidae*)와 잉꼬(*Psittacidae*) 등 50마리의 새가 살고 있는 두 개의 새장이 있다. 방문객과 환자 들은 새를 보고 새소리를 듣기 위해 새장을 즐겨 찾는다. 병원 홈페이지에는 정기적으로 치료를 받는 환자인 웬디 달링의 이야기가 실려 있다.

"가끔은 매주 병원에서 알레르기 주사를 맞아야 한다는 사실이 힘들게만 느껴져요. 하지만 병원에서 1분이든 30분이든 새를 마주하면 그 순간이 정말 즐거워져요."

우리 곁에 새가 있어요

지금까지 여러 사례를 통해 사람들과 새를 연결하는 다양한 방법을 살펴보았다. 야생동물과 새 친화적인 개발의 예시로 영국의 킹스브룩과, 뉴멕시코주 산타페에 새로 조성한 마을 공동체 알데아 드 산타페(Aldea de Santa Fe)를 들 수 있다. 이러한 사례는 새가 중요한 자산이자 삶의 질을 향상시키는 자원이라는 사실을 보여 준다. 킹스브룩을 조성한 관계자들은 칼새를 비롯해 많은 새를 가까이에서 볼 수 있다는 것을 이유로 이사를 결심한 사람들이 있다는 사실을 깨달았다. 사람들은 실제로 칼새 인공 둥지, 고슴도치 이동 통로, 야생동물을 위한 정원이 딸린 집을 원했다. 킹스브룩의 사례는 새와 자연이 주택의 가치를 높여 준다는 사실을 보여 주며, 이는 다른 건설 업체에도 강력한 동기부여가 될 수 있다.

산타페 외곽에 위치한 알데아 드 산타페에는 멸종 위기에 처한 주니퍼 박새를 위해 지역 고등학생들이 만든 70개의 인공 새집이 설치되어 있다. 마을 공동체 내 조류 단체와 지속 가능한 농업

멸종 위기에 처한 주니퍼박새를
위해 학생들이 만든 인공 둥지.

을 지향하는 농업 위원회는 주민들을 대상으로 강연을 기획하고,
토종 식물을 이용한 조경 프로젝트와 새들이 둥지를 만드는 기간
동안 인공 새집을 설치하고 관찰하는 둥지 관찰 프로그램 등 사람
들이 참여할 수 있는 다양한 활동을 기획, 실행했다. 이런 노력 덕
분에 새들은 환경에 녹아들었고, 사람들은 새들과 교감했다. 그리
고 이와 같은 활동은 사람들이 사회적인 활동을 하도록 이끌었다.

인공 둥지를 모니터링하는 활동은 사람들이 야외에 나가 걷거
나 운동을 하도록 유도한다. 둥지 관찰 프로그램에 참가한 어떤 사
람은 인공 둥지가 3킬로미터 길이의 산책로를 따라 설치되어 있어
자연스럽게 자연 속을 걷게 된다고 말해 주었다.

새를 관찰하는 활동이 과학적으로 의미가 있다는 사실도 중요
하다. 알데아 드 산타페의 자원봉사자들은 특히 주니퍼박새의 생
태를 이해하는데 자신이 하는 일이 얼마나 중요한지 잘 알고 있었
다. 프로그램 담당자인 돈 윌슨에 따르면 마을 주민들이 둥지를 관
찰하면서 알아낸 내용이 코넬 대학교의 조류연구소에서 주니퍼박

새와 관련해 발표한 정보의 92퍼센트에 달한다고 한다. 이처럼 사람들의 관찰은 실제로 중요한 과학적 자료가 될 수도 있으며 더 나은 서식지 환경을 만드는 데도 도움이 될 수 있다.

환경을 보호하려면 적극적으로 관심을 갖고 행동해야 한다는 사실은 진부하지만 중요하다. 알데아 드 산타페에는 미국 야생동식물연맹의 '야생동물 서식지 인증 프로그램(Certified Wildlife Habitat Program)'을 통해 자신의 정원이 야생동물 서식에 적합하다는 사실을 인증받은 주민이 40명이 넘는다. 주민들은 빗물 저장 장치를 설치했고, 쥐약을 사용하지 않고 쥐를 쫓는 방법을 논의했다. 그들은 북아메리카귀신소쩍새(Megascops asio) 인공 둥지 다섯 개를 설치하면서, 이 새를 해치는 쥐약에도 관심을 갖기 시작했다고 한다.

상대적으로 규모가 작은 마을에서는 이렇게 구성원들이 직접 논의하여 쥐약 사용을 효과적으로 줄일 수 있다. 그렇다면 어떻게 더 넓은 지역의 사람들에게 쥐약을 사용하지 않도록 설득할 수 있을까?

자연과 인간을 연결하는 매개체

도시에 사는 사람들은 자신을 둘러싼 환경을 자연이라 생각하지 않는다. 버드피딩은 이렇게 자연과의 유대가 끊어진 사람들을 다시 자연과 이어 준다. 버드피딩의 장점을 연구한 다니엘 콕스와 케빈 가스통은 왜 더 많은 사람들이 버드피딩을 하지 않는지 의아해했다.

"버드피더는 새의 모습과 행동을 관찰할 수 있는 중요한 공간입니다. 사람과 새를 연결해 주는 곳이지요."[20]

대도시에 사는 사람들은 주변에 얼마나 풍부한 자연이 있는지 잘 알지 못한다. 우리 주변에 무엇이 있는지 잘 알지 못하는 건 아마도 도시 생활이 바쁘기 때문일 것이다.

일상에서 새를 마주할 기회를 늘리면 도시 공간을 사람뿐만 아니라 새와 함께 사는 곳으로 바라보게 된다. 밴쿠버의 사례는 훌륭한 예시 중 하나다. 매년 5월 밴쿠버 버드 위크(Vancouver Bird Week)가 되면 도시 전역이 축제의 장이 된다. 사람들은 도시 곳곳을 돌아다니며 탐조를 즐긴다. 시에서는 주변에서 쉽게 볼 수 있는 새를 소개한 자료집과 탐조를 할 수 있는 최적의 장소를 알려 주는 지도를 만들어 배포한다.

새 사진을 찍는 활동은 많은 사람에게 특별하고 보람 있는 취미이며, 그 자체로 예술 활동이기도 하다. 매년 열리는 다양한 사진 공모전도 사람들의 흥미를 불러일으키는 방법 가운데 하나다. 1등 상금이 5000달러에 달하는 오듀본 사진 어워드(Audubon Photography Awards)가 대표적이다. 이 공모전에서는 호그섬 오듀본 자연센터에서 열리는 6일간의 여름 캠프 참가권을 청소년 특별상으로 제공한다.

지역에서도 다양한 공모전이 열린다. 내가 거주 중인 버지니아주에서도 몬티첼로 버드클럽(Monticello Bird Club)과 샬러츠빌 카메라클럽(Charlottesville Camera)이 공동으로 사진전을 개최한다. 뒤뜰에 있는 모습, 클로즈업한 모습, 서식지에 있는 모습, 역동적인 모

뉴욕 할렘에는 110종의 아름다운 새 모습을 그린 벽화가 있다.

습 등 새 사진을 네 가지 부문으로 나누어 심사한다. 이런 공모전을 통해 만나게 되는 다양한 새 사진은 주변에 서식하는 생명체의 아름다움과 예술적 가치를 잘 보여 준다.

　도시에 전시된 예술 작품을 통해 우리는 살아 있는 새의 아름다움과 경이로움을 느낄 수 있다. 다양한 예술 작품은 새를 새로운 시선으로 바라보거나 새의 진면목을 알아볼 수 있도록 한다. 특히 우리가 이제껏 주의 깊게 보지 못했던 새의 모습과 행동에 눈뜰 수 있는 기회가 된다.

　가장 인상적이었던 도시 예술 계획 중 하나는 미국 오듀본협회와 기틀러&＿＿(Gitler&＿＿) 갤러리의 협업으로 진행된 오듀본 벽화 프로젝트였다. 이들은 존 제임스 오듀본이 말년을 보낸 할렘 지역 건물 벽면에 기후 변화로 위기를 겪고 있는 새를 그려 넣었다. 현재 완성된 벽화는 110개지만 기후 위기로 위험에 빠진 새는 314종이므로 더 많은 벽화가 만들어질 수 있다. 모든 벽화는 온라인으로도 감상할 수 있고, 홈페이지에서는 각 벽화의 위치를 나타낸 지도를 제공하고 있다. 《뉴욕타임스》는 벽화 사진과 함께 벽화 덕분에 도시 환경에 생긴 즐거움을 묘사했다.

> 오듀본협회에서 만든 지도를 보며 워싱턴 하이츠와 할렘 근교를 둘러보는 여행은 새로운 형태의 탐조다. 서부 고속도로를 따라 내려가는 길에 실제 크기보다 크게 그려진 윌리엄슨즙빨기딱다구리(*Sphyrapicus thyroideus*)를 찾으려면 벽화를 꼼꼼히 뜯어봐야 한다. 까치는 지금은 문을 닫은 뉴해피니스 중국 음식점의 브로드웨이 게이트에서 찾을 수 있다. 존 제임스 오듀본이 어깨에 앉은 청솔새(*Setophaga cerulea*)를 흥미롭게 바라보는 그림도 있다.[21]

새를 주제로 한 예술품은 다양하다. 스페인 예술가이자 사진작가 사비 부의 <오르니토그래피(Ornitographies)>*도 그 가운데 하나다. 어릴 적 할아버지와 함께 새를 관찰한 경험에서 영향을 받은 사비 부는 연속 촬영한 새 사진을 하나로 합성해 작품을 만든다. 그렇게 완성된 사진은 새 한 마리 혹은 한 무리가 하늘을 가로지르는 비행 경로를 보여 준다. 어떤 사람은 이 모습을 이중나선이나 리본 같다

●　조류학(ornithology)과 사진(photography)의 합성어.

고 표현했다. 부는 홍학(*Phoenicopterus*)과 홍부리황새(*Ciconia ciconia*), 재갈매기 등 다양한 새 사진을 찍었다. 내 눈에는 그의 사진이 새가 우아하고 아름다운 날갯짓을 한 자리에 남아 있는 비행운처럼 보였다. 부는 자신의 작품이 "안 보이는 것을 보이게 만든다."라고 표현했다.[22] 그는 <오르니토그래피>의 목표가 과거와 현재, 그리고 미래의 순간을 한 번에 담아내는 것이라고 한다.

새들이 겪는 위험한 순간을 포착해 보여 주는 것도 '안 보이는 것을 보이게 만드는' 중요한 활동이다. 토론토에서 매년 유리창 충돌로 목숨을 잃은 새들을 전시하는 FLAP의 활동도 좋은 예시다. 미네소타에서 활동하는 사진작가 미란다 브랜든은 오듀본협회에서의 자원봉사 경험에서 영감을 받아 <충돌(Impact)> 시리즈를 제작했다. 아래는 브랜든이 자신의 작품을 설명한 내용이다.

<충돌>은 말 그대로 새들이 건물 근처를 지나면서 일어나는 문제를 구상화하여, 새들이 자신들이 겪는 곤경을 시각적으로 전달하는 작품이다. 작품은 새가 부딪힌 순간이나 부딪힌 직후를 포착하고 있다. 공기를 가르며 떨어지는 모습, 부자연스러운 각도로 꺾인 모습을 담은 사진도 있다. 작품 속 새는 실제 크기보다 6~12배 큰 모습으로 형상화되는데, 이렇게 커다란 크기 때문에 간단히 살펴보고 지나칠 수 없다. 작품은 물리적인 공간뿐 아니라 성찰의 공간까지 요구한다. 사진 속 새의 아름다우면서도 비정상적인 자세는 보는 이로 하여금 사람이 점유한 공간이 얼마나 큰 충격을 주는지 돌아보게 한다.

우리의 일상 속에 존재하는 새를 발견하고 새로운 관점에서 바라보게 하는 <충돌>은 새와 그 밖의 비인간 동물을 돌보는 우리의 능력을 확장시킨다.[23]

이제 우리는 도시를 인간뿐만 아니라 다른 많은 생명체가 함께 살아가는 공간으로 바라보고 동거종들을 환영해야 한다. 사고방식을 바꿔야 한다는 뜻이다. 다양한 동물의 서식지가 있는 밴쿠버에서는 사람과 새가 만날 기회가 많다. 밴쿠버 조류자문위원회(Vancouver's Bird Advisory Committee)의 알란 던컨은 내게 밴쿠버 외곽에 흰머리수리 둥지 열한 개가 있다고 말해 주었다. 그중 하나는 심지어 그의 집 테라스에서 50미터밖에 떨어져 있지 않다고 한다. 내가 이 책을 쓰던 2020년 4월, 흰머리수리 한 쌍이 펜실베이니아주 피츠버그 중앙의 공원에 둥지를 틀었다. 주민들은 둥지에 설치된 라이브캠을 통해 흰머리수리 새끼를 열심히 관찰했다. 관찰한 사람의 수는 놀랍게도 700만 명에 달했다.

도시에 사는 사람들이 은연중에 새에 관심을 품도록 하는 방법을 찾아야 한다. 밴쿠버에서는 조류자문위원회를 설치하고, 도시에서 볼 수 있는 새의 종류와 새를 관찰할 수 있는 장소를 안내하는 탐조 활동 가이드를 제작하는 등의 노력을 기울이고 있다.[24]

이런 안내서를 제작할 때 교육적인 내용을 담는 것도 중요하지만, 무엇보다 재미있어야 한다. 밴쿠버 스탠리 공원에는 올빼미와 교감을 할 수 있는 아울 프롤스(Owl Prowls)라는 프로그램이 있다. 던컨은 이 프로그램에 80명이 등록했다고 전해 주었다.

"사람들의 관심사와 흥미를 더 많이 연구해야 해요."

클리블랜드 메트로파크의 자연학자 매튜 니틀은 철새가 이동하는 봄철, 많은 사람이 모여 탐조 활동을 벌이는 소중한 전통에 대해 들려주었다. 1956년부터 시작된 이 활동은 매년 봄 6주에 걸쳐 진행되는데, 매주 일요일마다 열세 군데에서 열린다. 니틀은 둥지를 관찰하는 네스트워치(NestWatch)와 버드피더에 찾아오는 새들을 관찰하는 피더워치(FeederWatch) 등의 프로그램을 통해 시민들이 블루버드(*Sialia sialis*) 같은 새가 도시에서 겪는 위험을 가까이에서 살피고 직접 확인할 수 있도록 했다.

미래를 생각한 디자인

새들이 겪는 어려움 중에는 아직 완전히 파악되지 않았거나 생각지 못한 것도 있다. 미래에 훨씬 더 많이 사용될 드론에 대해서도 생각해 볼 필요가 있다. 맹금류는 자신의 영역을 침범한 드론을 공격한다. 실제로 암스테르담 스키폴 국제공항에서는 공항 주변에서 드론을 사용하지 못하도록 매를 활용하고 있다. 드론을 이용해 물건을 배달하면, 새와 충돌해 새가 목숨을 잃는 일이 벌어지지 않을까? 아직 확실한 답을 낼 수는 없지만 호주의 건축학 교수 피터 피셔는 최근 기고한 논평에서 새에게 안전한 드론을 디자인해야 한다고 주장했다.[25] 드론을 눈에 잘 띄는 색으로 칠하거나 비행 속도를 제한하거나 드론의 날개를 부드러운 재질로 바꾸는 등 새의 피해를 최소화하기 위해 다양한 방법을 선택할 수 있다.

도시에 어떤 물리적인 투자를 해야 새에게 커다란 혜택을 줄 수 있을까? 이 문제를 다시 한번 정리해 보겠다. 새를 위한 건물 디자인은 꾸준한 노력으로 많이 알려졌지만, 도로나 고속도로는 어떻게 해야 할까?

새와 차량이 충돌하는 문제는 생각보다 심각하다. 사람들이 관심을 기울인 덕분에 도로로 끊어진 녹지를 연결하는 지하도 형태의 야생동물 통로가 건설되고 있지만, 이 통로는 도로 위를 날아다니는 새는 사용할 수 없다. 새를 위한 한 가지 방법은 제한 속도를 낮추는 것이다. 도심을 지나는 도로 위를 덮는 나무 캐노피나 지붕 위 녹지를 조성해 위험하지 않은 비행경로를 만들 수도 있다. 이것이 실제로 가능한지 확인하기 위해서는 더 많은 연구와 실험, 그리고 시범 사업이 필요하다.

도시의 공원과 녹지, 주택의 마당과 같은 주변 공간을 활용할 방법도 생각해 볼 필요가 있다. 유해한 살충제를 사용하지 않고, 마음을 쏟아 토종 식물을 기르고, 새들이 둥지를 틀 수 있는 장소를 건물 외벽에 만들어야 한다. 불 끄기 캠페인에 동참해 빛 공해를 줄여 새의 중요한 먹이사슬을 보호할 수도 있다. 물론 어두운 밤하늘은 인간에게도 좋다.

유리창과 건물을 디자인할 때 무엇이 필요한지 우리는 알고 있다. 하지만 도시의 숲, 공원, 나무 캐노피, 옥상 녹지, 그리고 그 외의 다른 녹색 공간을 어떻게 배치해야 가장 효과적인지에 대해서는 더 많은 연구와 논의가 필요하다. 도시에 서식하는 새와 도시를 통과하는 철새 모두를 만족시킬 방법을 찾아야 한다. 우리는 다양한 연구, 협업, 그리고 새로운 디자인 개발을 통해 우리가 사는 도시를 더 나은 새 서식지로 바꿀 수 있다. 그리고 새에게 살기 좋은 도시는 사람이 살기에도 좋은 공간일 것이다.

새와 함께하는 충만한 삶

지금까지 새가 우리 곁에 있을 때 우리 삶이 어떻게 달라질 수 있는지 이야기했다. 새를 위해 도시를 디자인하고, 하늘을 나는 우리의 친구들을 위해 일상 공간을 재해석하면 도시는 우리에게도 더 살기 좋은 곳이 될 것이다. 주변에 살고 있는 새로부터 얻는 기쁨도 있다. 해 질 녘에 종종 걸어 나오는 굴올빼미, 활공하는 콘도르, 재빠르게 움직이는 칼새를 곁에 두었을 때 우리 삶은 훨씬 더 다채로워진다. 또 새를 위해 서식지를 개선하고, 새에게 필요한 식물을 기르고, 덜 위험한 유리로 갈아 끼우는 등의 활동을 차근차근 해 나가면서 느끼는 것도 있다. 바로 삶의 의미와 목적의 조각들이 맞춰지는 듯한 느낌이다.

새와 공존하다 보면 경외감이 느껴지기도 한다. 리처드 루브는 저서 『야생의 부름(Our Wild Calling)』에서 그 느낌을 이렇게 묘사한다.

"예상치 못한 무언가와 마주한 순간 또는 직후에 느껴지는 것이다. 그것은 천둥소리나 심금을 울리는 노래를 들을 때, 또는 기도나 명상을 하다 영원을 만났을 때처럼 내면의 광활함과 가능성을 자극한다."[26]

야생동물은 정말 놀라운 생명체다. 그 가운데 새는 우리가 관심을 쏟고 귀를 기울이기 쉬운 동물이다. 또한 우리의 감성을 자극하고 영감을 주며 경외감을 느끼게 한다. 물리 법칙을 무시하듯 나무를 거꾸로 걸어 올라가는 동고비, 나무를 두드리는 딱다구리, 믿을 수 없는 비행 기술을 보여 주는 콘도르와 칼새, 사다새(*Pelecanus philippensis*)까지. 우리 주변이 새로 가득할 때 우리는 더 행복하고 충만할 수 있다. 날개 달린 마법 같은 이 생명체에 집중하는 순간, 우리는 우리만 생각하는 좁은 시야에서 벗어날 수 있다.

분수대를 개조해 만든 퍼스의 도시 습지
https://youtu.be/LGJhcMdQyY8

미란다 브랜든, <충돌>
https://www.mirandabrandon.com/impact.html

사비 부, <오르니토그래피>
https://www.xavibou.com/ornithographies/

우리는 무엇을 할 수 있을까?

영혼에 작은 새집을 지어 보세요.

데이 마이트 비 자이언츠, <Make a Little Birdhouse In Your Soul>

책 전반에 걸쳐 살펴봤듯이 새를 위해 도시가 변할 수 있는 여지
는 많다. 우리가 주변에 서식하는 새에 관심을 갖고 새와 함께하는
삶을 즐길수록 그 가능성은 더 커진다. 새를 향한 지속적인 사랑을
키워 나가려면 어떻게 해야 할까?

활동적이지 않고 타인과 교류가 적은 생활이 이어지면서 많은
사람들이 몸과 마음의 불편을 호소한다. 이 문제를 새와 함께하는
삶으로 해결할 수 있다. 탐조 활동을 통해 다른 사람 혹은 다양한
생명체와 만나다 보면 자기 자신만을 생각하는 마음에서 벗어나 바
깥 세상으로 뛰어들어 새로운 관계를 만들 수 있다. 자신이 살고 있
는 지역에 어떤 새가 서식하는지 살피는 활동은 생산적이고 생동감
넘치는 마법 같은 삶을 살도록 도와준다.

따라서 아이들에게 새에 관해 가르치는 활동이 필요하다. 방법
은 다양하다. 부모, 조부모 혹은 형제자매를 통해 관심이 생긴다면
가장 좋겠지만, 학교 교육 과정에 새에 관한 흥미로운 내용과 새를
보호하는 방법 등이 들어가 있어야 한다.

학교에서 진행된 새 관련 활동으로는 오듀본협회 직원 메리 엘프너가 기획한 '숲지빠귀 팀(Team Wood Thrush)' 교육 프로그램을 들 수 있다. 지난 5년 동안 엘프너는 버지니아주 리치먼드의 여러 중학교, 고등학교 선생님들과 협력해 숲지빠귀를 학생들에게 소개했다. 주 정부의 표준 과학 교육과 연계한 이 프로그램은 숲지빠귀의 생태에 관한 교실 수업과 숲지빠귀가 리치먼드에 돌아오는 늦은 봄, 숲지빠귀를 관찰하는 현장 체험 활동으로 이루어져 있다. 엘프너는 지난 5년간 200~300명의 학생들과 프로그램을 진행했다. 더 많은 학교와 학생을 대상으로 프로그램을 진행하고 싶지만 자금이 없다고 한다.[1]

엘프너가 학생들과 함께 다녀온 장소 가운데 하나는 숲과 습지로 이루어진 더치 갭(Dutch Gap)이었다. 이곳에서 학생들이 즐거워하는 모습이 지역 뉴스 채널에서 보도되기도 했다. 학생들은 숲지빠귀의 독특한 소리를 흉내 내고 이 새의 서식지가 사라지고 있다는 사실을 설명할 수 있을 정도로 숲지빠귀를 잘 알고 있었다.

"우리에겐 새가 필요해요. 숲지빠귀를 보호해야 해요."

이 프로그램이 계기가 되어 어떤 학생은 일생 동안 새에 관심을 쏟을지도 모른다. 엘프너는 몇 년 전 프로그램에 참가했던 학생 한 명이 다른 지역에서 숲지빠귀의 소리를 듣고 자신에게 연락해 온 일화를 들려주었다. 작은 프로그램이지만 아이들의 삶에 큰 변화를 일으킬 수 있다.

엘프너는 프로그램을 계획할 때 '솔새 팀(Team Warbler)' 프로그램을 참고했다고 말했다. 솔새 팀 프로그램은 엘프너가 오듀본협회에서 일하는 동안 버지니아와 파나마를 이어 주는 노란머리버들솔새(*Protonotaria citrea*)를 위해 만든 프로그램이다.[2] 노란머리버들솔새는 파나마에 있는 맹그로브 숲에서 겨울을 나고 리치먼드에서 여름을 보내는 철새다. 엘프너와 나는 파나마시티에 사는 학생과 리치먼드에 사는 학생이 노란머리버들솔새를 보호하기 위해 함께 공부하고 협력하는 멋진 아이디어에 대해 이야기를 나눴다.

애틀랜타 오듀본협회에서도 다양한 프로그램을 진행 중이다. 'STEM 융합교육으로 새를 만나다(Connecting Students with STEM through Birds)'라는 프로그램은 애틀랜타와 풀턴 카운티의 여섯 학교와 함께 진행된다. 오듀본협회에서는 프로그램에 참여하는 학교에 새를 위한 정원을 만들어 주고, 선생님을 대상으로 새에 대한

교육을 위해 잠시 채집한 새.

교육도 진행한다. 오듀본협회의 자원봉사자와 직원 들은 학생들과 탐조 수업도 진행하는데, 대부분의 아이들은 이 프로그램을 통해 처음으로 쌍안경을 사용해 본다고 한다. 오듀본협회의 보호 및 교육 책임자가 학교에서 새그물로 새를 잠시 잡아서는 학생들이 직접 새를 손에 쥐었다 날려 보내는 활동도 있다.

이런 경험을 통해 학생들은 달라질 수 있다. 애틀랜타 오듀본협회의 니키 벨몬테는 여덟 살에 참여한 여름 캠프에서의 경험을 이야기해 주었다. 새그물로 채집한 새를 직접 본 순간 마음속에서 번쩍하는 느낌이 들었다고 한다.

"그 순간부터 저는 새를 사랑하게 됐어요."

애틀랜타 오듀본협회의 교사 교육 프로그램 '날개를 달다(Taking Wing)'에서는 선생님들에게 다양한 수업 속에 새 이야기를 녹여 내는 방법을 알려 준다.

"선생님들은 학교 운동장에서 발견할 수 있는 거라면 어떤 것이든 수업 주제로 사용하고 싶어 했어요."

이 프로그램을 통해 새를 구분하는 방법과 새의 생태를 배울 수 있다. 학교 프로그램 말고도 애틀랜타 오듀본협회에서는 지역사회가 참여할 수 있는 다양한 교육 프로그램을 운영한다. 주요 프로그램으로는 피드몬트 공원 탐조 현장학습과 성인을 위한 워크숍이 있다.

새에게 더 안전한 건물을 만들기 위한 건물 리모델링에 아이들과 청소년을 참여시키는 것도 훌륭한 교육 방법이다. 펜실베이니아주 피츠버그에 있는 프릭환경센터(Frick Environmental Center)가 그

예시다. 프릭환경센터 건물은 내부와 외부의 창 및 외벽을 숲을 본떠 생태 친화적으로 디자인해 리빙 빌딩(Living Building)이라는 녹색 건축 인증을 통과했음에도 여전히 위험한 유리창이 많았다.[3] 프릭환경센터의 교육책임자 카밀라 틴슬리는 '젊은 자연학자 프로그램(Young Naturalist Program)'에 참가한 고등학생들과 건물 정면의 거대한 유리창을 새에게 안전하게 바꾸는 활동을 함께한 일화를 들려주었다. 학생들은 피츠버그 버드세이프(BirdSafe Pittsburgh)와 함께 다양한 재료를 이용해 새들이 유리창을 알아차릴 수 있도록 돕는 낙하산 줄 장치를 디자인하고 제작했다. 틴슬리는 학생들이 이 작업을 하면서 자신들의 노력이 어떤 결과로 이어지는지 직접 확인할 수 있었다며 이 활동을 극찬했다.

"최고의 교육이란 이런 것이죠."

탐조 세계에는 다양성이 필요해

코넬 대학교 조류연구소에서는 전 세계적인 데이터베이스 e버드(eBird)를 운영한다. e버드는 사람들이 새를 관찰한 정보를 온라인으로 기록할 수 있는 플랫폼으로, 매년 1억 건 이상의 정보가 기록되는 전 세계에서 가장 큰 생물 다양성 시민 과학 프로젝트다.[4] 사진과 소리, 위치 정보를 함께 기록할 수 있고, 다른 사람의 관찰 기록도 확인할 수 있다. 다양한 정보를 통해 사용자는 어디가 탐조하

기 좋은 장소인지, 그리고 어디를 가야 자신이 좋아하는 새를 만날 수 있는지를 알 수 있다.°

각 지역의 새 관련 정보와 행사 소식을 알려 주고 탐조인들을 서로 이어 주는 포털 사이트도 여럿 있다. 내가 사는 버지니아주의 새 관련 포털에는 경연 비슷한 요소도 있어, 자신이 관리하는 곳(예를 들면 정원)이 얼마나 새 친화적인지를 체크리스트를 통해 다른 사용자에게 보여 주고 그곳에 어떤 새가 찾아오는지를 올릴 수 있다.

이렇게 구축된 데이터베이스는 과학 연구에서는 물론 환경 보호 측면에서도 요긴히 사용할 수 있다. 북미 전 지역과 남미를 이동하는 117개의 철새 이동 경로를 보호하기 위해 필요한 토양 면적을 계산한《네이처 커뮤니케이션》의 최근 연구는 인터넷을 통해 여러 사람이 모은 정보를 활용했다.[5]

코넬 대학교 조류연구소에서는 매년 전 세계 탐조인에게 e버드에 관찰한 내용을 기록하도록 권장하는 글로벌 빅 데이(Global Big Day)를 개최한다. 2018년에는 전 세계 3만여 명의 사람들이 7천여 종의 새를 기록하면서 신기록을 세웠다. 1998년부터 시작돼 매년 2월 나흘 동안 진행되는 '뒷마당 새 숫자 세기 대회(Great Backyard Bird Count)'는 코넬 대학교 조류연구소와 오듀본협회에서 공동으로 후원한다. 2019년 2월에는 약 16만 명이 참여했다.

탐조는 부유한 백인의 취미라는 이미지가 있다. 새의 진가와 새

° 국립생태원을 포함한 다양한 기관이 공동으로 시민 모니터링을 진행하는 한국의 네이처링과 비슷한 어플이다.

가 선사하는 즐거움을 더 많은 이에게 알리기 위해서는 탐조 커뮤니티에 다양성이 필요하다. 도시의 탐조 세계에 더 다양한 사람을 초대해야 한다.

새를 사랑하는 흑인 과학자 J. 드류 란함은 클렘슨 대학교의 야생동물 생태학 교수다. 그는 탐조 세계에서 소수자로서 겪는 어려움에 목소리를 낸 사람 중 한 명이다. 란함은 자신의 책 『고향(The Home Place)』에서 사우스캐롤라이나 시골길을 따라 탐조 하던 때의 감정을 생생히 묘사했다.[6] 책에는 새를 관찰하던 중 남부연합기*와 마주쳤을 때 느낀 위험이 닥칠지도 모른다는 불안감과 두려움이 고스란히 담겨 있다.

> 흑인이기 때문에 남들과 다르게 새를 관찰할 수밖에 없었다. 나와 비슷한 사람을 만날 확률은 20세기에 멸종됐다고 알려진 흰부리딱다구리(*Campephilus principalis*)를 만날 확률보다 약간 높은 정도다. 평생에 걸쳐 내가 만난 흑인 탐조인은 열 명도 안 된다. 우리는 정말 희귀한 사람들이다.

이런 분위기를 어떻게 바꿀 수 있을까? 그러기 위해서 우리는 무엇을 해야 할까? 란함은 더 많은 유색 인종과 더 많은 어린이들이 탐조에 참여해야 한다고 말한다. 더 많은 아이들이 더 많은 유색인

---

* 미국 남북전쟁 당시 노예 제도를 지지한 남부 연합 정부의 공식 국기다. 20세기 들어서 인종차별의 상징이 돼 캘리포니아주에서는 사용을 금지하고 있다.

탐조인을 보고 자라야 한다.

자연과 야생동물은 우리 모두의 것이다. 미국에서 인종 차별이라는 커다란 문제를 해결할 수 있는 뾰족한 방법이 없기에 나를 포함해 모든 사람이 항상 안전할 수 있는 명쾌한 방법도 없다. 나는 나만의 방법으로 극복해 내고 있다. 더 많은 유색 인종이 야외로 나가야 한다. 특이한 것을 흔한 것으로 바꿔야 한다. 흑인 조류학자, 야생동물학자, 탐구자, 도보 여행자, 어부가 더 많아진다면 우리도 여름풍금조(*Piranga rubra*)의 지저귀는 소리에 즐거움을 느끼고, 흰꼬리사슴의 놀라운 행동과 키 큰 소나무가 바람에 흔들리는 소리에 감사하다고 말할 수 있을 것이다. 우리는 우리의 자식들에게 자연을 그대로 물려줄 의무가 있다. 수많은 유색 인종 조상들은 말했다. 거대한 참나무의 굵은 뿌리처럼 대지와 깊이 연결돼 있는 덕분에 우리가 존재하고 새로워질 수 있다고. 이 사실을 청소년들이 깨닫는다면, 어쩌면 상황이 바뀔지도 모른다.

새를 관찰하는 흑인을 마주하는 것이 드문 일이 아니게 되길 바란다. 탐조 행사에서 다양한 인종의 사람들을 볼 수 있으면 좋겠다. 그리고 언젠가 인기 있는 탐조인으로 나 같은 흑인이 꼽히는 날이 오기를 바란다.

2019년 4월, 나는 애슈빌 근처의 워런 윌슨 대학에서 열린 란함의 〈장소의 힘(Power of Place)〉이라는 강연을 들었다. 인상적인 강연 덕에 고속도로 양옆에 있던 커다란 두 남부연합기를 보며 미국의 유색 인종이 무엇을 감내해야 하는지 생각해 볼 수 있었다. 나는 란함이 야외로 나가 날개 달린 생명체를 좇으며 더 위험한 상황에 뛰어드는 이유가 무엇인지 궁금해졌다.

유색 인종 탐조인에겐 매 순간이 도전이다. 그들은 단지 새를 관찰한다는 이유만으로 목숨을 걸어야 한다. 백인은 이해하지 못할 일이다. 사회의 편견과 인종차별을 극복하기 위한 활동에 나서는 것이 이런 상황을 바꾸는 방법이 될 수 있다. 하지만 새를 관찰하고 새의 편에서 행동하는 사람들의 다양성을 넓히기 위한 도시 차원의 조치도 필요하다.

유색 인종이 새를 관찰하면서 맞닥뜨릴 수 있는 위험에 관한 뉴스가 2020년 메모리얼 데이에 미국 전역에 송신되었다. 반려견에게 목줄을 채울 것을 요청한 흑인 탐조인 크리스티안 쿠퍼를 백인 여성이 경찰에 신고한 사건이었다. 센트럴파크 같은 공공장소에서 위협을 받거나 달갑지 않아 하는 느낌은 유색 인종에게 너무나도 익숙한 경험이다. 이 뉴스로 백인들은 유색 인종이 미국에서 단지 새를 관찰하는 것만으로도 위험에 처할 수 있음을 알게 되었다. 같은 날 또 다른 흑인 조지 플로이드가 미니애폴리스 경찰의 과잉 진압에 목숨을 잃었다. 이 일로 미국 전역에서 조지 플로이드를 애도하고, 지금까지 수많은 유색 인종의 목숨을 앗아 간 미국 내 인종 차별 행태와 경찰의 폭력에 항의하는 시위가 들불처럼 번졌다 이처럼 새를 연구하고 즐기려는 열망도 인종 차별 문화에서 자유롭지 못하다.

이에 대응해 새를 연구하는 유색 인종 과학자와 활동가에 대해 배우고 그들을 기념하는 블랙탐조주간(Black Birders Week)이 등장했다. 블랙탐조주간 공동 주최자이자 조지아 서던 대학교에서 바다멧참새(*Ammospiza maritima*)를 연구하는 대학원생 코리나 뉴섬은 새와 자연, 그리고 인종과 관련한 편견에서 벗어나야 한다고 이야기한다. 일반적으로 유색 인종은 새를 관찰하지 않을 뿐만 아니라 자연에 관심이 없으며 야외의 활동적인 일에 참여하지 않는다는 이미지가 있다. 탐조와 자연은 백인에게 허락된 활동이고 공간이라는 인종 차별과 공간 불평등이 이 이미지를 뒷받침하고 있다. 탐조 문화가 탐조인의 다양성을 끌어안기 위해 애쓰는 한편, 뿌리박힌 인종 차별을 극복하고 사회를 공정하고 평등하게 만들기 위한 더 깊이 있고 치열한 활동도 펼쳐 나가야 한다. 새를 관찰하고 보호하는 일이 인종적으로 더 다양하고 포용적이어지는 것은 사회를 진보시키는 한 방법이기도 하다.

새와 함께하는 문화는 더 많은 다양성을 끌어안을 수 있다. 새를 관찰할 때 여성의 관점과 목소리를 수용하고, 탐조 활동을 할 때 여성의 안전과 평등을 보장하는 것도 중요한 방법 중 하나다. 탐조 세계와 조류학계, 그리고 새를 보호하는 활동에 남성의 목소리가 지배적이라는 사실은 꾸준히 문제로 제기됐다. 「탐조에 혁명을 일으키는 페미니스트(A Feminist Revolution in Birding)」라는 글을 쓴 올리비아 젠틀레는 조류 도감을 펴낸 사람과 유명한 조류학자가 모두 남자임을 지적하며, 심지어 우리가 새를 관찰할 때에도 남성적인 접근법(경쟁적으로 더 빠르게, 더 많은 종의 목록을 작성하는 방식)을 취한다고 이야기했다.[7] 젠틀레는 이 글에서 여성 탐조인은 자주 과소평가되고 무시되기 때문에 여성 탐조 클럽이 따로 만들어진다고 말한다. 우리 사회에 만연한 여성혐오(misogyny)와 여성을 향한 폭력은 탐조 세계에서도 찾을 수 있다. 일상생활 속에서 일어나는 캣콜링*을 비롯한 성희롱은 도시의 공원이나 숲 그리고 야생으로 나가 새를 관찰하고 즐기고 연구하는 행동을 제한할 수밖에 없다.

애틀랜타 오듀본협회는 미국 오듀본협회 본부와 연계해 '평등, 다양성, 포용 위원회(Equity, Diversity, and Inclusion Task Force)'를 설립했다. 이 위원회에서는 유색 인종 청소년이 탐조 분야에서 직업을 찾을 수 있는 기회를 제공하는 수습 프로그램을 운영한다. 애틀랜타 오듀본협회는 피드몬트 공원에서 탐조 프로그램을 진행하는 데 흑인 청소년 제이슨 워드를 고용했다. 이런 프로그램은 올바른 방향으로 나아가는 활동이지만, 형식적이거나 소수만을 대표하는 것에 그치지 않도록 조심해야 한다. 탐조 세계는 더 많은 사람에게 열려 있어야 한다. 다양성을 넓히기 위해서는 더 많은 여성과 더 많은 성소수자가 참여해야 한다.

탐조에 대한 이미지를 바꿀 수 있는 홍보도 필요하다. 많은 미국인은 탐조를 소름 끼치는 취미라고 생각하거나 괴짜 이미지를 떠올린다. 나도 2016년 《워싱턴 포스트》의 「탐조인에게는 미안하지만, 사람들은 당신이 소름 끼친다고 생각해요(Sorry, Birdwatchers: People Think You're Creepy)」라는 제목의 기사를 읽기 전까지는 몰랐다.[8] 녹스 대학교의 두 연구자가 진행한 연구 결과를 바탕으로 작성된 이

● 불특정 여성을 향해 휘파람 소리를 내거나 성희롱 발언을 하는 것.

기사에는 탐조를 포함해 무언가를 관찰하는 활동이 소름 끼치는 취미 2위에 올라 있다. 아마도 쌍안경으로 무엇을 보는지 불분명하기 때문인 것 같다.

중학생과 고등학생 들은 탐조를 소름 끼친다고 생각하지도 않았지만 멋진 취미로 여기지도 않았다. 대부분의 학생들은 탐조가 어떤 취미인지 모르는 것 같았다. 그럼에도 나는 사람들이 탐조를 하게 된다면 새가 선사하는 기쁨에 흠뻑 빠질 것이라 자신한다.

한 가지 중요한 점은 많은 사람이 새를 매우 사랑하고 새에게 큰 영향을 받으며 경이를 느낀다는 사실이다. 새를 돕기 위한 활동에 나서는 사람도 많다. 하지만 그 가운데 대부분의 사람들이 새 이름을 잘 모르고, e버드 같은 어플을 사용하지 않으며, 새의 모습이나 소리로 새를 구별하지 못하기 때문에 스스로를 탐조인이라 부르기 부담스러워한다. 그렇기에 나는 새에게 마음을 쓰는 이들을 '탐조인' 대신 '새 애호가'라고 부르고 싶다. 탐조인이 되기 부담스러워하는 사람도 새를 보호하는 데 중요한 일을 할 수 있고, 새를 삶의 일부로 삼을 수 있다.

새에게도 투표권을!

나무 심기 활동 같은 생태주의 캠페인에 참여한 사람은 다른 시민 활동에도 참여할 가능성이 높다는 연구 결과가 있다. 다나 피셔와

에리카 스벤젠, 제임스 코널리는 100만 그루의 나무를 심는 것을 목표로 한 밀리언트리NYC(MillionTreesNYC) 계획에 자원봉사자로 참여한 사람이 다른 시민 활동에도 참여하는 경향이 있다는 사실을 발견했다. 연구진은 나무 심기에 참여했던 사람들과 전화 인터뷰를 진행해 나무를 아끼는 마음이 사그라들진 않았는지, 그리고 다른 시민 활동에도 참여했는지를 조사했다. 연구진은 '어린 시절에 큰 영향을 받는 투표나 종교 활동을 제외하면, 환경 관련 활동을 한 후 다른 시민 활동으로 연결되는 경향이 가장 크다'고 결론 내렸다.[9] 이 연구는 환경 관련한 모든 활동과 민주주의 사이에 긍정적인 상호작용이 가능하다는 사실을 보여 준다. 만약 우리가 지역 사회에서 새를 위한 활동을 한다면, 투표를 하고 싶은 마음이 생겨나고 공청회와 시위에도 참여할 것이다.

"구조화된 제도적 동기가 없다면 책임감이 사람들로 하여금 민주 시민이 되도록 한다. 종교 단체나 노조에 가입하는 사람들이 감소하는 시대에, 이와 같이 좀 더 자발적으로 민주 시민 의식을 기를 수 있는 방법이 더 중요해지고 있다."

『나홀로 볼링』을 쓴 하버드 대학교 교수 로버트 퍼트넘은 현대 사회에서 개인주의가 커져 가는 현상을 우려 섞인 시선으로 풀어낸 적이 있다. 하지만 밀리언트리NYC에 관한 연구는 그렇지 않을 수도 있다고 이야기한다. 나무 심기 봉사자는 혼자서 볼링을 치는 사람처럼 단절되지 않는다. 봉사자들은 다같이 모여 함께 목표를 달성했다.

탐조는 개인적인 활동이지만 그룹이나 사회적인 환경에서 이루어지는 활동이기도 하다. 우리는 함께 새를 관찰하고 감정을 공유하며 도시에 새를 위한 서식지를 조성해 나갈 수 있다. 즐거움을 나누고 새로운 관계를 맺는 일을 도와주는 새는 고맙고도 감탄스러운 존재다.

이 책에서 소개하는 프로젝트와 프로그램은 자원봉사자가 없다면 굴러가지 않는다. 아담 베츄엘이 말했듯이 애틀랜타 오듀본협회는 자원봉사자들에게 크게 의존하고 있고, 규모가 작을수록 더 많은 자원봉사자가 필요하다.

"좋은 자원봉사자들은 매우 많습니다. 그 덕에 시민 단체는 잘 굴러가고 있지만, 여전히 더 많은 자원봉사자가 필요해요."

대중에게 새에 관해 교육하고 행동을 독려하는 이러한 프로그램에 참여하는 건 세상에 기여할 수 있는 멋진 기회다. 또 새와 함께하면 이기적인 생각에서 벗어나 더 큰 세계를 바라볼 수 있다.

앞서 여러 번 언급했듯이 새들은 우리가 절망에서 벗어날 수 있도록 도와준다. 이따금 나는 기후 변화로 전 세계가 멸망할 위기에 처해 있다는 생각 때문에 모든 것이 의미 없다는 무력감에 빠지기도 한다. 하지만 책에 나오는 사례들은 그렇지 않다고 말한다. 개인과 공동체 차원에서 우리가 할 수 있는 일은 많다. 오리건주 포틀랜드에서처럼 새가 유리창을 볼 수 있도록 창문을 바꾼다거나 정원을 새를 위한 서식지로 바꾸는 간단한 활동부터 도시를 찾아오고 지나가는 철새를 위해 목소리를 내고 지역 의회에 새를 위한 건물 설계 기준을 제정하도록 요구하는 것까지, 지역사회에서 우리가 할 수 있는 일은 수없이 많다.

마가렛 렝클은 《뉴욕타임스》에서 이렇게 이야기한다.

"어떤 일을 하는 것과 아무 일도 하지 않는 것에는 차이가 있다. '어떤 일'은 작아 보일 순 있지만, 아무일도 아닌 건 아니다. 아주 작은 것이라도 하는 것과 하지 않는 것의 차이는 굉장하다. 이는 가슴 뛰는 흥분과 침묵만큼이나 다르다."[10]

큰 그림을 그리려면

우리는 새에게 직간접적인 영향을 끼치는 우리의 소비 패턴과 거대한 생태 발자국에 정면으로 맞서야 한다. 아한대조류계획의 제프 웰스는 이렇게 말했다.

"도시는 제각기 다른 다양한 방법으로 무지막지한 영향을 끼칩니다."

웰스는 뒤뜰에서도 발견할 수 있지만 주로 아한대 숲에 서식하는 흰목참새(*Zonotrichia albicollis*)를 예로 들었다. 아한대 숲과 우리가 사랑하는 흰목참새를 위해서 우리는 재생 종이로 만든 제품을 구입하고 있을까? 안타깝게도 우리는 둘의 관계를 제대로 파악하지 못하고 있는지도 모른다. 우리가 아한대 원시림으로 만든 화장지를 사용한다면 제 손으로 사랑하는 새를 사라지게 만드는 것이라는 사실을.

재생 종이로 만든 제품을 쓰면 새를 지키는 데 도움이 된다. 삼림관리협의회(FSC)의 인증을 받은 제품을 사용하는 것도 좋은 방법이다. 물론 일부 국가에서 벌목을 너무 많이 허용한다거나 규제를 느슨히 적용한다는 등 FSC 기준에 대해 걱정스러운 부분도 있다. 웰스는 새로운 인증 제도인 지속 가능한 임업계획(SFI)은 삼림 업계의 지원을 받고 있어 규제가 덜 엄격하다는 사실을 알려 주었다. SFI에서 다양한 조류 단체를 지원하려는 움직임을 보이고 있지만 이에 웰스는 부정적이었다.

그는 조류 단체들이 작은 활동에 만족하기보다 기후 변화와 재생 에너지로의 전환 같은 커다란 문제에 나설 필요가 있다고 지적했다.

"풍력발전소에는 반대하면서 석탄에 대해서는 아무런 말도 하지 않아요."

풍력발전소가 새에게 끼치는 부정적인 영향은 수백만 마리 새의 서식지를 파괴하는 노천광®에 비하면 새 발의 피다.

우리가 관심을 쏟아야 할 또 하나의 중요한 부문은 이미 만연한 파괴적인 방식의 농업이다. 한 가지 작물만 심는 단일 작물 재배와 고농도 화학 약품을 사용하는 지금의 식량 생산 방법은 큰 문제다. 살충제 사용량의 급속한 증가는 위험을 가중하고 있다. 특히 피프로닐과 흔히 네오닉스라 부르는 네오니코티노이드가 포함된 수용성 살충제는 물뿐만 아니라 토양도 오염시킨다. 레이첼 카슨의 경고는 오늘날 훨씬 더 와닿는다. 곤충의 수가 급격히 줄어 새의 삶이 위협받고 있으며, 우리는 카슨이 그토록 경고했던 '침묵의 봄'을 실제로 경험할지도 모른다. 어서 지속 가능한 농업으로 전환해야 한다.

●　지표에서 바로 광물을 캐내는 광산.

우리는 무엇을 할 수 있을까? 《바이올로지컬 컨저베이션》에 논문을 게재한 프란시스코 산체스-바요는 한 가지 작물만 심기보다 나무와 작물을 같이 심어 곤충의 서식지를 만드는 것이 중요하다고 강조한다. 그리고 살충제 사용을 줄이고 병충해 종합 관리(IPM)* 기술을 사용하는 방향으로 바뀌어야 한다고 말한다.[11]

"만약 우리가 화학 물질에 의존하지 않고 식품을 생산하는 방법을 농부들에게 교육하고 실천하도록 돕는다면 모든 것이 한순간에 바뀔 수 있어요."

정치적으로도 넘어야 할 산이 있다. 살충제 산업과 농산품을 판매하는 기업은 변화를 거부할 것이다. 하지만 새를 구하려면 우리가 마트에서 구매하는 농산물의 생산 과정에 얽혀 있는 연결망을 보아야 한다.

새를 위한 도시는 전 세계적인 생물 다양성을 보호하기 위한 활동과 정책을 더 많이 고민할 필요가 있다. 그렇다면 도시는 어떻게 전 세계적인 흐름을 바꿀 수 있을까?

생태 발자국과 자원의 수요를 줄이려는 노력은 긍정적이다. 많은 도시에서 화석연료 사용을 줄이려 노력하고 있다. 뉴욕의 경우 화석연료 회사에 보조금 지급을 중단하려는 움직임을 보이고 있다.[12] 적어도 지구 절반의 자연은 보호하자는 아이디어를 담은 지구의 절

●   화학 살충제 의존도를 줄여 환경 오염을 최소로 하면서 해충을 방제하기 위한 노력.
●● 지표면 절반을 보존할 때 생태계를 구성하는 종 대부분을 구할 수 있다는 발상 아래 이뤄지고 있는 활동.

반(Half-Earth)** 프로젝트처럼 보호구역을 늘리는 활동을 북반구에 위치한 도시에서 주도할 수 있다.[13] 또 다른 중요한 방법은 마음이 맞는 도시끼리 같은 종의 새를 함께 보호하는 것이다. 특히 계절에 따라 이동하는 철새에게는 여러 도시에 안전한 서식지가 필요하다. 도시와 도시 간의 조약은 점점 더 많아지고 있으며 이 방법은 새와 지구의 환경에 광범위하게 영향을 줄 수 있는 멋진 방법이다.

도시 외곽에 새를 위한 공간을 만들고 공원과 도시 풍경을 재자연화하려는 노력을 계속하는 동시에, 도시를 넘어서 지역적, 더 나아가 대륙적인 규모에서 새를 위한 서식지와 이동 통로가 충분한지 확인해야 한다. 특히 각 지역의 토지 이용 정책을 더 큰 규모에서 바라보고 통합하여 관리하는 활동도 필요하다. 와일드랜드 네트워크(Wildlands Network)라는 단체에서는 캐나다 동부 지역에서 미국 플로리다까지의 공원과 녹지를 연결해 생물학적 네트워크를 조성하는 이스턴 와일드웨이(Eastern Wildway) 프로젝트를 제안하고 있다.[14] 프로젝트 제안자 론 서덜랜드는 이스턴 와일드웨이가 어떤 땅이 필요한지에 대한 계획이라기보다 무엇이 가능한지 보여 주고 영감을 주는 지도라고 말한다. 이스턴 와일드웨이의 계획대로라면 미국 동부의 절반을 보호할 수 있을뿐만 아니라 오늘날 생물 다양성 대부분을 보전할 수 있다. 이스턴 와일드웨이는 주로 기존의 국립공원과 다른 보호구역을 연결하는 방식으로 운영된다. 앨버타주 에드먼턴의 광범위한 야생동물 통로와 샌프란시스코의 그린 커넥션 플랜(Green Connection Plan)같이 생태적으로 여러 곳을 연결하려는 움직임은 현재 곳곳에서 진행되고 있다. 미래에는 환경을 보호하기 위해 도시와 도시를 연결하고 각 지역의 계획을 통합하는 더 큰 차원의 계획이 중요해질 것이다.

새를 위한 변호사

도시에서 새의 입장을 대변할 수 있는 다양한 방법을 개발해야 한다. 사람들이 새를 관찰하며 즐거워하는 목소리는 크지만, 새를 대변하는 목소리는 매우 작다. 새를 위해 행동하고 목소리를 내며 새를 위한 도시 디자인과 정책을 지지하기 위해 활발하게 활동하는 '새를 위한 변호사'가 더 많이 필요하다.

많은 도시를 지원하는 오듀본협회 역시 활동가가 부족한 상태다. 미국 오듀본협회의 존 로우든은 미국 전역에 약 460개의 오듀본협회 지부가 있지만 대부분은 자원봉사자들에 의지하고 있다고 말했다.

"전국의 지부 중 약 80퍼센트는 완전히 자원봉사자들로만 운영되고 있습니다."

포틀랜드, 샌프란시스코, 뉴욕 오듀본협회처럼 적극적인 직원이 일하는 지부는 그리 많지 않다.

정치인들은 새에 관심이 있을까? 안타깝게도 그렇지 않다. 하지만 많은 사람의 지지가 있다면 변할 수 있다. 몇 가지 희망은 있다. 남극 대륙의 채굴을 막는 데 앞장섰던 호주 총리 로버트 호크의 "펭귄은 투표를 할 수 없어요."라는 말은 유명하다. 사람들은 펭귄을 대신해 투표했고, 이 덕분에 남극 대륙은 지금까지 잘 보존되고 있다.[15]

새를 보호하기 위해서는 새에게 정치적인 힘을 실어 주고, 새를 보호하는 정책에 지지를 보내는 방법을 찾아야 한다. 여러 도시의 오듀본협회가 새를 대변해 목소리를 내고 있다. 포틀랜드 오듀본협회와 샌프란시스코의 금문교 오듀본협회가 대표적인 예다. 금문교 오듀본협회는 앞서 봤듯이 미국 최초로 새의 안전을 위한 건물 설계 지침을 제정하기 위해 많은 조류 단체와 함께 다방면으로 노력했다. 포틀랜드 오듀본협회에서도 새를 위한 건축 기준을 만들기 위해 청원 운동을 진행했다.

다른 방법은 없을까? 정치인이 자신의 선거구에 서식하는 모든 생명체를 대표하도록 정치 시스템을 근본적으로 바꿀 수는 없을까? 다시 말해, 새도 유권자가 될 수 있지 않을까? 새들은 투표를 할 수 없지만 시의회에서 내리는 결정에 많은 영향을 받는다. 애리조나주 피닉스의 굴올빼미가 고속도로 건설로 정든 보금자리를 떠나야 했고, 웨스턴오스트레일리아에서 터키콘도르가 내려앉지 못하도록 나무를 모조리 벌목해 버린 것처럼 새는 사람들이 내린 결정에 많은 영향을 받는다. 호주 코알라재단(Australian Koala Foundation) 창립자 데보라 타바트는 우리가 동물을 위하고 논의하는 방식을 바꿔야 한다고 말한다. 타바트는 석탄 채굴과 주택 단지 건설로 서식지를 잃고 있는 코알라 이야기를 들려주었다. 이 계획은 새에게도 큰 영향을 끼친다.

"코알라가 사라진다면 호주도 사라질 거예요."

호주를 상징하는 동물인 코알라가 멸종할지도 모른다는 사실은 정말로 충격적이고 상상조차 하기 어렵다. 다행히 코알라를 지키기 위한 군대가 더 강해지고 있다고 한다. 타바트는 자신을 그 군대의 총사령관이라 소개했다.

그는 각 선거구에 살고 있는 코알라의 수를 지도와 함께 보여 주는 활동을 하고 있다. 정치인들에게는 이 프로젝트를 '행동하거나 중단하거나(Act or Axe)'라고 소개했다.[16] 재단 홈페이지에는 「여러분의 지역구에 살고 있는 코알라 수(Koala Numbers in Your Electorate)」라는 이름의 지도가 있다. 퀸즐랜드의 자유국민당 루크 하워스의 지역구에는 200~400마리의 코알라가 살고 있다. 이 지도는 1750년대 이전 코알라 서식지 면적과 남아 있는 서식지 면적을 비교해 보여 주며, 과거 코알라 서식지의 15퍼센트밖에 남지 않았다는 사실을 알려 준다. 이런 선거구 지도로 변화가 생길 수 있을까? 저절로 문제가 해결되지는 않겠지만 남은 코알라 유권자 수를 시각적으로 나타내는 건 좋은 전략이다.

위 방법을 새에 적용할 수는 없을까? 자연을 대표할 수 있는 동물은 새 말고도 많지만, 새는 분명히 지역사회의 중요한 생태계 일원이자 다른 생명체를 대표할 수 있는 동물이다.

타바트의 또 다른 아이디어는 코알라 이미지를 광고에 사용하는 자동차 매매 및 렌탈 업체 혹은 화장품 업체 들의 이익 일부를 코알라와 나누는 것이다. 이 아이디어는 영국의 자연학자 데이비드 애튼버러가 크게 지지한 계획이다. 이 프로젝트에는 여러 광고회사와 제작사 그리고 유엔개발계획(UNDP)이 참여했다. 목표는

3년 안에 1억 달러를 모으는 것이었다. 이 프로젝트에 참여하는 회사들은 동물의 이미지를 사용해서 얻은 광고 수익의 0.5퍼센트를 기부하기로 했다.[17]

새 이미지도 다양한 광고에서 사용된다. 새의 모습과 소리를 사용하는 트위터 메시지를 사용할 때마다 국제조류보호기금에 소액이 기부된다면 어떨까? 얼마 전 신발 회사 올버즈가 수익금을 오듀본협회에 기부하는 한정판 러닝화를 판매했다. 사회적, 경제적 의무를 통해 새를 보호하는 데 사용할 기금을 모을 수 있는 방법을 찾아야 한다.

귀화종에게도 관심을!

자생종이 아닌 새를 주제로 한 논쟁은 현재진행형이다. 레이첼 카슨은 1939년에 「찌르레기에게도 시민권을 주는 건 어때?(How About Citizenship Papers for the Starling?)」라는 글을 통해 이 주제를 다뤘다. 그는 얼마나 오랜 시간이 지나야 새가 생명 공동체의 일원이라는 사실을 우리가 깨달을 수 있을지 의문을 제기했다.

물론 그의 물음은 과학에 근거한 정확한 답을 내리기 위한 건 아니었다. 이미 많은 도시에서 앵무같이 자생종이 아닌 새들이 자리를 잡고 사람들에게 사랑받고 있다. 가장 대표적인 예가 샌프란시스코 텔레그래프 힐의 앵무다. 그 새는 마크 비트너의 유명한 책이자 영화인 『텔레그래피 힐의 야생 앵무새(The Wild Parrots Of Telegraph

Hill)』덕에 전 세계적인 관심을 받았다.

남부 캘리포니아에도 수천 마리의 초록볼아마존앵무(Amazona viridigenalis)를 포함해 약 20종의 앵무가 서식하고 있다고 추정된다. 패서디나의 한 공원에서는 해 질 녘이 되면 앵무가 요란스럽게 모여드는 장관을 볼 수 있다.

새를 위한 도시에서 앵무 같은 비자생종 새들의 자리는 어디일까? 앵무는 비록 자생종은 아니지만 새로운 서식지인 로스앤젤레스에서 개체 수가 점점 늘고 있다.[18] 앵무를 사랑하는 어슐러 헤이즈 교수는 초록볼아마존앵무의 사례를 들려주며 도시가 멸종 위기에 처한 새부터 도시로 돌아오는 새까지, 모든 새를 품을 수 있는 노아의 방주가 될 수 있다고 말한다. 초록볼아마존앵무는 원래 멕시코에 살았지만, 이제 멕시코에서는 거의 자취를 감추었다. 초록볼아마존앵무는 자생종이 아닌 식물의 열매를 먹기에 로스앤젤레스 자생종 새와 먹이 경쟁을 할 필요도 없다. 헤이즈 교수는 어느 정도 토종화되었고 캘리포니아주의 공식 조류리스트에도 이름을 올린 초록볼아마존앵무를 가리켜 '귀화 시민'이라고 표현했다.

"초록볼아마존앵무의 요란한 소리는 우리가 다양한 생명체가 어우러진 대도시에 살고 있다는 사실을 곱씹게 해 줍니다. 도시는 사람뿐만 아니라 사람이 아닌 생명체에게도 안식처가 될 수 있어요."

시야를 넓혀 각 도시가 새를 대신해 국제적으로 어떻게 협력할 것인지도 중요하다. 철새의 이동 경로에 위치한 도시들이 새의 죽음을 줄이기 위한 실질적인 행동 협약을 맺을 수는 없을까? 최근에는 바이오필릭 도시 네트워크(Biophilic Cities Network)와 세계적인 지

매년 돌아오는 붉은가슴벌새 덕분에 우리는 변치 않는 희망과 기쁨을 느낄 수 있다.

방 정부 네트워크인 이클레이(ICLEI)가 이런 협력을 할 수 있는 플랫폼이 되고 있다. 도시의 정치적, 경제적 영향력이 커진 지금, 도시와 도시 거주민은 근처의 새를 보호하는 것은 물론 전 세계의 생물 다양성을 높이는 데도 힘써야 한다.

열쇠는 새가 쥐고 있어

책을 마무리하는 지금이야말로 우리에게 남은 어려운 과제를 솔직하게 이야기할 적절한 타이밍인 것 같다. 1970년 이후 약 29억 마리의 새가 사라졌다는 코넬 대학교 조류연구소의 연구 결과는 많은 사람에게 놀라움과 깊은 슬픔을 안겨 주었다. 인간이라는 단일 종이 수백만 종 생물로 이루어진 생태계를 완전히 바꾸어 놓았다는 사실은 썩 좋은 소식이 아니다. 그래도 현재 상태를 정확히 직시한다면 상황은 변할 수 있다. 우리는 지금까지 겪어 보지 못한 상황에 놓여 있다. 우리의 행동, 특히 앞으로 10년 동안 우리가 취할 행동이 미래의 아이들과 후손에게 엄청나게 그리고 오랫동안 영향을 끼칠 것이다.

새는 우리가 우울한 멸종 시대에서 벗어날 수 있다는 희망의 상징이 될 수 있다. 전 세계적으로 문제가 되고 있는 기후 변화와 서식지 감소를 해결하기 위해 우리는 무엇을 할 수 있을까? 우리가 매일, 매 시간, 그리고 매 순간 할 수 있는 간단한 일로 우리 주변에 서식하는 새에게 도움을 줄 수 있다.

고기를 덜 먹는 일부터 물건을 재활용하는 것까지 우리가 할 수 있는 일은 많다. 하지만 이런 행동이 정말로 변화를 일으킬 수 있을까? 《뉴욕타임스》 기자 마가렛 렝클은 둥지에 홀로 남은 파랑새 새끼를 관찰하면서 부모가 사라진 건 아닌지 걱정하다가, '그래서 뭐, 이런 행동이 무슨 의미가 있을까?'라는 의문을 품었다. 그러나 곧 환경 문제가 멀리 있는 것이 아니라 우리 손길이 닿는 곳에 있다는 사실을 깨달았다고 이야기했다. 우리 주변에 서식하는 새가 놓인 환경을 관찰하다 보면 우리가 할 수 있는 일이 보인다. 멀리 떨어진 열대우림을 보호하는 일은 어려울지도 모르지만, 우리의 손길이 닿는 곳에서 할 수 있는 일은 매우 많다.

"나무 구멍에 둥지를 트는 새와 박쥐를 위해 인공 둥지를 설치할 수 있어요. 새끼 새의 먹이가 되는 애벌레를 위한 식이식물을 기를 수도 있죠. 유해하다고 오해받지만 사실 꽃의 수분을 도와주는 쌍살벌을 포함해 다양한 곤충의 서식지가 되도록 마당을 꾸밀 수도 있고요. 아니면 화학 약품을 사용하지 않고 야생화가 마음껏 자라는 정원을 만들 수도 있어요."

좋은 소식은 지금까지 이 책에서 소개한 활동처럼 개인과 공동체가 실제로 해 나갈 수 있는 수많은 일들이 있다는 점이다. 새들은 우리가 절망에서 벗어나 희망을 향해 나아갈 수 있도록 도와준다. 광부들이 탄광 속 유해가스를 감지하기 위해 카나리아를 데리고 갔다는 일화처럼 새들은 변화의 파수꾼이 될 수 있다.

새는 우리가 더 나은 사람이 될 수 있도록 도와주고 가끔은 소란스럽게 우리가 무엇을 해야 하는지 알려 준다. 게다가 우리가 속한 공동체를 구할 수 있는 천사이기도 하다. 새가 없다면 지구에서 사는 삶이 얼마나 지루하고 심심하며 무의미해질지 나는 안다. 새들은 우리가 매 순간을 충실히 살아가게 하고, 충만한 기쁨을 안겨 준다. 특히 도시에서 변화를 위해 개인 혹은 공동체가 할 수 있는 활동은 셀 수 없이 많다. 많진 않지만, 아직 시간이 있다.

자, 이제 새를 위해 움직일 시간이다!

프릭환경센터 풍경
https://vimeo.com/486859273

감사의 글

전 세계에서 새를 위해 애쓰는 다양한 단체와 사람들에게 진심으로 감사를 표한다.

특히 이 책을 위해 인터뷰나 현장에 방문하는 데 애써 준 모든 사람에게 감사를 표한다. 로빈 베일리, 니키 벨몬테, 아담 베츄엘, 록산 보가트, 짐 보너, 주스틴 보우, 브라이언 브리스빈, 레나 찬, 그레그 클락, 캠 콜리어, 찰스 도허티, 칩 디그레이스, 킴 드라브니엑스, 알란 던컨, 수잔 엘빈, 칼 엘레판테, 메리 엘프너, 케이티 팰런, 모 플래너리, 게리트 게리첸, 마리손 구찌아노, 로니 하워드, 이벨린 이바노프, 케이트 켈리, 월터 켐, 다니엘 클렘, 매튜 니틀, 수잔 크란츠, 캐런 크라우스, 드류 랜햄, 니나-마리 리스터, 존 마즐루프, 에드워드 메이어, 마이클 메주어, 노엘 난업, 피터 뉴먼, 팀 파크, 더스틴 패트리지, 앤드류 페리, 주디 폴락, 앤 마리 로저스, 존 로우든, 로렌스 루베이, 클락 러싱, 밥 샐린저, 비키 산도, 칼 슈워츠, 폴 스페헌, 윙 만 썸, 루미야나 수르체바, 론 서덜랜드, 데보라 타바트, 더글러스 탈라미, 에이드리언 토마스, 로라 톰슨, 노린 위든, 제프 웰스, 제인 베닝어, 니키 웨스트, 돈 윌슨, 그리고 캐시 와이즈까지 모두에게 감사를 전한다.

특히 아일랜드 출판사의 커트니 릭스에게 무한한 감사를 보낸다. 다양한 아이디어로 본문을 멋지게 편집해 준 릭스와 편집에 많은 도움을 준 애니 번즈를 비롯해 아일랜드 출판사 식구들 모두에게 감사한다. 덕분에 즐겁게 작업할 수 있었다.

이 책을 작업하면서 짧은 영상도 제작했다. 영상을 만드는 과정에서 많은 도움을 준 여러 단체와 사람들에게 감사를 표한다. 안토니 쿠퍼가 편집한 <굴올빼미들: 애리조나주 피닉스에 집을 짓다>, <포틀랜드에서 열린 캐티오 투어> 그리고 <채프먼 초등학교에서 만난 칼새 떼>와 피드몬트 공원에 생긴 칼새 타워 이야기를 그린 로라 아셔만의 <애틀랜타를 새를 위한 도시로 만들자>를 포함해서 말이다. 그 외에 짤막한 영상은 바이오필릭 시티 사이트에서 찾아볼 수 있다.

1장

1 Viscount Grey of Fallodon, *The Charm of Birds* (New York: Frederick A. Stokes, 1927).

2 Rachel Carson, "Help Your Child to Wonder," *Woman's Home Companion*, July 1956.

3 Julian Treasure, "The 4 Ways Sound Affects Us," TED video, 5:46, recorded July 2009, https://www.ted.com/talks/julian_treasure_the_4_ways_sound_affects_us?language=en.

4 Rachel Clarke, "In Life's Last Moments, Open a Window," *New York Times*, September 8, 2018, https://www.nytimes.com/2018/09/08/opinion/sunday/nhs-hospice.html.

5 Julia Jacobs, "The Hot Duck That Won't Go Away," *New York Times*, December 3, 2018, https://www.nytimes.com/2018/12/03/nyregion/hot-duck-mandarin-central-park.

html?searchResultPosition=1.

6 "Robin Causes a Stir in Beijing," BirdGuides, December 1, 2019, https://www.birdguides.com/news/robin-causes-a-stir-in-beijing/.

7 Çağan H. Şekercioğlu, Daniel G. Wenny, and Christopher J. Whelan, *Why Birds Matter: Avian Ecological Function and Ecosystem Services* (Chicago: University of Chicago Press, 2016).

8 Anil Markandya et al., "Counting the Cost of Vulture Decline: An Appraisal of the Human Health and Other Benefits of Vultures in India," *Ecological Economics* 67, no. 2 (September 15, 2008): 194–204, https://doi.org/10.1016/j.ecolecon.2008.04.020.

9 Gustave Axelson, "Birds Put Billions into U.S. Economy: Latest U.S. Fish and Wildlife Report," Cornell Lab of Ornithology, September 19, 2018,

https://www.allaboutbirds.org/news/birds-put-billions-into-u-s-economy-latest-u-s-fish-and-wildlife-report/.

10   Val Plumwood, "Nature in the Active Voice," *Australian Humanities Review* 46 (2009), http://doi.org/10.22459/AHR.46.2009.

2장

1   Terry Tempest Williams, *Refuge: An Unnatural History of Family and Place* (New York: Vintage Books, 1992).

2   Kenneth V. Rosenberg et al., "Decline of the North American Avifauna," *Science* 366, no. 6461 (October 4, 2019): 120–24, https://doi.org/10.1126/science.aaw1313.

3   Elizabeth Pennisi, "Three Billion North American Birds Have Vanished since 1970, Surveys Show," *Science*, September 19, 2019, https://doi.org/10.1126/science.aaz5646.

4   BirdLife International, "State of the World's Birds: Taking the Pulse of the Planet," 2018, https://www.birdlife.org/sites/default/files/attachments/BL_ReportENG_V11_spreads.pdf.

5   Caspar A. Hallmann et al., "More than 75 Percent Decline over 27 Years in Total Flying Insect Biomass in Protected Areas," *PLoS ONE* 12,

no. 10 (October 2017): e0185809, https://journals.plos.org/plosone/article?id=10.1371/journal.pone.0185809.

6   Bradford C. Lister and Andres Garcia, "Climate-Driven Declines in Arthropod Abundance Restructure a Rainforest Food Web," *Proceedings of the National Academy of Sciences* 115, no. 44 (October 2018): E10397–405, https://doi.org/10.1073/pnas.1722477115.

7   Francisco Sanchez-Bayo and Kris A. G. Wyckhuys, "Worldwide Decline of the Entomofauna: A Review of Its Drivers," *Biological Conservation* 232 (April 2019): 22, https://doi.org/10.1016/j.biocon.2019.01.020.

8   Michael DiBartolomeis et al., "An Assessment of Acute Insecticide Toxicity Loading (AITL) of Chemical Pesticides Used on Agricultural Land in the United States," PLoS ONE 14, no. 8 (August 6, 2019): e0220029, https://doi.org/10.1371/journal.pone.0220029.

9   Center for Food Safety, "Hidden Costs of Toxic Seed Coatings: Insecticide Use on the Rise," Fact Sheet, June 2015, https://www.centerforfoodsafety.org/files/neonic-factsheet_75083.pdf.

10 Avalon C. S. Owens et al., "Light Pollution Is a Driver of Insect

Declines," Biological Conservation 241 (August 2019): 108259, https://doi.org/10.1016/j.biocon.2019.108259.

11 Scott R. Loss, Tom Will, and Peter P. Marra, "Estimation of Bird-Vehicle Collision Mortality on U.S. Roads," *Journal of Wildlife Management* 78, no. 5 (July 2014): 763–71, https://doi.org/10.1002/jwmg.721.

12 National Audubon Society, "Audubon's Birds and Climate Change Report," 2017, http://climate.audubon.org/.

13 Boreal Songbird Initiative, "Conserving North America's Bird Nursery in the Face of Climate Change," 2018, https://www.borealbirds.org/sites/default/files/publications/report-boreal-birds-climate.pdf.

14 National Audubon Society, "Survival by Degrees: 389 Bird Species on the Brink," 2019, https://www.audubon.org/climate/survivalbydegrees.

15 Boreal Songbird Initiative, "Conserving North America's Bird Nursery," 5.

16 Eric A. Riddell et al., "Cooling Requirements Fueled the Collapse of a Desert Bird Community from Climate Change," *Proceedings of the National Academy of Sciences* 116, no. 43 (October 22, 2019): 21609–15, https://doi.org/10.1073/pnas.1908791116.

17 Robert Sanders, "Collapse of Desert Birds Due to Heat Stress from Climate Change," Berkeley News, September 30, 2019, https://news.berkeley.edu/2019/09/30/collapse-of-desert-birds-due-to-heat-stress-from-climate-change/.

18 Jonathan L. Bamber et al., "Ice Sheet Contributions to Future Sea-Level Rise from Structured Expert Judgment," *Proceedings of the National Academy of Sciences* 116, no. 23 (2019): 11195–1200, https://dx.doi.org/10.1073/pnas.1817205116.

3장

1 Kyo Maclear, *Birds Art Life Death: The Art of Noticing the Small and Significant* (London: 4th Estate Books, 2017).

2 Heidy Kikillus et al., "Cat Tracker New Zealand: Understanding Pet Cats through Citizen Science," Public Report (Wellington, New Zealand: Victoria University of Wellington, November 2017), http://cattracker.nz/wp-content/uploads/2017/12/Cat-Tracker-New-Zealand_report_Dec2017.pdf.

3 Scott R. Loss, Tom Will, and Peter P. Marra, "The Impact of Free-

Ranging Domestic Cats on Wildlife of the United States," *Nature Communications* 4, no. 1396 (January 29, 2013): 2, https://doi.org/10.1038/ncomms2380.

4 Kurt Knebusch, "Feral Cats Avoid Urban Coyotes, Are Surprisingly Healthy," Ohio State University College of Food, Agricultural, and Environmental Sciences, November 14, 2013, https://cfaes.osu.edu/news/articles/feral-cats-avoid-urban-coyotes-are-surprisingly-healthy.

5 Catherine M. Hall et al., "Assessing the Effectiveness of the Birdsbesafe Anti-predation Collar Cover in Reducing Predation on Wildlife by Pet Cats in Western Australia," *Applied Animal Behaviour Science* 173 (December 2015): 40–51, https://doi.org/10.1016/j.applanim.2015.01.004.

6 Cat Goods, "Frequent Answered Questions," https://catgoods.com/faq/.

7 Murdoch University, "Protecting Wildlife from Cats," n.d., accessed June 11, 2020, http://www.murdoch.edu.au/News/Protecting-wildlife-from-cats/.

8 Daniel D. Spehar and Peter J. Wolf, "An Examination of an Iconic Trap-Neuter-Return Program: The Newburyport, Massachusetts Case Study," *Animals* 7, no. 11 (November 2017): 81, https://dx.doi.org/10.3390/ani7110081.

9 R. J. Kilgour et al., "Estimating Free-Roaming Cat Populations and the Effects of One Year Trap-Neuter-Return Management Effort in a Highly Urban Area," *Urban Ecosystems* 20 (2017): 207–16, https://doi.org/10.1007/s11252-016-0583-8.

10 Timothy Beatley and Peter Newman, *Green Urbanism Down Under: Learning from Sustainable Communities in Australia* (Washington, DC: Island Press, 2009).

11 Tim Park, presentation to the Biophilic Cities Network, October 2018.

12 Meryl Greenblatt, "Rita McMahon: Rehabilitating Injured Birds in New York City," *Urban Audubon* 38, no. 3 (Fall 2017): 6, http://www.nycaudubon.org/images/UA_Fall_2017_UA_final_reduced.pdf.

4장

1 Anne Stevenson, "Swifts." The full poem can be found here: https://www.poetryfoundation.org/poems/49866/swifts-56d22c67c55eb.

2 Caroline Van Hemert, "Birds and

Humans Can't Resist Zugunruhe—
the Urge to Be Gone," *Los Angeles
Times*, March 10, 2019, https://www.
latimes.com/opinion/op-ed/la-oe-
van-hemert-migration-birds-spring-
20190310-story.html.

3   Christina Holvey, "Record-Breaking
Arctic Tern Migration Secrets
Revealed," BBC Earth, June 7,
2016, http://www.bbc.com/earth/
story/20160603-mystery-migration-
solved.

4   Helen Glenny, "Humans May Have
an Ancient Ability to Sense Magnetic
Fields," *Science Focus*,
https://www.sciencefocus.com/
news/humans-may-have-an-
ancient-ability-to-sense-magnetic-
fields/.

5   Val Cunningham, "Birding: Golden-
Crowned Kinglets Are Little Kings
of the Forest," *Minneapolis Star
Tribune*, January 27, 2015, https://
www.startribune.com/birding-
golden-crowned-kinglets-are-little-
kings-of-the-forest/289846351/.

6   Sarah Knapton, "Welcome to
Kingsbrook, Britain's Most Wildlife-
Friendly Housing Development,"
Telegraph (London), November 12,
2017, https://www.telegraph.co.uk/
science/2017/11/12/welcome-
kingsbrook-britains-wildlife-friendly-
housing-development/.

7   Ketley Brick, "Walthamstow
Wetlands," https://www.ketley-brick.
co.uk/Walthamstow_Wetlands.html.

5장

1   Monica Gokey, "Burrowing Owls:
Howdy Birds," BirdNote, July 2019,
https://www.birdnote.org/show/
burrowing-owls-howdy-birds.

2   Norman L. Christensen and William
H. Schlesinger, "N.C. Forests Are
Under Assault: Gov. Cooper Should
Help," *Charlotte (NC) Observer*,
November 14, 2017, https://www.
charlotteobserver.com/opinion/op-
ed/article184561713.html.

3   See Elizabeth Ouzts, "In North
Carolina, Wood Pellet Foes See
Opportunity in Cooper's Climate
Order," Energy News Network,
January 2, 2019, https://energynews.
us/2019/01/02/southeast/in-north-
carolina-wood-pellet-foes-see-
opportunity-in-coopers-climate-
order/.

4   Clark S. Rushing, Thomas B. Ryder,
and Peter P. Marra, "Quantifying
Drivers of Population Dynamics
for a Migratory Bird throughout
the Annual Cycle," *Proceedings
of the Royal Society B: Biological
Sciences* 283, no. 1823 (January

27, 2016), https://doi.org/10.1098/rspb.2015.2846.

5 Anjali Mahendra and Karen C. Seto, "Upward and Outward Growth: Managing Urban Expansion for More Equitable Cities in the Global South," World Resources Institute Working Paper, 2019, https://wriorg.s3.amazonaws.com/s3fs-public/upward-outward-growth_2.pdf.

6 Bruno Oberle et al., "Summary for Policymakers: Global Resources Outlook 2019; Natural Resources for the Future We Want," International Resource Panel, United Nations Environment Programme, 2019, https://wedocs.unep.org/bitstream/handle/20.500.11822/27518/GRO_2019_SPM_EN.pdf?sequence=1

7 Jennifer Skene and Shelley Vinyard, "The Issue with Tissue: How Americans Are Flushing Forests Down the Toilet," Natural Resources Defense Council, February 2019, https://www.nrdc.org/sites/default/files/issue-tissue-how-americans-are-flushing-forests-down-toilet-report.pdf.

8 Scott Weidensaul, "Losing Ground: What's behind the Worldwide Decline of Shorebirds?," Cornell Lab of Ornithology, September 19, 2018, https://www.allaboutbirds.org/news/losing-ground-whats-behind-the-worldwide-decline-of-shorebirds/.

9 David Hasemyer, "Plan for Fracking's Waste Pits Could Save Millions of Birds," InsideClimate News, June 15, 2015, https://insideclimatenews.org/news/09062015/fracking-gas-drilling-waste-pits-could-save-millions-birds-hydraulic-fracturing-audobon-society.

10 Elizabeth Shogren, "Killing Migratory Birds, Even Unintentionally, Has Been a Crime for Decades. Not Anymore," *Reveal*, April 8, 2019, https://www.revealnews.org/article/killing-migratory-birds-even-unintentionally-has-been-a-crime-for-decades-not-anymore/.

11 Liz Teitz, "Deemed an Aircraft Hazard, Egrets on San Antonio Urban Lake Will Be Asked to Leave," *San Antonio Express-News*, February 11, 2019, https://www.expressnews.com/news/local/article/Deemed-an-aircraft-hazard-egrets-on-San-Antonio-13602818.php

12 Matilde Cavalli et al., "Burrowing Owls Eavesdrop on Southern Lapwings' Alarm Calls to Enhance Their Antipredatory Behaviour," *Behavioural Processes* 157 (December 2018): 199–203, https://doi.org/10.1016/j.beproc.2018.10.002.

13 Matthew P. Rowe, Richard G. Coss, and Donald H. Owings, "Rattlesnake Rattles and Burrowing Owl Hisses: A Case of Acoustic Batesian Mimicry," *Ethology* 72, no. 1 (January–December 1986): 53–71, https://doi.org/10.1111/j.1439-0310.1986.tb00605.x.

14 Florida Fish and Wildlife Conservation Commission, "A Species Action Plan for the Florida Burrowing Owl, *Athene cunicularia floridana*," Final Draft, November 1, 2013, https://myfwc.com/media/2113/burrowing-owl-species-action-plan-final-draft.pdf.

15 Florida Fish and Wildlife Conservation Commission, "Species Conservation Measures and Permitting Guidelines: Florida Burrowing Owl, *Athene cunicularia floridana*," 2018, https://myfwc.com/media/2028/floridaburrowingowlguidelines-2018.pdf.

6장

1 Rachel L. Carson, *The Sense of Wonder: A Celebration of Nature for Parents and Children* (New York: HarperCollins, 1956).

2 Shayna Toh, "Visiting Pair of Hornbills Thrill Condo Residents," *Straits Times* (Singapore), August 25, 2017, https://www.straitstimes.com/singapore/environment/visiting-pair-of-hornbills-thrill-condo-residents.

3 Marc Cremades and Ng Soon Chye, *Hornbills in the City: A Conservation Approach to Hornbill Study in Singapore* (Singapore: National Parks Board, 2012).

4 Neo Chai Chin, "The Big Read: Gynaecologist Goes from Observing Sea Life to Watching Birds," *Today* (Singapore), June 17, 2016, https://www.todayonline.com/singapore/big-read-gynaecologist-goes-observing-sea-life-then-skies.

5 Anuj Jain, "Final Report: OASIA Downtown Biodiversity and Social Audit," BioSEA, April 18, 2018.

6 Boeri Studio, Milan, "Vertical Forest," project description, accessed March 2019, https://www.stefanoboeriarchitetti.net/en/project/vertical-forest/.

7 Richard N. Belcher et al., "Birds Use of Vegetated and Non-vegetated High-Density Buildings—a Case Study of Milan," *Journal of Urban Ecology* 4, no. 1 (July 2018), https://doi.org/10.1093/jue/juy001.

8 Tim Beatley, "Designers Walk: Toronto's New Forest in the Sky," *Biophilic Cities Journal* 3, no. 1 (November 2019): 23–25,

https://static1.squarespace.com/
static/5bbd32d6e66669016a6af7e2/
t/5de9260c18cc940fe
ec96695/1575560721367/BCJ V3
IS1_Designers Walk.pdf.

7장

1 Katie Fallon, *Vulture: The Private
Life of an Unloved Bird* (Lebanon, NH:
ForeEdge, an imprint of University Press of
New England, 2017).

2 Daniel T. C. Cox and Kevin J. Gaston,
"Urban Bird Feeding: Connecting
People with Nature," *PLoS ONE* 11,
no. 7 (2016): e0158717, https://doi.
org/10.1371/journal.pone.0158717.

3 Chinmoy Sarkar, Chris Webster,
and John Gallacher, "Residential
Greenness and Prevalence of
Major Depressive Disorders: A
Cross-Sectional, Observational,
Associational Study of 94,879 Adult
UK Biobank Participants," *Lancet* 2,
no. 4 (April 2018): E162–73, https://doi.
org/10.1016/S2542-5196(18)30051-2.

4 Joe Harkness, *Bird Therapy* (London:
Unbound, 2019).

5 Severin Carrell, "Scottish GPs to
Begin Prescribing Rambling and
Birdwatching," *Guardian*, October
4, 2018, https://www.theguardian.
com/uk-news/2018/oct/05/scottish-
gps-nhs-begin-prescribing-rambling-
birdwatching.

6 Daniel T. C. Cox et al., "Doses of
Neighborhood Nature: The Benefits
for Mental Health of Living with
Nature," *BioScience* 67, no. 2
(February 2017): 147–55, https://doi.
org/10.1093/biosci/biw173.

7 Desirée L. Narango, Douglas
W. Tallamy, and Peter P. Marra,
"Nonnative Plants Reduce
Population Growth of an
Insectivorous Bird," *Proceedings of
the National Academy of Sciences*
115, no. 45 (2018): 11549–54, https://
doi.org/10.1073/pnas.1809259115.

8 City of Vancouver, British Columbia,
"Pacific Great Blue Herons Return to
Stanley Park for 19th Year," March 20,
2019, https://vancouver.ca/news-
calendar/pacific-great-blue-herons-
return-to-stanley-park-for-19th-year.
aspx.

9 City of Moraine, Ohio, "The City of
Moraine Historical Markers Map,"
n.d., http://ci.moraine.oh.us/pdf/
Historical Markers Flyer.pdf.

10 OhioTraveler.com, "Hinckley
Buzzard Sunday," n.d., https://www.
ohiotraveler.com/hinckley-buzzard-
sunday/.

11 Hinckley Township, Medina County,
Ohio, http://www.hinckleytwp.org/.

12 Maureen Murray, "Anticoagulant

Rodenticide Exposure and Toxicosis in Four Species of Birds of Prey in Massachusetts, USA, 2012–2016, in Relation to Use of Rodenticides by Pest Management Professionals," *Ecotoxicology* 26 (October 2017): 1041–50, https://doi.org/10.1007/s10646-017-1832-1.

13 GrrlScientist, "Rat Poison Is Killing San Francisco's Parrots of Telegraph Hill," *Forbes*, March 27, 2019, https://www.forbes.com/sites/grrlscientist/2019/03/27/rat-poison-is-killing-san-franciscos-parrots-of-telegraph-hill/

14 Laurel E. K. Serieys et al., "Widespread Anticoagulant Poison Exposure in Predators in a Rapidly Growing South African City," *Science of the Total Environment* 666 (May 20, 2019): 581–90, https://doi.org/10.1016/j.scitotenv.2019.02.122.

15 American Bird Conservancy, "New Study: Over Two-Thirds of Fatalities of Endangered California Condors Caused by Lead Poisoning," February 8, 2012, https://abcbirds.org/article/new-study-over-two-thirds-of-fatalities-of-endangered-california-condors-caused-by-lead-poisoning/.

16 Green Balkans, "Yet Another Egyptian Vulture Pair Have a Second Egg in the Green Balkans Wildlife Rehabilitation and Breeding Centre!," May 3, 2019, https://greenbalkans.org/en/Yet_another_Egyptian_Vulture_pair_have_a_second_egg_in_the_Green_Balkans_Wildlife_Rehabilitation_and_Breeding_Centre_-p7072-y2019.

17 Michael Woodbridge and Scott Flaherty, "California Condors: A Recovery Success Story Faces New Challenges," US Fish and Wildlife Service Endangered Species Program, 2012, https://www.fws.gov/endangered/map/ESA_success_stories/CA/CA_story1/index.html; Reis Thebault, "The Largest Bird in North America Was Nearly Wiped Out. Here's How It Fought Its Way Back," Washington Post, July 22, 2019, https://www.washingtonpost.com/science/2019/07/23/california-condor-hatchlings-hit-conservation-milestone/.

18 Jeremy Bowen, "A Bulgarian Vulture's Odyssey into Yemeni War Zone," BBC News, April 18, 2019, https://www.bbc.com/news/world-middle-east-47974725.

19 Katie Sewall, "The Girl Who Gets Gifts from Birds," BBC News, February 25, 2015, https://www.bbc.com/news/magazine-31604026.

20 John Marzluff and Tony Angell, *Gifts of the Crow: How Perception,*

Emotion, and Thought Allow Smart Birds to Behave Like Humans (New York: Atria, 2012).

21 Can Kabadayi and Mathias Osvath, "Ravens Parallel Great Apes in Flexible Planning for Tool-Use and Bartering," *Science* 357, no. 6347 (July 14, 2017): 202–4, https://doi.org/10.1126/science.aam8138.

22 Michael Roggenbuck et al., "The Microbiome of New World Vultures," *Nature Communications*, November 25, 2014, https://www.nature.com/articles/ncomms6498.

23 Pileated Woodpeckers are described as "keystone habitat modifiers" in Keith B. Aubrey and Catherine M. Raley, "The Pileated Woodpecker as a Keystone Habitat Modifier in the Pacific Northwest," 2002, USDA Forest Service General Technical Report PSW-GTR-181, https://www.fs.fed.us/psw/publications/documents/gtr-181/023_AubryRaley.pdf.

8장

1 Terry Tempest Williams, *When Women Were Birds: Fifty-Four Variations on Voice* (New York: Picador, 2013).

2 Bulgarian Society for the Protection of Birds, "Egyptian Vulture," http://bspb.org/en/threatened-species/egyptian-vulture.html.

3 Scott R. Loss et al., "Bird-Building Collisions in the United States: Estimates of Annual Mortality and Species Vulnerability," *Condor* 116, no. 1 (2014): 8–23, https://doi.org/10.1650/CONDOR-13-090.1.

4 Daniel Klem Jr., "Bird-Window Collisions: A Critical Animal Welfare and Conservation Issue," *Journal of Applied Animal Welfare Science* 18, no. sup1 (October 2015): S11–S17, http://dx.doi.org/10.1080/10888705.2015.1075832.

5 Kathleen Clark and Ben Wurst, "Peregrine Falcon Research and Management Program in New Jersey, 2018," New Jersey Department of Environmental Protection, Division of Fish and Wildlife, https://www.nj.gov/dep/fgw/ensp/pdf/pefa18_report.pdf.

6 David Perlman, "Exploratorium Sets 'Net-Zero' Energy Goal," *San Francisco Chronicle*, April 9, 2013, https://www.sfchronicle.com/science/article/Exploratorium-sets-Net-Zero-energy-goal-4422432.php.

7 San Francisco Planning Department, "Standards for Bird-Safe Buildings," adopted July 14, 2011, https://sfplanning.org/sites/default/files/

documents/reports/bird_safe_bldgs/ Standards for Bird Safe Buildings - 11-30-11.pdf.

8   San Francisco Planning Department, "Standards for Bird-Safe Buildings".

9   Logan Q. Kahle, Maureen E. Flannery, and John P. Dumbacher, "Bird-Window Collisions at a West-Coast Urban Park Museum: Analyses of Bird Biology and Window Attributes from Golden Gate Park, San Francisco," *PLoS ONE* 11, no. 1 (January 5, 2016): e0144600, https://doi.org/10.1371/journal. pone.0144600.

10 Sam Lubell, "Vikings Stadium: Reflector of Light, Murderer of Birds," Wired, March 10, 2017, https://www. wired.com/2017/03/vikings-stadium-reflector-light-murderer-birds/.

11 American Bird Conservancy, "World's First Bird-Friendly Arena Opens," *Bird-Watching*, January 8, 2019, https://www.birdwatchingdaily.com/ news/conservation/worlds-first-bird-friendly-arena-opens/.

12 Susan Bence, "The World's Dangerous for Birds—Fiserv Forum Makes It a Little Safer," WUWM, January 16, 2019, https://www. wuwm.com/post/worlds-dangerous-birds-fiserv-forum-makes-it-little-safer

13 Kyle G. Horton et al., "Bright Lights in the Big Cities: Migratory Birds' Exposure to Artificial Light," *Frontiers in Ecology and the Environment* 17, no. 4 (May 2019): 209–14, https://doi. org/10.1002/fee.2029.

14 Blair Kamin, "New Apple Store to Dim Lights at Night after Group Says Birds Are Flying into Its Glass," *Chicago Tribune*, October 30, 2017, https://www.chicagotribune.com/ news/breaking/ct-met-apple-store-and-birds-1027-story.html.

15 City of Chicago, "Chicago Sustainable Development Policy," updated January 2017, https:// www.chicago.gov/city/en/depts/ dcd/supp_info/sustainable_ development/chicago-sustainable-development-policy-update.html.

16 Caroline Spivack, "Bird-Friendly Buildings Bill Takes Flight in City Council," Curbed New York, December 10, 2019, https://ny.curbed. com/2019/12/10/21005140/bird-friendly-buildings-bill-passes-city-council.

17 Lisa W. Foderaro, "Renovation at Javits Center Alleviates Hazard for Manhattan's Birds," *New York Times*, September 4, 2015, https://www. nytimes.com/2015/09/05/nyregion/ making-the-javits-center-less-deadly-for-birds.html.

18 Snøhetta, "Ryerson University Student Learning Centre," https://snohetta.com/project/250-ryerson-university-student-learning-centre.

19 Acopian BirdSavers, https://www.birdsavers.com/acopian-birdsavers-faq-frequently-asked-questions.html.

20 J. K. Garrett, P. F. Donald, and K. J. Gaston, "Skyglow Extends into the World's Key Biodiversity Areas," *Animal Conservation* (July 2018): 153–59, https://doi.org/10.1111/acv.12480.

21 Kyle G. Horton et al., "Bright Lights in the Big Cities: Migratory Birds' Exposure to Artificial Light," *Frontiers in Ecology and the Environment* 17, no. 4 (May 2019): 209–14, https://doi.org/10.1002/fee.2029.

22 Benjamin M. Van Doren et al., "High-Intensity Urban Light Installation Dramatically Alters Nocturnal Bird Migration," *Proceedings of the National Academy of Sciences* 114, no. 42 (October 2, 2017): 11175–80, https://doi.org/10.1073/pnas.1708574114.

23 Jesse Greenspan, "Making the 9/11 Memorial Lights Bird-Safe," National Audubon Society, September 11, 2015, https://www.audubon.org/news/making-911-memorial-lights-bird-safe.

24 Javits Center, "A Year in Review: FY 2017–2018; Javits Center Annual Report," https://www.javitscenter.com/media/118901/8027_javits_annual_report_fy18_112718_spreads-3.pdf.

25 Katie Zemtseff, "Urban Meadow Thrives on Rooftop," *(Spokane, WA) Spokesman-Review*, May 21, 2010, https://www.spokesman.com/stories/2010/may/21/urban-meadow-thrives-on-rooftop/.

26 PS 41, Greenwich Village School, "Greenroof Environmental Literacy Laboratory," https://www.ps41.org/apps/pages/index.jsp?uREC_ID=357954

27 Dustin R. Partridge and J. Alan Clark, "Urban Green Roofs Provide Habitat for Migrating and Breeding Birds and Their Arthropod Prey," *PLoS ONE* 13, no. 8 (August 29, 2018): e0202298, https://doi.org/10.1371/journal.pone.0202298.

28 Choose Chicago, "Chicago's Bird Sanctuaries," https://www.choosechicago.com/articles/parks-outdoors/chicagos-bird-sanctuaries/.

29 Scott R. Loss, Tom Will, and Peter P. Marra, "Estimation of Bird-Vehicle Collision Mortality on U.S. Roads," *Journal of Wildlife Management* 78, no. 5 (July 2014), https://doi.org/10.1002/jwmg.721.

30 US Green Building Council, "Bird Collision Deterrence," https://www.usgbc.org/credits/core-shell-existing-buildings-healthcare-new-construction-retail-nc-schools/v2009/pc55.

9장

1 Jenna McKnight, "Fritted Glass Creates Patterned Facade for Ryerson University Student Centre by Snøhetta," Dezeen, https://www.dezeen.com/2015/12/03/student-learning-centre-ryerson-university-toronto-snohetta-zeidler-partnership-architects-fritted-glass/.

2 City of Toronto, Ontario, "Toronto Green Standard, Version 3: Ecology for Mid to High-Rise Residential and All Non-Residential," accessed April 1, 2019, https://www.toronto.ca/city-government/planning-development/officialplan-guidelines/toronto-green-standard/toronto-green-standard-version-3/mid-to-high-rise-residential-all-non-residential-version-3/ecology-for-midto-high-rise-residential-all-non-residential/

3 BirdSafe, "Homes Safe for Birds," n.d., https://birdsafe.ca/homes-safe-for-birds/, produced by FLAP Canada, funded in part through LUSH Fresh Handmade Cosmetics Canada.

4 https://birdmapper.org/.

5 City of Toronto, "Toronto's Ravine Strategy: Draft Principles and Actions" (Toronto, Ontario: City of Toronto, Parks and Environment Committee, June 2016), https://www.toronto.ca/legdocs/mmis/2016/pe/bgrd/backgroundfile-94435.pdf.

6 Francine Kopun, "How Toronto's Ravines Have Become Critically Ill—and How They Can Be Saved," *Toronto Star*, November 11, 2018, https://www.thestar.com/news/gta/2018/11/07/how-torontos-ravines-have-become-critically-ill-and-how-they-can-be-saved.html.

7 Joe Fiorito, "Trees Come Down on Bloor, and Condos Will Go Up," *Toronto Star*, June 19, 2013, https://www.thestar.com/news/gta/2013/06/19/trees_come_down_on_bloor_and_condos_will_go_up.html.

8 Emily Rondel, "High Park NighthawkWatch: (Not-So-Common) Common Nighthawks," High Park Nature, n.d., https://www.highparknature.org/wiki/wiki.php?n=Birds.NighthawkWatch.

9 Diana Beresford-Kroeger, *To Speak for the Trees: My Life's Journey from*

Ancient Celtic Wisdom to a Healing Vision of the Forest (Toronto, Ontario: Random House Canada, 2019).

10 Trevor Heywood, "Greenline: Expanding the Meadoway Treatment to Toronto's Hydro Transmission System," *Metroscapes*, May 2, 2019.

10장

1 Tim Beatley, "Black Cockatoo Rising: The Struggle to Save the Bushland in the City," The Nature of Cities (blog), August 9, 2017, https://www.thenatureofcities.com/2017/08/09/black-cockatoo-rising-struggle-save-bushland-city/.

2 Government of Western Australia, "EPA Technical Report: Carnaby's Cockatoo in Environmental Impact Assessment in the Perth and Peel Region," May 2019, https://www.epa.wa.gov.au/sites/default/files/Policies_and_Guidance/EPA Technical Report Carnaby's Cockatoo May 2019.pdf.

3 Hugh C. Finn and Nahiid S. Stephens, "The Invisible Harm: Land Clearing Is an Issue of Animal Welfare," *Wildlife Research* 44, no. 5 (2017): 377–91, https://doi.org/10.1071/WR17018.

4 Jo Manning, "500th Rehabilitated Black Cockatoo Released into the Wild," Murdoch University, April 23, 2018, https://phys.org/news/2018-04-500th-black-cockatoo-wild.html.

5 Claire Tyrrell, "Cockatoo on Song as a Dad After Being Shot," *West Australian*, December 20, 2018, https://thewest.com.au/news/animals/cockatoo-on-song-as-a-dad-after-being-shot-ng-b881055822z.

6 Trevor Paddenburg, "Endangered Red-tailed Black Cockatoos Seek Shelter in Perth," *PerthNow*, May 13, 2018, https://www.perthnow.com.au/news/wildlife/endangered-red-tailed-black-cockatoos-seek-shelter-in-perth-ng-b88824116z.

7 Lucy Martin, "Prisoners Help Rehabilitate Black Cockatoos at Kaarakin Conservation Centre," ABC News (Australia), May 31, 2014, https://www.abc.net.au/news/2014-05-30/prison-inmates-looking-after-cockatoos/5486642.

11장

1 City of Vancouver, British Columbia, "Vancouver Bird Strategy," January 2015, iii, https://vancouver.ca/files/cov/vancouver-bird-strategy.pdf.

2 City of Vancouver, British Columbia, "Words for Birds: A Creative Inquiry," https://vancouver.ca/parks-

recreation-culture/words-for-birds.
aspx.

3   Beth Boone, "Bird of Houston
    Press Release," Houston Audubon,
    September 24, 2019, https://
    houstonaudubon.org/newsroom.
    html/article/2019/09/24/bird-of-
    houston-press-release.

4   Nader Issa, "Designs Unveiled for
    World's First Floating 'Eco-Park'
    Planned for Chicago River," *Chicago
    Tribune*, February 7, 2019, https://
    chicago.suntimes.com/news/
    chicago-river-eco-park-floating-river-
    worlds-first/.

5   "Controlled Burn of Prairie in Calvary
    Cemetery," *St. Louis Post-Dispatch*,
    December 10, 2018, https://www.
    stltoday.com/news/local/metro/
    controlled-burn-of-prairie-in-calvary-
    cemetery/youtube_b5561739-045d-
    5b38-ae47-87be62cec65b.html.

6   Melissa R. Marselle, Sara L. Warber,
    and Katherine N. Irvine, "Growing
    Resilience through Interaction
    with Nature: Can Group Walks
    in Nature Buffer the Effects of
    Stressful Life Events on Mental
    Health?," *International Journal
    of Environmental Research and
    Public Health* 16, no. 6 (March 2019):
    986, https://dx.doi.org/10.3390/
    ijerph16060986.

7   https://www.southbayrestoration.

org/.

8   https://www.congress.gov/bill/116th-
    congress/house-bill/919/text.

9   Adele Peters, "The Outside of This
    New Office Building Will Be a Giant
    Butterfly Sanctuary," Fast Company,
    May 16, 2019, https://www.
    fastcompany.com/90349805/the-
    outside-of-this-new-office-building-
    will-be-a-giant-butterfly-sanctuary.

10 Jeff Mulhollem, "Native Forest Plants
    Rebound When Invasive Shrubs Are
    Removed," Penn State News, May
    14, 2019, https://news.psu.edu/
    story/574315/2019/05/14/research/
    native-forest-plants-rebound-when-
    invasive-shrubs-are-removed.

11 Jorge A. Tomasevic and John
    M. Marzluff, "Use of Suburban
    Landscapes by the Pileated
    Woodpecker *(Dryocopus pileatus)*,"
    Condor 120, no. 4 (November 1, 2018):
    727–38, https://doi.org/10.1650/
    CONDOR-17-171.1.

12 https://www.audubon.org/native-
    plants.

13 Timothy Beatley, ed., *Green Cities
    of Europe: Global Lessons on Green
    Urbanism* (Washington, DC: Island Press,
    2012).

14 Kyle G. Horton et al., "Bright Lights
    in the Big Cities: Migratory Birds'
    Exposure to Artificial Light," *Frontiers
    in Ecology and the Environment* 17,

no. 4 (May 2019): 209–14, https://doi.
org/10.1002/fee.2029.

15 Texas Trees Foundation, "Urban
Heat Island Management Study:
Dallas 2017," https://www.texastrees.
org/wp-content/uploads/2019/06/
Urban-Heat-Island-Study-
August-2017.pdf.

16 Samir Shukla, "Birdsongs and
Urban Planning," *Serendipityin*
(blog), October 22, 2018, https://
serendipityin.blog/2018/10/22/
birdsongs-and-a-city/.

17 International Energy Agency, "The
Future of Cooling," 2016.

18 Eleanor Ratcliffe, Birgitta
Gatersleben, and Paul T.
Sowden, "Bird Sounds and
Their Contributions to Perceived
Attention Restoration and Stress
Recovery," *Journal of Environmental
Psychology* 36 (December 2013):
221–28, https://doi.org/10.1016/j.
jenvp.2013.08.004.

19 Disguise, "Fixed Install—2018: Flight
Paths," https://www.disguise.one/
en/showcases/fixed-install/flight-
paths/.

20 Daniel T. C. Cox and Kevin J. Gaston,
"Urban Bird Feeding: Connecting
People with Nature," *PLoS ONE*
11, no. 7 (2016): e0158717, 12–13,
https://doi.org/10.1371/journal.
pone.0158717.

21 *New York Times* Editorial Board,
"Public Art Takes Flight," *New York
Times*, October 24, 2017, https://
www.nytimes.com/2017/10/24/
opinion/audubon-public-art-nyc.
html.

22 Laura Mallonee, "Mesmerizing
Photos Capture the Flight Patterns
of Birds," *Wired*, August 10, 2016,
https://www.wired.com/2016/08/
xavi-bou-ornitographies/.

23 Miranda Brandon, "*Impact*," http://
www.mirandabrandon.com/impact.
html.

24 "Map-Guide to Common Birds of
Vancouver," https://vancouver.ca/
files/cov/map-guide-common-birds-
of-vancouver.pdf.

25 Peter Fisher, "Drones Killing Birds:
What Can Be Done?," Independent
Australia, May 19, 2019, https://
independentaustralia.net/life/life-
display/drones-killing-birds-what-
can-be-done,12719.

26 Richard Louv, *Our Wild Calling:
How Connecting with Animals Can
Transform Our Lives—and Save
Theirs* (Chapel Hill, NC: Algonquin Books,
2019), 40.

1   *Richmond City School Students Saving the Wood Thrush*, https://vpm.org/articles/3689/join-richmond-city-school-students-in-saving-the-wood-thrush.

2   Richmond Audubon Society, "Team Warbler Project," http://www.richmondaudubon.org/team-warbler-project/.

3   International Living Future Institute, "Living Building Challenge," https://living-future.org/lbc/.

4   https://ebird.org/about.

5   Richard Schuster et al., "Optimizing the Conservation of Migratory Species over Their Full Annual Cycle," *Nature Communications* 10, no. 1754 (2019), https://doi.org/10.1038/s41467-019-09723-8.

6   J. Drew Lanham, *The Home Place: Memoirs of a Colored Man's Love Affair with Nature* (Minneapolis, MN: Milkweed, 2016).

7   Olivia Gentile, "A Feminist Revolution in Birding," Medium, April 13, 2019, https://medium.com/@oliviagentile/a-feminist-revolution-in-birding-95d81f4ab79b.

8   Karin Brulliard, "Sorry, Birdwatchers: People Think You're Creepy," *Washington Post,* April 13, 2016, https://www.washingtonpost.com/news/animalia/wp/2016/04/13/sorry-birdwatchers-people-think-youre-creepy-according-to-this-study/.

9   Dana Fisher, Erika Svendsen, and James Connolly, *Urban Environmental Stewardship and Civic Engagement: How Planting Trees Strengthens the Roots of Democracy* (London: Routledge, 2016), 111.

10 Margaret Renkl, "Surviving Despair in the Great Extinction," May 13, 2019, https://www.nytimes.com/2019/05/13/opinion/united-nations-extinction.html?action=click

11 Anna Lappé, "What the 'Insect Apocalypse' Has to Do with the Food We Eat," Civil Eats, April 17, 2019, https://civileats.com/2019/04/17/what-the-insect-apocalypse-has-to-do-with-the-food-we-eat/.

12 Steffan Navedo-Perez, "New York City Takes 'Major Next Step' on Fossil Fuel Divestments," Chief Investment Officer, January 23, 2020, https://www.ai-cio.com/news/new-york-city-takes-major-next-step-fossil-fuel-divestments/undefined.

13 https://www.half-earthproject.org/.

14 Wildlands Network, "Eastern Wildway," https://wildlandsnetwork.org/wildways/eastern/.

15 Antarctic and Southern Ocean

Coalition, "Passing of Bob Hawke,"
May 16, 2019, https://www.asoc.org/
explore/latest-news/1872-passing-of-
bob-hawke.

16 Australian Koala Foundation, "Petrie:
Will He Act or Axe?," https://www.
savethekoala.com/our-work/petrie.

17 https://thelionssharefund.com/.

18 "Escaped Pet Parrots Are Now
Naturalized in 23 U.S. States," *Forbes*,
May 21, 2019, https://www.forbes.
com/sites/grrlscientist/2019/05/21/
escaped-pet-parrots-are-now-
naturalized-in-23-u-s-states/

도시를 바꾸는 새
새의 선물을 도시에 들이는 법

2022년 1월 5일 초판 1쇄 발행
2023년 10월 31일 초판 5쇄 발행

지은이 티모시 비틀리 · **옮긴이** 김숲
펴낸이 류지호
편집 이기선, 김희중, 곽명진 · **디자인** firstrow · **일러스트** 봉현

펴낸곳 원더박스 (03169) 서울시 종로구 사직로10길 17, 301호
대표전화 02) 720-1202 · **팩시밀리** 0303-3448-1202
출판등록 제300-2012-129호 (2012. 6. 27.)

ISBN 979-11-90136-61-7 (03300)